著者：指文军鉴工作室

002

革新

台海出版社

图书在版编目（CIP）数据

日本·军鉴.2，革新/指文军鉴工作室著. --
北京：台海出版社，2016.5
　　ISBN 978-7-5168-1050-7

Ⅰ.①日… Ⅱ.①指… Ⅲ.①军事史－日本－明治时
代－通俗读物 Ⅳ.①E313.9-49

中国版本图书馆CIP数据核字(2016)第120285号

日本·军鉴.2，革新

著　　者：指文军鉴工作室

责任编辑：刘　峰　　　　　　　　装帧设计：指文文化
版式设计：周　杰　　　　　　　　责任印制：蔡　旭

出版发行：台海出版社
地　　址：北京市朝阳区劲松南路1号　　　邮政编码：100021
电　　话：010－64041652（发行，邮购）
传　　真：010－84045799（总编室）
网　　址：www.taimeng.org.cn/thcbs/default.htm
E－mail：thcbs@126.com

经　　销：全国各地新华书店
印　　刷：重庆大正印务有限公司
本书如有破损、缺页、装订错误，请与本社联系调换

开　　本：787mm×1092mm　　　　　1/16
字　　数：226千字　　　　　　　　印　　张：16.5
版　　次：2021年1月第3版　　　　　印　　次：2021年1月第1次印刷
书　　号：ISBN 978-7-5168-1050-7

定　　价：99.80元

版权所有　翻印必究

出版寄语

《日本·军鉴》聚焦各个时期的日本军事风云，在专业性与可读性之间取得巧妙的平衡，进而找到了一条通往历史深处的秘径。

——作家魏风华，著有《抗日战争的细节》等

以史为镜可知兴亡，以邻为镜可知短长。我们对邻国日本的了解或许不能说不多，但永远不能说足够。期望《日本·军鉴》能够成为更多读者深入日本史研究领域的一个起点和窗口。

——纪录片《争雄三八线》、央视《互联网时代》导演郭威

作为所谓的邻邦，日本这个国度对于国人而言既熟悉又陌生，尤其是在其军事方面更谈不上知根知底。相信大家能够通过军鉴这一系列出版物，了解对面那个国家军事历史的方方面面。

——资深制服徽章文化研究者、指文号角工作室主编reichsrommel

虽然是中华文化的继承者之一，近邻日本在历史上却多次与中国发生战争，无论过去、今日，还是未来都是中国不可回避的对手。知己知彼，百战不殆。我们必须对日本的历史、文化和军事等一切方面都加以最深刻的研究，才能避免悲剧重演，开辟东亚美好未来。由指文军鉴工作室编著的《日本·军鉴》，便是读者研究日本的最佳途径。

——战史作者王子午，著有《日本武士战争史》等

长久以来，国人对日本的观感似多有偏颇之处，其实我们更应该用客观的眼光看待这个国家。希望广大读者能够通过《日本·军鉴》了解我们这个既熟悉又陌生的邻邦。

——军史作者赵国星，有《装甲司令：艾哈德·劳斯大将东线回忆录》、
《意大利空战 1943-1945：欧洲软肋上空的殊死争夺》等作品

卷首语

  立足日本军政文化的通俗历史类MOOK《日本·军鉴》终于推出了第二辑，主题为"革新"。从工作室决定围绕此主题开始进行文字创作至今（七月下旬），不过短短两三个月的时光，从欧洲至中东再至中国南海，大事件层出不穷。我国近邻日本也不平静，东电公司承认隐瞒核泄漏之真相已令人吃惊，安倍政权赢得选举跨越修宪门槛更令世人紧张，突然间又发生了莫名其妙的"天皇有意退位"旋即又遭否认之事件，真是令人目不暇接又不明所以。

  当我将目光从热闹非凡的电视、电脑屏幕转向书橱中一列列安静的历史书籍时，突然产生这样的念头：也许每个身处激荡变革时代的人，都会怀抱如此不明所以的心情。《日本·军鉴》首辑以"萨长政权"为主题，那当然是一个飞速变革、令日本迅速崛起的时代，对此后百多年的中国、亚洲乃至于整个世界的力量均衡都有着重大影响。然而在当时呢？一个中国农村里，农民仍然每天俯首弓背地修理着地球；与此同时，一个日本农村里的小姑娘被赶去新开的纺纱厂每天辛苦工作十几个小时……他们都是为生活所迫，那个时代虽然没有电视和网络，但不知在何方的朝鲜王国发生政变的消息也会传入他们的耳朵……然而这又如何呢？明天又是一天普通的辛苦劳作。正如现今繁杂、热闹的每一天，对于我们来说，也仅是普通的一天又一天而已。

  但我们还是要提起笔来，为各个时代身处激荡变革中的人们建一座满溢油墨芳香的纪念碑。其实，历史就是搅动的大海，它无时无刻不在变化之中，不过有时快如地狱漩涡，有时却只有微波粼粼而已。要体会如此感悟，请读者翻过这一页卷首，阅读如下精辟文章：《东海博弈："万历援朝"之役与中、日、朝三国的军事革新》以大气磅礴之笔，描绘丰臣秀吉侵朝期间宏大的战争背景，及黑火药引发的中、日、朝三国的军政变革；《"天皇"的诞生：大化改新与白江战役》将中、日两国早期外交史及当时日本国内的一系列乱流相联系，进行了细致入微又出人意表的梳理；《武家萌芽：古代日本军事体制的变迁》以经济体制至政权架构的贯穿性解析，将古代日本军制进行全面展现；而本辑唯一一篇近代题材之《迷失的路口：大正陆军改革和军国主义路径》，则为我们还原了如此的历史：大正时代看似精英策划、条理清晰的日本军事变革运动，如何沦为昭和时代的军国主义狂飙。正如前文所言，也许各时代亲身参与变革之人也身处云里雾中，苦苦挣扎却又不明方向所在，满嘴豪言却沦为青史中的无聊笑谈。

  但我们不可忘记，正是那一段段其时铁血纵横、朝堂惊变之历史，塑造了今日国家、社会的价值体系，深刻影响到我们每一个人看似普通的每一天。革新的浪潮就拍打在我们身边，选择随波逐流自无不可，抬头望天，却又有谁可见月朗星稀？

指文军鉴工作室主编　潘越

2016年7月20日

目录
CONTENTS

东海博弈

作者/赵恺

"万历援朝"之役与中、日、朝三国的军事革新

13世纪晚期发轫于亚平宁半岛之上的文艺复兴，在漫长岁月的催生下，最终由星星之火发展为燎原之势。名为"宗教改革"的风起云涌的16世纪，一度被西方史学家视为近代文明的曙光照耀欧洲的起点。

为了延续自身"挟教皇而令西欧"的政治优势，哈布斯堡王朝与英、法以及各路新教诸侯恶斗连场。正是在16世纪一系列的陆海交战中，马克思口中的将"骑士阶层炸得粉碎"的火药武器最终进化成了无可匹敌的战场主宰。

政治、经济及大众文化的变革，推动着武器装备和战争形态的演变。而黑火药在军事领域的深入应用，又成为助推社会变革的最为简单、粗暴的直接动力。事实上，这一变革推起的浪潮并非仅仅影响了欧洲。在太平洋的西岸，正值盛世顶峰的大明帝国，由于室町幕府统治的崩溃而深陷内战漩涡之中的日本，乃至长期被西方视为"隐士之国"的朝鲜，同样在生产力发展之中积聚着社会变革的能量。而于1592年爆发的"万历援朝"之役，更可视为东亚各种社会变革在军事领域的集中投射。

雇佣兵、总体战等一系列具有跨时代意义的军事制度在中、日、朝三国的角逐中逐渐成熟，并引导出军团轮战、海上破交等崭新的战略战术。冷战兵器相结合的"鸳鸯阵"与同时期在欧洲大行其道的"西班牙方阵"是否有着异曲同工之妙？以堀、塀、栅、橹组成的"倭城"是否与欧洲的棱堡殊途同归？本文将首次站在世界军事发展史的大视野之下，重新为读者梳理"万历援朝"之役中的中、日、朝三国的军事革新。

老农精算：
丰臣秀吉的农耕文明"总体战"

木下之谜

对于这场由日本侵朝所引发的中、日、朝三国的全面冲突，东亚史学界依照国别不同向来有着不同的称呼。中国大陆方面多以明帝国神宗朱翊钧的年号，称"万历援朝之役"。台湾地区则呼为"明室援朝"。由于朝鲜王国表示了对大明帝国的恭顺，长期没有形成自己的年号系统，因此对这场战争多采用东亚古老的天干地支的纪年方式，冠以"壬辰倭乱"或"壬辰卫国战争"之名。而日本方面在丰臣政权统治时期及其后的江户时代将出兵朝鲜半岛笼统地称为"朝鲜阵"、"高丽阵"，至明治维新之后则为了彰显"兴王师、攻无道"的所谓的"正义"，改称"朝鲜征伐"。而今日常见之"文禄·庆长之役"的提法，则出现在1910年之后，当时"日韩合并"已宣告完成，"征伐"之名显然不能用于这场"和、鲜两族的内部矛盾"。为了叙述上的方便，本文将统一使用"壬辰战争"的提法。

作为"壬辰战争"的始作俑者，以一介平民出身却成为日本列岛实际统治者的丰臣秀吉，向来是一个颇具争议的人物。撇去中、朝两国对其狂妄自大、穷兵黩武的主观认知，即便在日本岛内，史学界对其也长期存在着两种截然不同的看法。赞许者认为其虽出身卑微，但智计过人，不仅长于军略，更治国有方，堪称"日本战国第一智将"，成功终结了"应仁之乱"以降日本列岛的纷争态势，一度令全社会呈现出国泰民安的景象。批评者则以其晚年包括远征朝鲜在内的种种倒行逆施为依据，攻讦其不学无术，种种成功无非机缘巧合，垂暮之年更是原形毕露，并无统治一朝一国的能力，其死后丰臣政权迅速土崩瓦解便是最好的明证。这两种说法均有一定的道理，但要客观地评价丰臣秀吉其人，厘清"壬辰战争"的来龙去脉，仍需从头梳理丰臣秀吉的人生历程。

❯ 丰臣秀吉诞生地遗址。

1537年3月17日，居住于尾张国爱知郡中村的木下弥右卫门家中诞下一子。木下弥右卫门留下的资料并不多，虽然一般认为此时的他以务农为生，但在当时日本普通农民普遍有名无姓的情况下，弥右卫门竟然领有"木下"这样的"苗字"①，似乎并非泛泛之辈。因此有人认为木下弥右卫门曾是武士木下广义的养子。不论其出身如何，从有限的史料来看，木下弥右卫门也并不甘于躬耕。其早年做过木工、铁匠，走街串巷贩卖过针线，更曾与横行尾张、美浓交接地带的"黑社会头目"蜂须贺小六正利有过交集。不过最终木下弥右卫门选择了投效于尾张的"守护代"织田一族。

　　所谓"守护代"，顾名思义就是代行守护之职的官吏。在日本历史上，这一官爵并非室町幕府首创，却在室町幕府后期逐渐盛行开来。为了强化中央权力，室町幕府长期以来都招揽守护大名进入中枢辅政，长期忙于幕府事务的守

据信战国织田氏的先祖曾为剑神社的神官。

注①

　　日语中苗字（みょうじ）虽与中文的"姓氏"同义，但其形成却相对复杂。平安时代，源氏、平氏和藤原等大氏族分成若干家族，这些家族以其职业、居住地、官职名或以其私有的农庄地名相称，统称为"苗字"。而在正式场合或上表中，依然可以将本家氏姓写在苗字之前。

护大名们无暇顾及自己领地的日常事务，于是便委任"守护代"行使其地方职权。这些"守护代"多为守护大名的亲信武将或当地大族，在其"代行守护"的过程中逐渐鸠占鹊巢，成为新的地方实权人物。尾张的织田氏正是在这一时期从越前国（今日本福井县）来到了尾张（今日本爱知县），并在守护斯波氏忙于幕府事务之际，受命出任守护代一职。

1465年，室町幕府第八代将军足利义政终于在30岁时，迎来了自己的嫡子——足利义尚。这本是一件有利于室町幕府传承的好事，但悲剧的是，就在两年前足利义政因为厌政，收养了比自己小3岁的弟弟足利义视。尽管这种做法在中国的传统文化中实在有违人伦，但它却是室町幕府册立继承人的一种有效背书。在弟弟和儿子之间，足利义政无疑更偏向自己的骨肉，但他迟迟不作任何表示，只是用中立和拖延的方式来逃避问题。在足利义尚的生母日野富子和足利义视的大舅子细川胜元分别发展党羽，两方势力水火不容的情况之下，一场室町幕府空前规模的内战呼之欲出。

1467年，随着支持义视和义尚的两派势力矛盾的日趋激化，一场名为"应仁之乱"的大规模内战最终被引发。尽管起初双方都认为这不过是一场武力夺取京都的短暂政变，但各地守护大名的加入使战火迅速蔓延至全国。客观地说，"应仁之乱"虽然波及面广，但真正血腥的大兵团会战却并不多。就在守护大名们忙于觥筹交错重新洗牌之时，被他们引为爪牙的"守护代"却早已不甘寂寞。以越前国"守护代"朝仓敏景在"应仁之乱"前后驱逐了守护大名斯波氏为标志，"守护代"逐渐成为即将到来的乱世之主宰。

在"应仁之乱"中，还有一位命运与朝仓敏景紧密相连且同样引领时代的风云人物，他就是出身卑微的骨皮道贤。骨皮道贤不仅名字古怪，履历更是神秘莫测。一般认为，"应仁之乱"前，这位仁兄正在京都附近的寺庙挂单。京都附近向来是寺院势力的角力场。在频繁的天灾人祸面前，各派教宗为了争夺信徒往往不惜刀兵相见。1464年，自日本南北朝以来始终保留着庞大僧兵部队的延历寺砸了新晋的净土真宗本愿寺的场子。骨皮道贤从属于哪一方寺院势力虽然不详，但大体上应该也是个披着袈裟的流氓。

在"应仁之乱"爆发时，骨皮道贤在京都已经小有名气，以捕快和特务的身份（目付）的身份维持一方治安。而战争和混乱的到来，更给了这种"会武术的流氓"以充分展示自我的空间。面对连正规军都敢抢的骨皮道贤"黑社会团

❷丰臣秀吉之母阿仲晚年的画像，在秀吉的崛起道路上，其母也曾被频繁地作为人质用于外交。

❷僧兵长期都是日本封建时代的重要武装力量。

伙"，控制京都的细川胜元自然感到奇货可居，随即将其招安，派去祸害对手的地盘。骨皮道贤本人不是武士，手下也大多是地痞无赖之辈，自然不能以正规军相称。于是，细川胜元从古籍中挑出了含义模糊的"足轻"一词来为其冠名。

"足轻"一词本非"应仁之乱"才有，在日本历史上的历次动荡之中，均有以农民为主体组建的轻步兵参战。在镰仓幕府建立前的"源平合战"时代，他们被称为"步卒"。而在南北朝时代，装备弓箭的步兵大量参战，名曰"射手足轻"。但"应仁之乱"中出现的"足轻"却与前代有着本质的差异，他们不再是建立于土地依附关系之上的武士随从，而是为了个人利益而战的雇佣兵团。

以"足轻大将"的身份深入敌后的骨皮道贤，在当时的历史条件下，堪称"特战先驱"。毕竟日本武士早已习惯了正义之师的较量，对于他那套"抢钱、抢粮、抢娘们"的游击战术颇不适应，但是要说完全拿他没辙倒也不确实。随着对手的大军云集，骨皮道贤的"足轻队"最终陷入了铁壁合围之中。兵败之后，骨皮道贤穿上女装试图潜逃。应该说此举在日本历史上并不乏成功的先例，但此前穿女装的多为名门贵族，骨皮道贤五大三粗，一抹络腮胡子最终露了馅。尽管骨皮道贤最终被斩首示众，但在日本列岛即将到来的战国时代，和他一样满怀着野心的"足轻"们在战场的地位却由"无足轻重"变为"举足轻重"，并在风云激荡之中孕育出"天下猿"——丰臣秀吉。

被驱逐出越前的斯波氏，此后又被今川氏夺取了领下的远江一国。自此，这个曾经拥有越前、若狭、越中、山城、能登、远江、信浓、尾张、加贺、安房、佐渡等地的豪族，手中仅剩下尾张国一地，无可避免地成为了已经深植当地的织田氏手中的傀儡。尾张国南临伊势湾，其东是与三河国接壤的冈崎平原，从北到西通过浓尾平原与美浓国相接，西南的木曾川则是与伊势国的分野。虽然从地形上看，尾张恰处于近畿与关东之间的必经之路且三面受敌，但织田氏在"应仁之乱"后的近一个世纪中虽内讧不断，却始终屹立不倒，其中必有原因。而在其背后支撑战争机器不断超负荷运转的，除了领内土壤肥沃又兼有渔盐商业之利外，还有诸多类似于木下弥右卫门这样的，渴望在战场上改变命运的普通民众。

可惜的是，木下弥右卫门武运不佳。早期以"足轻"身份加入织田军的木下弥右卫门，曾参与号称"尾张之虎"的织田信秀东征远江、北抗美浓的行

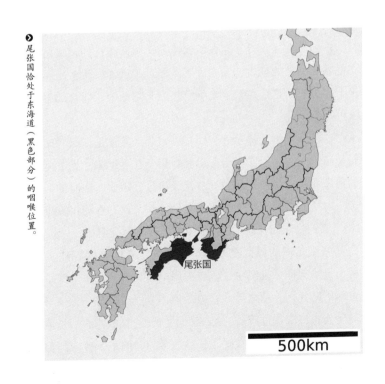

◆ 尾张国恰处于东海道（黑色部分）的咽喉位置。

尾张国

500km

动。此次远征意义重大，为其子织田信长的崛起打下了坚实的基础，本该受到重用的木下弥右卫门却在战斗中负伤，腿部落下了残疾。在向来自诩"不养无用米虫"（信长日后的名言）的织田家，拖着残疾之躯的木下弥右卫门实在混不下去，只能回家养老，最终在长子藤吉郎7岁时因病去世。

一般认为，木下弥右卫门死后，其妻阿仲带着藤吉郎改嫁了织田家的"同朋众"（负责艺能、茶事的杂役）竹阿弥。当然，坊间也有负伤归农的弥右卫门在出家后改称"竹阿弥"的说法。由于在藤吉郎之后，阿仲又生下了一儿两女，生活负担沉重，令竹阿弥对藤吉郎态度恶劣，导致15岁的他离家出走。此后藤吉郎一度流浪于织田家的两大对头——斋藤氏控制的美浓和今川氏领下的远江境内，直到19岁时才重返尾张，跪拜在刚刚接任家督不久的织田信长的马前。这一场景日后甚至漂洋过海，成为《明史》中那段漏洞百出的记载："（信长）偶出猎，遇一人卧树下，惊起冲突，执而诘之。自言为平秀吉，萨摩州人之奴，雄健跷捷，有口辩。信长悦之，令牧马，名曰木下人"。

客观地说，《明史》中的这段记载更像是日本民间演义中藤吉郎与蜂须贺正胜在矢作川桥头发生冲突的场景。一般认为藤吉郎离家出走后，首先前往了自己母亲的娘家——美浓，并在那里投效与自己父亲曾有交际的蜂须贺一族。但由于此时的蜂须贺一族正处于尾张织田氏与美浓斋藤氏的包夹之中，秉承着"君子不立危墙之下"的宗旨，藤吉郎不久便远走远江，侍奉臣属于今川氏的武士——松下之纲。而正是在松下之纲统领的头陀城中，藤吉郎第一次系统地学习了兵法和枪术。

客观来看，松下之纲选择对藤吉郎传授家学，并非是什么看出此子未来必成大器，而是源于此时今川氏正雄心勃勃地想要并吞尾张，松下之纲所部作为进入远江的前锋部队，必须秣兵厉马、枕戈待旦。因此，当时的一介小厮藤吉郎日后发迹，对松下之纲也并未给予太多的厚报。倒是在德川家康的手中，松下之纲受封1万石的领地，开创了江户幕府时代的远江久野藩。

藤吉郎离开头陀城的原因至今不明，有人说是因为其看破了今川氏外厉内荏的本质，最终选择另投明主，也有人说是因为当时武士阶层豢养娈童的恶俗，令藤吉郎不胜其扰。总之最终窘迫的他，只能高呼着"我亲爹为织田家流过血，我养父为织田家吹过箫"，恳求织田信长的收留，而信长最初给予他的待遇，也并未超过松下之纲。在此后长达数年的时间里，藤吉郎都不过是信长

反映少年秀吉和蜂须贺正胜初见的浮世绘。

身边的一个怀揣着草履供主公随时更换的"小者"（奴仆）。

　　关于藤吉郎如何在信长麾下崭露头角，坊间的传闻很多，归纳起来无非是为了展现其过人的组织和管理才能。但仔细分析此时织田氏所处的内外环境，却不难发现，信长日后对藤吉郎的种种见用，与其说是有鉴于其个人能力，不如说是实在无人可用。自1551年信长继承家督以来，织田氏便始终处于内忧外患的风雨飘摇之中。外部，除了有今川氏的虎视眈眈之外，还有同宗的大和守织田信友等人的威胁。内部，信长一些离经叛道的举措更引发了诸多老臣的不满，如平手政秀般切腹死谏者有之，如柴田胜家般密谋拥立信长之弟信行者有之，如鸣海城城主山口教继般倒戈投敌者有之。在实在无人可用的情况之下，织田信长只能重用如藤吉郎、池田恒兴般的贴身家仆，以及泷川一益、墒直

❯今日复原的织田信长的崛起之地——清须城。

❯桶狭间之战的浮世绘，画师特意将策马赶来的丰臣秀吉画入其中。

政、前田利家等下级武士。

在岳父美浓国主斋藤道三的支持之下，织田信长用6年的时间击败了织田信友、织田信行等家族内部的竞争者，最终得以一统尾张。而从理性的角度分析，斋藤道三之所以选择将女儿"归蝶"嫁给信长，也并非是对其未来的飞黄腾达早有预见，无非是远交近攻（织田信长当时控制的尾张下四郡不与美浓接壤）的外交手腕而已。

1560年6月12日，织田信长以奇袭敌指挥中枢的手段，在桶狭间阵斩号称"东海道一弓取"的今川义元。"桶狭间之战"不仅挽救了濒临灭亡的织田氏，更令长期沦为今川氏附庸的三河豪族松平氏借机获得独立。以源氏后裔自居的松平元康在跟随今川氏败军撤回三河之后，随即怀着"向源义家致敬"的名义，改名为"松平家康"。此时织田、松平两家正式结盟，迈向了并肩夺取天下的道路。而此时，已经在织田家打杂多年的木下藤吉郎依旧籍籍无名。唯一值得欣慰的是，他在1561年迎娶了织田氏弓众（弓箭手）浅野长胜的养女宁宁，同时又通过信长的侧室生驹吉乃与美浓豪商生驹家宗搭上了关系。

此时织田信长已经北上攻略美浓，全面接手已故的岳父斋藤道三的政治遗产。而木下藤吉郎早年辗转于美浓等地的"打工生涯"，令其成为调略尾张、美浓两国边境各路豪强的不二人选。而在织田信长连番对美浓用兵的过程中，藤吉郎在长良川前线成功修筑要塞"墨俣（yǔ）城"的举措，更令其从此走上了独当

❂ 今天的"墨俣一夜城"博物馆。

一面的将帅之路。据说藤吉郎受命筑城之时，曾向信长夸下海口"无需本家一兵一卒"，便孑然一身前往美浓，找来昔日好友——美浓土豪蜂须贺正胜，调集各路为金钱所驱使的"野武士"，利用木曾川、长良川的水势，将飞驒（tuó）国出产的原木运抵战场，再由木匠制作成板材。最终借助一场大雨，在敌前筑成了一座由防马栅、土垒、箭橹组成的简易要塞，号称"一夜城"。

日后改名丰臣秀吉的木下藤吉郎回忆说："余一生攻砦（zhài）三十，攻城五十，筑城无数，唯墨俣此城得来最为艰辛。"作为一个成功人士，藤吉郎此番言论固然有感叹"创业不易"的意味，但从后世的角度出发，此战更为丰臣秀吉的毕生军事理念奠定了基础。纵观其日后历次用兵韬略，基本上均遵循了"墨俣一夜城"的经典模式——首先展开密集的外交活动，争取更多的盟友参与行动，即便是仅有百十人的野武士集团，也能聚沙成塔，组成一支令人生畏的大军；其次便是尽量调集各类物资，全力保障前线需求；最终通过在敌前修筑堡垒，形成反客为主之势。

羽柴崛起

以墨俣城为据点，织田信长很快便击败了斋藤道三之孙斋藤龙兴。1568年，领用尾张、美浓两国110万石的织田信长，以拥立足利义昭为幕府将军的名义出兵近畿。此时，昔日执掌日本的室町幕府早已在各派势力的疯狂互殴之中名存实亡。而成功控制京都之后，对于足利义昭继承昔日幕府管领斯波家或出任副将军的提议，信长也一笑置之。正当天下均以为织田氏大公无私之际，信长却最终露出了獠牙，他所追求的并非是控制室町幕府，而是要另起炉灶、取而代之。

在一系列限制幕府将军权力的法令之下，心怀不满的足利义昭随即与对织田氏"挟将军以令大名"艳羡不已的各方势力合流，开始组建"织田包围网"。不过和历史上所有的多方联盟一样，"织田包围网"虽然云集了朝仓、浅井、武田、三好等强力大名，又有比叡（ruì）山延历寺、石山本愿寺等宗教寺庙势力的加入，但由于各方利益诉求不同，难免各行其是，最终被逐个击破。甚至在局面大好的情况下，织田信长也只需对步步进逼的朝仓氏家督义景说一句"天下是朝仓大人所有，我将不再妄想"便从容脱身。

"织田包围网"的最高潮出现在1572年。多年以来一直在北信浓及关东地

◗ 室町幕府的末代将军——足利义昭。

◗ 此图是德川家康命人描绘的三方原之战后自己的窘态。

◗ 兵农分离制下，普通的日本农民也能拥有与武士相当的装备。

区忙于开疆扩土的武田信玄率领35000人的大军开始向上洛进发。应该说，尽管多年以来，武田氏一直利用种种手段来扩张领土，甚至连昔日盟友今川氏的骏府城亦被其收入囊中，但在整体国力上，武田氏与织田氏相比依旧有着不小的差距。究其原因，除了武田氏的核心势力范围甲斐国土地贫瘠、商旅不振、川中岛合战的耗费外，很大程度上要归结于织田信长推行的"兵农分离"政策。

所谓"兵农分离"，顾名思义就是将"应仁之乱"以来各地大名盲目扩军中使用的动员制改为常备军制。此举不仅可以在一定程度上保证部队的战斗力，更不会因为战争而荒芜国内的四季耕作，极大地提升了部队的机动性。不过，武田氏也有自己的优势。与继承了"关东营领"之位的越后国大名上杉谦信多年来围绕北信浓的恶斗及连续5次的川中岛会战，将本以精锐著称的甲斐武士锤炼成了一支百战之师。

1572年12月，在远江的三方原，武田军轻松地击溃了此时已经改姓"德川"的松平家康麾下的德川、织田联军。据说德川家康在战场上仓皇而逃，甚至被吓得下身失禁。在躲进相对安全的滨松城后，德川家康立即找来画师，记录下自己落魄的样子，并在此后多年里一直将这幅肖像画挂于自己的卧室中，以此激励和鞭策自己。对于年仅29岁的德川家康而言，三方原会战的失利无非是人生的一次试练，但是对于皈依佛门而改名"信玄"的武田晴信而言，这场辉煌的胜利却无法挽回他油尽灯枯的生命。1573年春季，在一时无力攻克德川氏遍布远江、三河的大小据点的情况下，武田信玄的肺病日益恶化，不得不在三河国的长筱（xiǎo）城休养，一个月后，放弃了其上洛的雄心。

53岁的武田信玄最终病死在撤军回甲斐的路上。他的死与其说是武田军功败垂成的偶然因素，不如说是一块遮羞布，毕竟此时织田信长已经彻底击败了浅井、朝仓两家，长期秘密与织田氏作对的比叡山延历寺也被烧成了白地，所谓的"织田包围网"已然崩溃。武田军历时4个月都未能瓦解德川家康在远江、三河的势力，如果战争继续进行下去，倾国而出的武田氏将有春耕荒芜的风险。面对德川家康对自己在骏河国势力范围的不断蚕食，武田信玄的继承者武田胜赖不顾老头子临终前"三年不离甲斐"的训诫，于1575年5月贸然出兵。最终于武田信玄昔日养病的长筱城下，大败于德川、织田联军。

由于在此战中德川、织田联军出动了3000挺以上的"铁炮"，而武田氏又长期以骑兵著称，因此长筱会战一度被日本史学界吹嘘为"世界历史上第一次大规模使用火枪"的战役，仿佛一夜之间日本便进入了"热兵器"时代。

事实上，早在长筱会战之前，雄踞东亚大陆的明帝国便组建了"专习枪炮"的"神机营"，并频繁将火器用于解决漠北等边境地区的冲突之中。在1525年西欧的"帕维亚战役"中，西班牙人更凭借火绳枪手与轻步兵的配合，重创了横行欧洲多年的法兰西重甲骑兵和瑞士长矛手。在长筱会战的时代，日本所谓的"骑兵"不过是以马匹进行机动作战的步兵，策马冲击只是少数武士的特殊技能而已。真正击败武田氏的，除了其自身对单兵素质的骄傲和迷信外，主要还是德川、织田联军近三倍于敌的兵力优势和战场预设的木栅、壕沟工事。

自长筱会战击败武田氏之后，织田信长在日本列岛的扩张进入了"快车道"。为了追求"天下布武"的梦想，信长于1575年将家督之位传给自己的嫡

◥ "长筱会战"。

◥ "帕维亚战役"的油画，注意图中西班牙人的炮兵阵地。

子织田信忠，此后他便长期以隐居的方式在琵琶湖畔修筑的安土城内，遥控指挥麾下的各路战将向各个方向展开扩张。

面对织田氏一家独大的局面，以上杉谦信及在本州岛西部崛起的毛利氏为首的日本各地的"大名"们组建了"第二次信长包围网"，但1578年常年嗜酒的上杉谦信死于脑溢血，上杉氏随即陷入内讧之中。与此同时，毛利集团也起了风波。在尼子氏和大内氏的苦斗中渔翁得利的毛利元就，曾在自己临终前对三个儿子作出了"三矢之训"，但由于其继承人毛利隆元离奇病死，毛利元就一心期盼的"两川体系"（其次子元春、三子隆景分别以过继的形式执掌山阴名门吉川氏和竹原小早川氏）也逐渐变得名存实亡。1579年，在"第二次信长包围网"陷入崩溃的情况下，织田氏大军疯狂地涌入东、西两线战场，其中负责攻略毛利氏领土的，正是改名为"羽柴秀吉"的木下藤吉郎。应该说，以雄踞西国的毛利氏的力量，要击败织田氏的一个方面军并非难事，但吉川元春和小早川隆景始终无法形成合力，致使羽柴秀吉不断以"断粮"、"水淹"、迫降等方式逐步蚕食毛利氏的领地。

羽柴秀吉虽然连战告捷，但其在反复拉锯中所取得的战果显然无法令雄心万丈的织田信长感到满意。1581年，在京都进行了空前规模的阅兵式之后，织田军迅速席卷了武田和上杉两家的大片领土。在一派降者如潮的情况之下，武田氏几乎没有进行有组织的抵抗便归于灭亡，内乱不断的上杉氏也陷入了苟延残喘的窘境。自诩天下无人能敌的织田信长于1582年下达扑杀武田遗臣的"狩猎武田令"，命令各路人马向京都集结，打算以同样的雷霆万钧之势支援羽柴秀吉，一举扑灭毛利家。但就在已经掌握日本列岛大半富庶之地的织田信长一路从甲斐回归安土城，并于1582年6月20日夜下榻京都本能寺之际，长期被织田信长委以重任的家臣明智光秀突然举起了叛旗，率军冲入本能寺中。身边仅有百余亲信的织田信长虽然亲自上阵，但最终仍因寡不敌众，被迫切腹自焚，史称"本能寺之变"。

关于"本能寺之变"，日本学者以各种笔记为出发点，拼凑出了一幅织田信长与明智光秀逐步结怨的长卷。但事实上，明智光秀不仅与信长的正室斋藤归蝶是表兄妹，更长期为织田氏东征西讨，在发动"本能寺之变"时，明治氏已然从昔日的美浓土豪跃升为丹波一国的守护。应该说，记载中诸多所谓的织田信长当众羞辱明智光秀的情形，无非是信长的性格使然，也是两人关系不凡

浮世绘中的"本能寺之变"。

的另类证明。真正促使明智光秀铤而走险的，并非意气之争，而是赤裸裸的利益矛盾。对于明智光秀，织田信长虽然曾有过一些过激的言行，但总体上还是信任的。因此，在支援羽柴秀吉的军事行动中，织田信长下令以明智光秀所部为前锋。为了激励其斗志，信长还特意许下了出云、石见两国的封赏，不过作为交换，明智氏必须先吐出已经入账的丹波国。此举在信长看来，是要明智光秀"置之死地而后生"，但明智氏上下却视为卸磨杀驴，因此光秀一呼"敌在本能寺"，全军上下便不无诛杀信长而后快。

明智光秀袭杀织田信长之后，织田氏的合法继承人织田信忠也在京都附近的二条城遭遇了明智氏大军的包围，自感前途渺茫的信忠最终选择了切腹自杀。在肃清了京都附近的织田氏人马之后，明智光秀以"征夷大将军"的名义传檄天下，企图一举成为日本列岛的主宰。但他等来的并不是"贺电"，而是从西国前线连夜赶回的羽柴秀吉的三万大军。

羽柴秀吉之所以能够顺利地从自己向信长求援时吹嘘的"毛利大军"面前成功回师，很大程度上要感谢"毛利两川"之中的小早川隆景。在小早川隆景看来，毛利氏无力长期与织田氏对抗，与其鱼死网破，不如降服以谋求保全独占西国的局面。基于这一目的，早在"本能寺之变"之前，小早川隆景便已与羽柴秀吉秘密接触。而在羽柴秀吉率军赶回京都与明智光秀争夺织田氏的政治遗产之时，小早川隆景更力阻吉川元春等人试图展开的追击。有些坊间传闻更直指小早川隆景曾秘密向羽柴秀吉借出多面军旗，以造成羽柴、毛利联军的假象。

在决定性的山崎会战中，明智光秀最终兵败被杀。与其说是光秀选错了时机，不如说他只是不具备足够的力量而已。在多方势力都保持观望的情况下，刚刚终结了明智光秀"三日天下"的羽柴秀吉成功夺取了织田信长第三子信孝的继承权，并以年仅两岁的信长嫡孙秀信为傀儡，开始了其全面窃取织田氏政治权力的历程。在此后的两年时间里，羽柴秀吉先后击败了柴田胜家、佐佐成政等昔日战友，更以灵活多变的外交手腕，与德川家康摒弃分歧，结成了政治上的攻守联盟。

太阁野望

至1585年，羽柴秀吉已经有能力问鼎"征夷大将军"的宝座了。但是公卿阶层却以羽柴秀吉并非正统的武士出身为由，希望他能出任相当于宰相的"关白"一职。所谓的"关白"与"幕府"一样，是中国大陆的舶来词汇。其最早出现于《汉书》中的"诸事皆先关白（霍）光，然后奏天子"。日本取其"总理"之意，于平安时代设立"摄政"与"关白"两个职务，即天皇成年之前，由权臣出任"摄政"；天皇成年之后，"摄政"改任"关白"，合称"摄关"。

客观地说，公卿阶层很大程度上是在"忽悠"羽柴秀吉，目的自然是复活早已作古的公卿政治。而自惭形秽的羽柴秀吉连自己是天皇私生子的谣言都不惜编造，自然不会耻于认前任关白近卫前久为"干爹"。不过即便如此，日本公卿也不肯让羽柴秀吉这个泥腿子挤进自己的家族，于是随意编了一个"丰臣"的姓氏。从此，丰臣秀吉便顶着"关白"的头衔干起了"征夷大将军"的差事。

丰臣秀吉在内政领域，全面研习了织田信长"兵农分离"和鼓励商业的政策，但在对外事务上却一改织田氏崇尚武力征服的思路。他先后以接受名义上的臣服、保证其独立性的方式，收复了西国的毛利氏、四国岛的长宗我部氏以及九州岛的大友、岛津两家，并与雄踞关东的北条氏一度达成了平分日本列岛的协议。但丰臣秀吉的野心并不仅此而已。1589年，丰臣秀吉在颁布"刀狩令"、镇压杂贺众等民间武装的同时，借口北条氏家臣猪俣邦宪违反了他颁布的"关东总无事令"，擅自出兵夺取名胡桃城，并纠集各路大名所部共20万人攻入北条氏的领地。

丰臣秀吉如此大张旗鼓地对关东用兵，固然有举铲除异己、统一日本的意味，当然也不乏削弱德川家康等人，并在战争中扶植自己号称"贱之岳七本枪"的核心家臣团及得力干将石田三成的意味。所谓的"贱之岳七本枪"，指的是丰臣秀吉与柴田胜家在贱之岳决战时，表现出色的7名武将。其中，福岛正则与加藤清正两人最有名，由于与丰臣秀吉沾亲带故，他们长期被视为丰臣系武将的核心。

石田三成曾经不过是一个小沙弥。据说1574年前后，丰臣秀吉曾因外出打猎，在石田三成所在的寺院里饮茶、休整。石田三成先奉以凉茶，再待以温茶，最后才献上热茶，这一举动令丰臣秀吉深感此子心思缜密，随即将其引为心腹，常年侍奉左右，参详军机大事。而事实证明，石田三成也确有才干，在丰臣秀吉麾下，不仅成功修建了被称为"战国无双"的大坂城，更在全国范围内推行了"太阁检地"。但是内政上的才能不等于战场的胜利，在丰臣秀吉大军围攻北条氏的战场上，石田三成便闹出了一个大笑话。

面对丰臣秀吉麾下的大军，北条氏放弃了野战，龟缩在以小田原为中心的城堡之中。此举不但令丰臣秀吉借机削弱各方大名力量的图谋落了空，更令战争演变为长期对峙的局面。为了尽快地解决问题，丰臣秀吉命石田三成率军攻占小田原的外线据点——忍城。北条氏长期豢养着一批名为"风魔"的忍者，由于他们身份神秘且长于骑术，日本史学界有"风魔"忍者是大陆游牧民族后裔的说法，不过"忍城"与"风魔"忍者并没有什么关系，这座堡垒是关东地方豪族成田氏的居城。

在遭到石田三成27000人大军围困之时，忍城内仅有守军3000多人，石田三成如果按部就班展开进攻，未必就不能取胜。但是在勘探了战场环境之后，石田三成灵光一闪，打算效仿丰臣秀吉在与毛利氏交战中的成名之役——水淹高松，在忍城周围筑坝，引荒川之水倒灌忍城。计划上报到丰臣秀吉的案头，这位已经63岁的关白当然击掌叫好，但是真的实施起来，石田三成才发现困难重重，若此时再向丰臣秀吉请示取消已经为时晚矣！

在丰臣秀吉"有困难要上，没有困难更要上"的死命令下，重金雇来的民夫建造起了长达28公里的堤坝。但就在完工不久后的某次瓢泼大雨中，守军突然发起了进攻，他们掘开了石田三成刚刚修筑好的工事，大水溺死了丰臣秀吉方面的许多兵马，更令忍城周围变为了一片泽国。好在此时以伊达政宗为首的关东地区的各路豪强审时度势，纷纷加入了丰臣秀吉一方。在长期的围困中，北条氏内部分崩离析，最终在小田原方面宣布投降之后，忍城才向石田三成敞开了大门。但此战之后，石田三成也被丰臣系武将嘲笑为不擅掌兵的"战下手"。

北条氏的最终灭亡，标志着丰臣秀吉实现了日本列岛义义上的统一，但想利用此役削弱德川等大名、扶植亲信的目的却并未达到。怀着愤愤不平的心情，丰臣秀吉要求德川家康吐出包括世代盘踞的三河国在内的大片领土，代之以昔日北条氏的领土。德川家康虽然心有不甘，最终却选择了忍让。但就如塞翁失马一般，失去了昔日富庶之地的德川家康，不仅通过自身的努力在关东迅速聚集力量，更以讨伐"北条残党"为由，获准不出兵参与1592年丰臣秀吉动用倾国之力对朝鲜发动的远征。

两班五卫：
16世纪朝鲜王国的政治和军事体系

僭主统治

事实上，早在镰仓幕府统治时期，就不时有日本海盗袭扰朝鲜半岛。据《高丽史》记载：1223年，倭寇侵扰金州。不过，当时的日本政府对这种跨境劫掠的行动并不支持。1227年，90名涉嫌参与海盗行动的日本人当着高丽使节的面于九州岛被斩首示众。随着镰仓幕府的崩溃和日本国内政局的动荡，日本国内破产武士及普通民众加入海盗集团、泛舟出海"捞生活"的热情逐渐走高，朝鲜半岛也逐渐成为"倭寇"劫掠的重灾区。

1323年至1422年的百年间，寇掠朝鲜382次。而在倭寇最猖獗的1350年至1390年代之间，未记载倭寇出没的年份仅有1356年和1386年两年而已。据《高丽史》所载，倭寇入侵朝鲜之时，所至之处"妇女婴孩，屠杀无遗"、"掳我人民，焚荡我府库，千里肃然"。由于高丽王国的反击不利，倭寇不仅蹂躏了半岛南部沿海各地，甚至开始深入内地，成为高丽王朝的心腹大患。

在恭愍（mǐn）王（高丽第三十一代王）执掌时期，三南（忠清道、全罗道和庆尚道）等沿海地区已经成了倭寇的自留地，几乎一日一警。高丽王朝因为倭寇潮水般无穷无尽的侵袭，财政极度困难，以致于不能支付官员的薪水，士兵也是军心全无。"诸岛荒芜，王京震动"，无奈之下，高丽政府只好把全罗道等

◆ 早期的倭寇大多是单舰行动，人数不多。

沿海地方的仓库迁移到内陆，海边几十里之内几乎没有人烟。辛祸（xú）执政之后，得陇望蜀的倭寇更在朝鲜沿海占据岛屿常住。面对这样的局面，辛祸曾经对大臣发火："（你们）只是占田土，占奴婢，享富贵快活，也合寻思教百姓安宁，至至诚诚的做些好勾当，密匝匝的似兀那罗州一带筑起城子，多造些军船，教倭子害不得便好。你却沿海每三五十里家无人烟耕种。又说倭子在恁那一个甚么海岛子里经年家住，也不回去，恁却近不得他。这的有甚难处？着军船围了，困也困杀那厮！"对倭寇猖獗及属下抵抗不力的恼怒跃然纸上。

当然，此时的高丽王国并非没有精兵强将。在南方各地饱受倭寇袭扰的同时，高丽王国北方边防部队却利用元末辽东地区群雄并起的态势，不断地击败来犯的红巾军、元帝国政府军，成功跨过鸭绿江，一度杀到了辽阳城下。而这支北境雄师的统帅，正是出身元帝国辽阳行省双城总管府的元帝国千户之子李成桂。李成桂得势后，曾自称是新罗名臣李翰之后，但在其有史可查的家谱中，从其曾祖父李行里开始，李氏一族便长期依附于蒙元帝国，世袭元帝国斡东千户所千户。直到1356年，高丽王国利用元帝国内乱向北拓领土，李成桂的父亲李子春才"毅然反正"，协助高丽军队攻占元帝国双城总管府，开启了李氏一族在高丽王国的从政生涯。

对于自幼从军的李成桂，恭愍王对其颇为赏识，一度任命其为密直司（相当于国防部）副使，与老牌政客崔莹、曹敏修分庭抗礼。但新科国君辛祸对其却并不信任。1377年，李成桂率军前往智异山和西海道击破倭寇，才第一次确立了其在高丽王国新一届政府内的位置。1380年，一支由500艘战船组成的倭寇舰队侵入云峰（今韩国全罗北道南原郡），占领引月驿。在前往当地清剿的高丽驻军大败而归的情况下，李成桂再度出马，成功射杀了"乘白马舞槊驰突，所向披靡莫敢当，我（高丽）军争避之"的倭寇首领"阿只拔都"。

"阿只"是朝鲜语，意为"年轻人"；"拔都"是蒙古语，意为"勇士"。朝鲜官方显然并不清楚这位年轻的倭寇首领的名字，只是根据其年龄和战场表现随意给他起了一个"代号"。而从日本方面的史料来看，此时的倭寇集团主要在盘踞着壹岐岛的松浦氏的领导之下。壹岐岛位于九州岛北部，北面通过对马海峡与对马岛隔海相望，南方通过壹岐水道与肥前国相离。这里不仅是由日本九州岛至中国大陆和朝鲜的一个中转站，也是防御外界入侵的一个重要前哨，因此在蒙古袭来时遭到了很大的破坏。

李成桂麾下部将李之兰成功射杀"阿只拔都"的举动，极大地挫伤了倭寇的斗志。高丽军队趁势取得大胜，俘获倭寇600多人，杀敌无数，史称"荒山大捷"。此战之后，壹岐岛方向的"松浦党"倭寇元气大伤，相当长一段时间无力骚扰高丽边境，高丽国王辛禑随即又将矛头瞄准了明元交战的辽东方向。1388年，高丽国王辛禑和门下侍中崔莹密议进攻辽东，守门下侍中李成桂反对无效。是年四月，辛禑派左军都统使曹敏修、右军都统使李成桂出兵辽东。但李成桂率军渡过鸭绿江后，却在威化岛选择倒戈一击，其部返回开京（今朝鲜开城）之后，随即流放崔莹，正式掌握了高丽政权。

　　以威化岛回军为契机，掌握实权的李成桂与新兴士大夫势力开始进行私田改革，主要以限制权门世族和佛教势力为目的，这种对经济基础的重新洗牌成为新王朝建立的前奏。李成桂下令调查全国土地，并于1390年将所有现存的公私田册档都予以焚毁，于次年颁布了土地制度的新法令——科田法。规定科田只能取自京畿地区，按每人已有的官阶对官僚集团成员实行分配，其他郡县土地属于公田。高丽权门世族和寺庙势力的经济基础遭到了彻底的破坏，公田的增长使政府收入相应增加，也为朝鲜王朝开国奠定了经济基础。

❯李成桂时代，朝鲜拥有一支相对强大的职业军队。

❯韩国画家笔下利用元明交替之际向北扩张的李成桂所部。

❯登基后的李成桂画像。

远征对马

朝鲜王朝开国君主李成桂有两个王妃，原配是承仁顺圣神懿王后安边韩氏，恭让王二年（1390年）去世，继妃是顺元显敬神德王后谷山康氏。李成桂把神德王后所生的最小的儿子——八子李芳硕立为世子，把辅佐大任交给郑道传，郑道传当时掌握着军权和政权。曾在创业时期立下功劳的五子李芳远对此心怀不满，终于在太祖七年（1398年）8月发动政变。

雷同的人生境遇和相近的性格人品，使李芳远和永乐帝朱棣长期保持着惺惺相惜的良好关系。李芳远当年不仅出使明廷，与朱棣私下会晤，相谈甚欢，更在彼此的成功道路上"守望相助"。朱棣发动"靖难之变"在南京登基后，李芳远第一时间发来"贺电"，朱棣则回赠金印、诰命、冕服等物。李成桂等人多次求而不得的明朝册封，终于在李芳远身上得偿所愿。除了大义名分之外，中朝贸易额也在永乐年间有了长足的发展。赚得盆满钵满的李芳远实在有些不好意思了，竟然在永乐六年（1408年）提出恢复蒙元时代朝鲜向中国进贡侍女的旧例。

对于李芳远的"好意"，刚刚丧妻的朱棣自然是"心领"的。不过，他在颁给朝鲜的诏书中却说"进封朝鲜贡女权氏等人为妃，完全是看你朝鲜国王的面子"，最后还嫌这些个朝鲜女孩长得实在"寒碜"，胖的胖，麻的麻，矮的矮，要李芳远下次要多用心一点。事实上，挑选朝鲜贡女的工作完全由朱棣的"特派员"内使黄俨等人负责。为了配合这次"海选"，李芳远还下令禁止国内婚姻嫁娶。朱棣的这些话只能说是揶揄这位"小兄弟"的玩笑而已。

永乐十七年（1419年）5月，日本北九州和对马岛等地再度发生饥荒。在室町幕府的默许下，对马岛豪强宗贞盛雄心勃勃地扬帆下海，劫掠了朝鲜半岛的忠清道与黄海道。此次行动中，宗贞盛的胃口颇大，骚扰完近邻朝鲜之后，又派出一支由31艘战船组成的倭寇舰队继续西航，冲向了更为富庶的中国辽东半岛。但此时的宗贞盛或许都没有想到，自己的流氓行径早已引发了中、朝两国的极度不满，一场"联合反恐"行动正悄然展开。

在得到了朝鲜官方遭遇倭寇袭扰的通报之后，大明辽东地区随即进入了一级战备。由于手中兵力有限，老于军旅的辽东总兵刘荣并没有采取正面迎敌的常规战法，而是令指挥使徐刚率领步兵埋伏于山下，指挥使钱真等率领马军绕到倭寇

背后，截其归路，百户姜隆则率领壮士绕道到海口，潜烧倭寇所乘寇船。

6月15日凌晨，倭寇1500余人，乘着倭船31艘，停泊马雄岛，登岸直奔望海埚（guō）而来。对马岛的海盗显然骄横已久，尽管遭遇了明军诱敌分队的抵抗，仍大张旗鼓地冲向望海埚城，直到明军"炮举伏起"，倭寇才意识到已堕入刘荣的陷阱，只能向海边废弃的樱桃园空堡撤退。如果任由这些海盗负隅顽抗，缺乏重型火器的明军可能要承受巨大的伤亡。刘荣果断采取"围三阙一"的战略，空出樱桃园西侧的壁垒，引诱倭寇突围。慌不择路的海盗们果然中计，再度一头撞入了明军的包围圈内。在这场短短12个小时（由辰至酉）的战斗之中，明军阵斩倭寇742人，生擒857人，一举全歼了对马岛海盗的主力。明成祖朱棣对这一战果颇为满意，随即赐予"诏封广宁伯，禄千二百石，予世券"的封赏。

❷中朝两国配合默契的"己亥东征"。

6月19日，正在对马岛等待部下满载而归的宗贞盛，突然接到浅茅湾居民发现海面出现重重帆影的报告。对马岛全岛一时欣喜若狂，以为自此可以远离饥馑。等到对方登陆，他们才发现竟是由朝鲜王族李从茂亲率的讨伐大军。精锐尽出的宗贞盛，自然抵敌不住总数高达17000人的朝鲜军队。仓皇之中，对马岛当地的武士只能召集五十几个人进行抵抗，海岸防线顷刻崩溃。不过朝鲜军队此次出征并非为了攻城略地，因此李从茂仅派出小股精锐部队登陆，沿途烧毁1939户岛民的房屋，掠夺船只、烧毁庄稼，还找到了131名被倭寇抢来的中国人。

朝鲜军队"入侵"对马的消息传入足利义持耳中，日本上下顿时人心惶惶，坊间甚至有传闻说明帝国的大军随后也将抵达日本。心惊胆战的足利义持连忙命令九州各地的豪族派兵前往对马岛，支援宗贞盛。面对日本政府的大举增兵，朝鲜远征军显然有所托大。6月26日，朝鲜军队再次在仁位郡附近登陆，遭遇了日军的伏击，左军节制使朴实麾下的褊（biǎn）将朴弘信、朴茂阳、金该、金熹等战死。好在右军节制使李顺蒙、兵马使金孝诚的后续部队及时赶到，这场被日本方面称为"糠岳之战"的战斗才以平手告终。此后，朝鲜远征军退守尾崎浦，战局陷入胶着状态。

尽管没有对对马全境实施占领，但朝鲜舰队沿着该岛海岸线的一路烧杀，还是令宗贞盛品尝到了"以彼之道，还施彼身"的痛苦。不仅诸多良田、房屋被烧成了白地，甚至连当地居民出海"讨生活"的船只都付之一炬。无奈之下，宗贞盛只能向朝鲜请求停战，甚至自说自话地开出了称藩的条件。好在日本政府及时派遣特使前往朝鲜王国首都王京（今韩国首尔），重申了对马岛是日本"自古以来不可分割的一部分"，杜绝了一场未来可能发生的领土纠纷。

中朝双方在清剿对马海盗集团中的"一守一攻"，可谓配合默契，给人以无限的遐想空间。而在结束了被朝鲜官方称为"己亥东征"的军事行动之后，朝鲜王国在处理善后过程中的两个细节问题上更是值得玩味。由于朝鲜军队在行动中表现拙劣，朝鲜国内有人提出将被解救的中国人质安置在朝鲜国内，以免丑事外传，不过身为"太上王"的李芳远还是坚持要将他们礼送回国。而在与日本政府的交涉中，朝鲜政府"刻意辟谣"说朝鲜绝不是遵从明朝的命令进攻日本的，可谓不打自招。

士祸党争

朝鲜王国虽然一度对日本保持着高压的进攻姿态，但其政治制度自身的问题很快就令它陷入一系列被称为"士祸"的朋党政治之中。自1392年李成桂废黜高丽末代君主恭让王、建立朝鲜王国以来，为巩固自己的"僭主统治"，李成桂家族不得不通过各种名目授予亲贵田地，以收买人心，是为"科田制"。除了授予亲贵、重臣的"勋田"和"科田"之外，朝鲜王国还将大量土地切割成小块授予地方豪强，由于这些受领者有义务为国征战，因此又被称为"军田"。在朝鲜王朝时期，这些拥有世袭私田的既得利益集团因其"文东武西"而合称"两班贵族"。

"科田制"和"两班贵族"这样的顶层制度设计，无疑有利于最高统治者。但朝鲜地狭民稠，在蛋糕无法持续做大的情况下，为了争夺"分蛋糕"的话语权，一系列"士祸"和"党争"也就在所难免了。日本发动侵朝战争之际，正值朝鲜"东西党人"之争未平、"南北党人"之争又起的节骨眼上。和多数东亚地区的朋党之争一样，朝鲜的东、西、南、北四人党也是拿儒学经典和最高统治者的血统说事。当然，他们争来争去也不是为了辨明程朱理学的核心是"性"还是"气"，又或者李成桂有没有汉族或者蒙古的血统，核心的目标还是要以大义的名分将对方赶出朝堂。

1591年，朝鲜东西两党为了国王李昖（yán）的"继承者们"又闹将起来。虽然这场"建储之争"以东人党的全面获胜而告终，但对"政治失足"的西人党究竟该赶尽杀绝，还是"费厄泼赖"，东人党内部又产生了分歧，进而分裂成了以李山海为首的"北人党"和以柳成龙为首的"南人党"。而就在这连番的朋党之争中场休息之时，一年前出使日本的"黄金组合"回来了。

"黄金组合"指的是"西人党"的黄允吉和"东人党"的金诚一。既然党派不同，那么给出的日本国情通报自然也不可能一样。黄允吉说日本"兵强马壮，武士当国"，金诚一就说不过是"色厉内荏，不足为患"。黄允吉说丰臣秀吉"深目星眸，闪闪射人"，金诚一就说那其实叫"目光如鼠"。从事态后续发展来看，黄允吉的说法显然更符合当时日本的国情，但此时的朝堂之上都是他的政敌，又怎么会有人为他说话。于是在"弹丸岛国不足为虑"的"东人党"大合唱中，朝鲜国王李昖也觉得没必要庸人自扰。

直到甲午战争前夕，朝鲜的两班贵族依旧内讧不断。

李舜臣画像。

不过，丰臣秀吉命对马大名宗义智通告朝鲜国王宣祖李昖，国书的内容大致为日方将于次年春天假道朝鲜进攻明朝，望朝鲜予以协助。这封国书还是引起了朝鲜政府的重视，尽管朝鲜方面仍认为丰臣秀吉不过是虚言恫吓，但还是一面向明政府报告，一面作书质问丰臣秀吉："辞旨张皇，欲超入上国，而望吾国为之党，不知此言悉为而至哉"。

金诚一虽然在朝堂之上有意摆了同团出使的黄允吉一道，私下却第一时间将日本备战的消息告知了自己的同乡、身居"右议政"高位的柳成龙。柳成龙深知事态严重，第一时间选派得力的亲信、武人前往朝鲜半岛南部备战，其中最为著名的，莫过于出任光州牧使的权栗和全罗左道水军节度使的李舜臣。

权栗根红苗正，老爸是前领议政权辙。权栗本人虽然早年参加武科考试，但并未投身军旅，此时无尺寸之功便成为一州军政长官，除了家族的荫蔽之外，自然少不得同乡柳成龙的推荐。与权栗相比，李舜臣的出身可谓"贫寒"。朝鲜史书上说，李舜臣是德水李氏始祖李敦守的第十二代孙。这过于遥远的记载是否属实姑且不论，即便李舜臣真是那个高丽王国时代神虎卫中郎将的后代，在朝鲜王国统治时期也没什么好自豪的。在李舜臣的直系亲属中，只有曾祖父李琚（jū）做过兵曹参议，到了李舜臣的祖父辈更是家道中落。虽然李

今天朝鲜境内的权栗塑像。

舜臣的老爸李贞是一介布衣，但他给几个儿子起的名字倒是霸气侧漏：李舜臣的哥哥叫"羲臣"、"尧臣"，弟弟叫"禹臣"，如果再生一个不知是不是要叫"启臣"。

和中国古代"穷文富武，饱吹饿唱"的说法不同，在朝鲜王国"两班贵族"的把持之下，文科、武科都是有产阶层（勋田、科田、军田的所有者）的特权，平头百姓只能参与杂科考试（易学、医学、阴阳学、法律学等）。李舜臣虽然有资格参与武科考试，但直到他32岁时才在屡试之下中举，也算是大器晚成。与权栗这样的贵二代不喜为官的洒脱相比，李舜臣的前半生几乎都是在"为祖国边疆献青春"。1579年，李舜臣被调往今天因地下核试验而闻名的咸镜道，抵抗女真部族的袭扰。这一待就是10年，期间还因兵败鹿屯岛而失罪被革职，以白衣从军。

柳成龙无疑是李舜臣生命中的贵人。对于两人的关系，朝鲜史料却讳莫若深，只说两人是少年时期的老相识，但成长于安东的柳成龙如何结识家住在首尔的李舜臣，实在是难以令人信服。值得注意的是，早在柳成龙"不拘一格"用人之前，李舜臣已经被金海都护府使李庆禄推荐给了"东人党"的另一大佬——李山海，李舜臣本来已经算是"东人党"的外围了。而几乎在同一时间，朝鲜王国南部三大水师的指挥官悉数换人。除了主持全罗左道的李舜臣外，此时负责全罗右道的是王族旁支的李亿祺，接掌庆尚右道的是原咸镜道富宁都护府使元均，这两位和李舜臣最大的共同点在于他们都曾在东北边境与女真族交战，属于有实战经验的"军政复合型人才"。由此可见，朝鲜王国启动抵御日本侵略相关战备工作的时间不会晚于1591年，所谓的朝鲜"人不知兵二百余年"、"如同无预警入侵"的说法并不成立。而之所以会造成"壬辰朝鲜战争"初期朝鲜军队一溃千里的局面，完全是朝鲜国内的政治体制和战略误判造成的。

在朝鲜官方的概念中，日本对朝入侵的手段无非是海上袭扰加小规模的两栖突击而已，只要加强水师建设便足以应对了。因此，与朝鲜海军战备等级迅速提高形成鲜明对比的是朝鲜王国陆军方面的敷衍了事，派至南部三道备倭的金卒等三人借修缮城池之机大肆搜刮民脂民膏，引起人民的强烈不满，怨声四起。而当时朝鲜所谓的"名将"申立、李溢到各地视察武器时，也只重视弓、矢、刀、剑等，对如鸟铳之类的新式武器却轻视地说："岂能尽中？"直到1592年4月14日，数万日军先锋于釜山一线卷海而来，朝鲜王国才知道自己错得有多离谱。

◎ 日本入侵前期的朝鲜水师官兵。

◎ 战前朝鲜王国陆军仍以冷兵器为主。

帝国之刃：
嘉靖主政以来明帝国的"全面深化改革"

不征之国

在日本对东南海防存在威胁的问题上，大明帝国的最高统治者向来都保持着高度的关切。像以铁腕著称的朱元璋，首先想到的就是以武力解决倭寇问题。驻防福建的战将周德兴也表示，"集水师于澎湖，乘北风而进，旦夕可灭倭奴也"。但此时的大明帝国北有残元未灭、南有五溪蛮乱，考虑到忽必烈折戟沉沙的前车之鉴，朱元璋最终选择了运用外交途径来解决中日争端。1369年，大明外交使团抵达九州岛，传达朱元璋"如必为寇盗，朕当命舟师，扬帆诸岛，捕绝其徒，直抵其国，缚其王"的战争威胁。可惜的是，大明帝国的国书在还未抵达京都之前，就被盘踞九州的南朝怀良亲王给截留了。怀良亲王是后醍醐天皇的"八阿哥"，为人刚愎自用，他对明朝国书中"四夷之君长"、

明初对日主战派周德兴绣像。

"酋帅"等轻蔑的言辞颇为不满，随即处决了使团中的主使吴用等五人，还拘禁了副使——杨载和吴文华达3个月之久。

在此后的十余年里，明朝政府始终以为怀良就是"日本国王"。为此，朱元璋还拒绝了日本北朝足利氏从1374年开始连续6年进献的诚意十足的朝贡。在明帝国看来，足利氏不过是区区一个军阀，泱泱大国岂能与乱臣贼子建交。所以，终朱元璋一生，明朝政府都始终以怀良亲王为谈判对手，要求日本政府制约袭扰无度的倭寇。不过，怀良亲王所代表的南朝在日本内战中始终处于弱势，巨额的军费开支和控制地域贫瘠的物产令他们无力处理倭寇的问题。因此，倭寇对大明帝国的滋扰始终没有中断。

此时的朱元璋已经对日本国内的政局有了一定的认识。这位粗通文墨的"马上天子"甚至填了一首乐府诗《倭扇行》，以表达对这个流氓政权的鄙视。诗中，朱元璋不仅指责日本政府"国王无道民为贼，扰害生灵神鬼怨"，更嘲笑怀良亲王"君臣跣（xiǎn）足语蛙鸣，肆志跳梁于天宪"。不过，朱元璋并没有兴趣去改造日本。因此，虽然他感叹"今知一挥掌握中，异日倭奴必此变"，但最终还是接受了怀良国书中"自古讲和为上，罢战为强，免生灵之涂炭，拯黎庶之艰辛"的建议，将日本划归大明帝国"十五不征之国"之列。

"十五不征之国"有这样一个由来：1369年，朱元璋下令编纂《皇明祖训》，宣布将朝鲜、日本、大琉球、小琉球、安南、真腊、暹罗、占城、苏门答腊、西洋、瓜哇、溢（pén）亨、白花、三佛齐、渤泥这15个海外国家列为"不征之国"，告诫后世子孙不得恣意征讨。

其中，"渤泥"国是今天文莱王国的前身，当时控制着加里曼丹岛大部及菲律宾南部的一些岛屿；"三佛齐"是控制着今印尼巽（xùn）他群岛大部的佛教王国；"溢亨"、"白花"为马来半岛的割据政权；"苏门答腊"、"西洋"、"瓜哇"三国是今天印尼地区的封建王国；"安南"控制的地域大体上涵盖了今天越南社会主义共和国的北部，今越南社会主义共和国的南部在当时是"占城"的疆土；"真腊"是今天柬埔寨王国的古称，"暹罗"则是泰王国的旧名；"大琉球"、"小琉球"是今天的日本冲绳群岛。表面上看，"十五不征之国"承认了上述国家的主权独立，标志着明帝国"和平外交"政策的确立，且此后给各国的诏谕中，明朝也一再表明其"共享太平之福"的立场。但如果仔细分析，却会发现"十五不征之国"并非简单地"一视同仁"。

其实"十五不征之国"中有一些国家长期是中国历代封建王朝的藩属。如真腊、暹罗、占城等国在隋唐时期便与中国建立起了朝贡体系。马来半岛、印尼地区及菲律宾的南中国海沿岸的国家从宋、元时期就与中国交往密切，特别是1292年元世祖忽必烈命福建行省平章、史弼等人率军远征爪哇的军事行动，极大地震慑了当地诸国，使其纷纷主动向元帝国输诚。因此，朱元璋所划定的"十五不征之国"中，除了朝鲜与日本之外，均为宋、元以来中国的传统藩属。既然是附属国，自然没有必要征讨。从朱元璋对朝鲜的态度也不难看出，对明帝国而言，"十五不征之国"中的朝鲜和日本不仅是藩属，还存在着对其内部统治阶级合法性的质疑，甚至不能算作"一国"。因此，所谓"不征"无非是给出足够的外交空间，等待其内部争斗完成之后，再进一步考虑外交政策的一种策略而已。

在日本南北朝对峙局面宣告终结的同时，朱元璋也基本完成了其对大明帝国的内部整肃。朱元璋首先对国家官僚机构进行了改革。洪武初年（1368年），官僚机构基本上沿袭元代旧制。洪武九年（1376年），朱元璋宣布在地方上废除元旧制——行中书省制度，代之以承宣布政使司、都指挥使司和提刑按察使司三司，分别行使行中书省之职责。三司既相对独立，又相互牵制，以防止地方势力过大而闹独立的可能性。与政治改革相对应，朱元璋也在军事制度方面进行了较大的改革。洪武初年，朱元璋便与刘基研究创立了明代特有的卫所制度：军籍世代沿袭，实行耕战结合，平时屯耕，战时出征；自京师至郡县，皆立卫所，在军事重地设卫，次要地方设所。洪武十三年（1380年），朱元璋在废除丞相制的同时，也废除了统管全国军事的大都督府，代之以中、左、右、前、后五军都督府，每府各设左右都督。都督府负责军队的管理和训练，但无权调动军队。逢有战事，由皇帝亲自任命军事统帅，兵部发布调令，都督府长官奉命出征。正是以这一系列的政治改革为基础，朱元璋的继承者永乐帝朱棣开始改变对日本的外交政策。

以朱棣好大喜功的个性，自然不会拒绝日本的称藩入贡。在都御史王抒上报的"倭寇未绝"的情况下，朱棣还是决定先遣使与室町幕府进行交涉。而被委派去日本的，正是日后纵横南洋的"三宝太监"——郑和。郑和这次鲜为人知的"下东洋"，似乎并非单纯的外交活动，明末学者顾炎武在其著作《天下郡国利书》中说，郑和"统督楼船水军十万"或有所夸张。郑和出身武臣，选择由其出使日本，不免有点武力威慑的意味。足利义满也表现得颇为知趣，不仅主动献上了宝刀骏马，更将盘踞对马、壹歧等地的倭寇团伙一扫而空，"执其渠魁（kuí）以献"。

郑和虽然没有将这些"海盗头子"引渡回中国受审，却见证了这些恶贯满盈的"恐怖分子"被日本方面用酷刑"蒸杀"。这种刑罚虽然颇不人道，却是日本列岛政权对付盗匪的惯用手法，日后号称"侠盗"的石川五右卫门，也是被丰臣秀吉以此种手法处死的。听取了郑和所作的相关汇报后，向来心狠手辣的朱棣认为很对胃口，随即以"嘉其勤诚，赐王九章"的方式，册封足利义满为"日本国王"。得到了"日本国王"的金印、冠服等物之后，足利义满颇为自觉地以"日本国王，臣源义满"的名义，表达了感激之情。

对于自己老爸这种"挟洋自重"、意图取天皇而代之的作派，新任幕府将军足利义持并不认同。足利义持在写给明成祖朱棣的国书中，不仅表示日、明建交是"惑于左右，猥通外国船信之问"，更将父亲足利义满之死归咎于"受历受印，而不却之，是乃所以招病也"，随即再度放纵起骚扰中、朝两国海岸线的倭寇来。如果不是明帝国忙于追讨漠北的蒙元残部，以朱棣的个性，很可能会再度委派郑和渡海远征。

❸ 日本人眼中的郑和。

❸ 被"蒸杀"的石川五右卫门。

勘合贸易

永乐十五年（1417年）10月，倭寇侵扰、劫掠浙江之松门、金乡、乎阳一带，明军剿捕捉获倭寇数十人，解送至京。明吏欲杀之，但明成祖朱棣却认为"成之以刑，不若怀之以德"，乃派使臣送还日本，并责问足利义持不通和好及纵民为盗之罪。永乐十六年（1418年），吕渊至日本兵库，不准进京，只得呈上国书和倭寇俘虏回国。途经九州之时，萨摩大族岛津氏却遣使随吕渊赴明请求贸易。船至宁波，州官上报。按以往惯例，无国书一律不准贸易，但朱棣考虑倭寇为患，有意缓和矛盾，特破例准其贸易。岛津氏毕竟只是地方家族，只能约束九州南部所辖区域的倭寇活动，无力制止其他地区的倭寇活动，加上限制倭寇活动对辖区的财富增长也有影响，因此他对明政府所托之事也不是特别上心，倭寇活动依旧有增无减。永乐十七年（1419年），成祖再派吕渊持国书赴日，谴责义持纵民为盗之罪。

吕渊第二次抵达日本之时，恰逢"望海埚之战"及朝鲜远征对马的军事行动全面展开之时。起初，足利义持只派了一名僧人去兵库见吕渊，表示不接受明帝国国书，只将抄本带回。但当足利义持看到朱棣在国书中谴责自己"违背前王意愿，持险不通朝贡，且纵民为盗劫掠沿海边民。如不迅速俊改，当兴师问罪"之时，竟有些不淡定起来。更有趣的是，鉴于以前明使有被杀者，吕渊此行的凶吉亦难料知，朱棣特意在国书中指出："安书使臣，或囚或杀，任其所为"。足利义持当然没有囚禁甚至处决吕渊的勇气，更不愿对明关系过分僵化，随即令近臣元容西堂带去一份"不愿与明再通和好"的谈话笔录，交于吕渊。足利义持实在找不到适当的辩解理由，只好借神明之意来推脱，他在笔录中表示，"日本不通和好并非持险不服，实顺神意。神不准和好，神意难违。至于小民犯边实属不知，岂有人主教民为盗者，如有当今沿海之吏制止之"，对于倭寇侵掠之事一笔推过。文末，足利义持还不忘搬出历史来为自己壮胆，宣称"元军之来有神助而溺于海，明军如来结果可知"。

足利义持话说得虽然漂亮，但骨子里却不免外厉内荏。在吕渊回国后不久，日本国内便开始盛传明帝国与朝鲜将要联合进攻日本的谣言，足利义持恐惧元军侵日一幕重演，对明帝国也加强了警惕。第二年，也就是日本应永二十七年（1420年），朝鲜使臣至日，足利义持还特意命僧人惠洪讯问明政府是否有伐日之意。尽管室町幕府"倒打一耙"地称此次朝鲜的惩戒活动为"应永外寇"，但他们也自知不是中、朝两国的对手。1428年，足利义持因为在沐浴时挠伤了臀部感染而死，其弟足利义教接任，不得不再度向明称臣，恢复了与中、朝的"勘合贸易"。

所谓"勘合"，本指古时盖有骑缝章的契约文书，"勘合"双方需同时出具所持的两符，在比对一致后，方可开展交易。室町幕府持明帝国发放的银符，以朝贡的名义向明帝国派出贸易船只，并在指定港口——宁波交割货物，大明帝国则以"国赐"的名义交付日方所需的商品。不过，在勘合贸易的船上往往还载有大量的附载物，这些商品需在宁波市舶司接受明帝国的"抽分"（即实物关税），再予以"官买"或由"官准牙行"（这些机构类似于今天的贸易公司）进行互市贸易。

值得一提的是，除了扇子、名刀、漆器等手工业产品之外，明帝国还从日本大量进口硫黄、银、铜等矿物。明帝国对硫黄的需求自然源于军事领域，而以铜钱收购白银和日本铜，却是稳赚不赔的生意。日本国内银贱而钱贵，"明日贸易"后期，明帝国有15%左右的白银皆从日本流入。由于当时的日本没有对铜矿石进行提炼的技术，日本的铜矿石往往也含有大量的银元素。因此，即使明帝国以高价收购白银和日本铜，利润依旧颇为丰厚。

尽管日商在宁波等地不可避免地要遭遇"官准牙行"的压价和欺骗，但在"勘合贸易船"停泊期间，当地市舶司的款待还是相当周到的，日常饮食、用

明代勘合章。

品一律免费供应。不仅日商采购的如生丝、药材、字画、书籍等中国产品在日本列岛获利丰厚，就连明帝国的货币"永乐通宝"也获得了如同今天美元一般的信用和购买力，以至于每每勘合贸易船返航之时，日本国内都是一片"唐船归朝，宣德钱到来"的喜悦之情。

"明日贸易"所带来的丰厚回报，令日本国内不再以向明称藩为耻，甚至在船头竖起"日本国进贡船"的大旗来彰显得意。一时之间，日本各地的豪强和巨富们无不趋之若鹜。在这样的情况下，长期垄断"明日贸易"的室町幕府自然吸引了众多"羡慕妒忌恨"的目光。幕府派出的勘合船时常在返航途中，遭遇盘踞在长门、周防等地的大内氏的抢劫，血本无归，不得不向控制濑户内海的大内氏和细川氏让渡"明日贸易"的权益。

大内氏在室町幕府乃至日本历史上都算是一个异类，其自诩为"百济国琳圣太子"的说法或许有自吹自擂的成分，但其朝鲜南部移民的身份基本上是坐实了的。世代的繁衍和经营，最终令大内氏从周防国大内村的小族群，逐渐发展为世代盘踞本州西部的"西国霸主"。镰仓幕府、后醍醐天皇、足利氏虽屡屡对其打压，终因顾忌其在当地盘根错节的势力，而不得不转用怀柔政策。

日本明应四年（1495年），室町幕府组织第七次遣明贸易团。大内氏虽有成化勘合，却并无国书，不能实现对明贸易。在幕府的斡旋下，大内氏和细川氏共同组成了第七次贸易代表团。幕府与细川氏带景泰勘合，大内氏带成化勘合，尧夫寿奖任正使，一行六船（幕府一只、细川三只、大内氏二只）。于弘治九年（1496年）初至京，五月回国。因贸易团成分复杂，返国途经济宁时，日本使团成员强行购买货物，引起口角，持刀杀人。所司上奏，明孝宗朱祐樘随即命从今以后只许日使50人进京，其余留在船上，严加提防。明孝宗朱祐樘显然已预感到了危机，然而让日本使团待在船上，并不能从根本上解决问题。不久之后中日之间发生的"宁波之乱"就印证了这个观点。

1511年，大内氏和细川氏架空了室町幕府，假借"日本国王源义澄"（足利义澄）的名义，包揽了第八次"勘合贸易"。此例一开，双方自然都可以撇开对方，独占利润。不过，细川氏显然还未从1507年爆发的"永正错乱"中恢复过来，而大内氏却已在室町幕府频繁的内乱中如日中天了。因此，在1511年的朝贡过程中，大内氏不但占据了正使的位置，还顺利地获得了明帝国的"勘合银符"，这意味着1523年的第九次"勘合贸易"被大内氏强行"连庄"了。

对于大内氏公然破坏江湖规律的"黑吃黑"，细川氏倒也并非无计可施。在细川家商团中，有一位名叫"宋素卿"的外籍雇员。宋素卿本名"朱缟"，祖籍浙江鄞（yín）县。朱缟家世代经商，本应属小康之家，但他的叔叔朱澄却在对日贸易中偷奸耍滑，最终在无法按时交货的情况下，不得不将朱缟抵债给了日本商人汤四五郎。作为一个被贩卖的儿童，朱缟在日本的境遇已无从考证，但可以肯定的是，朱缟最终步了叔父和养父的后尘，进入中日贸易领域。由于兼具中、日两国血统和教育背景，改名为"宋素卿"的朱缟在"明日贸易"中左右逢源，利用金钱和谎言建立起非凡的人脉。

嘉靖二年（1523年）4月间，大内氏和细川氏的朝贡船先后抵达宁波港，此时这两家实际上都没有明世宗朱厚熜（cōng）政府所发放的"嘉靖勘合符"。大内氏持有的"正德勘合符"与"嘉靖勘合符"颁发的年份相隔得不算远，因此大内使团内部自宗设谦道以下的人都认为胜券在握，并不在意。而细川使团则做贼心虚，通过宋素卿上下打点，成功贿赂了市舶司主管太监赖恩。在"潜规则"的作用下，细川氏的朝贡船得以优先入港查验。在五月一日的招待宴会上，细川氏使团也被赖恩安排在相对尊贵的右手一侧。

客观地说，事情发展到这里，深谙官场游戏规则的太监赖恩并没有关上大内氏朝贡的大门。以明帝国历年对日本朝贡船来者不拒的惯例，大内氏也绝不致于血本无归。但赖恩和宋素卿显然都低估了日本人执拗的个性，在宴会之上，大

16世纪的日本商船。

内氏正使宗设谦道脾气发作。与细川氏的正使鸳冈瑞佐争执一番后，宗设谦道立马动员大内氏的商贾和水手冲入了明朝海关收缴存放随船武器的东库。带着"断人财路，如杀人父母"的仇恨，大内使团开始公然地杀人放火。

大内氏派赴明帝国的商人中，素以海盗为业者多。宴会过后，他们便在宗设谦道的唆使、指挥下，打开东库，抢出按规定应收缴保存的武器，攻入了嘉宾堂。细川派的正使鸳冈瑞佐因无武器，立马被斗杀，宋素卿逃出，在府卫军卒的保护下，避于十里外的青田湖。宗设谦道率众纵火焚毁嘉宾堂，然后率队伍沿灵桥门外北行，经东渡门至和义门外，烧毁泊于该处的宋素卿船。其后，追寻宋素卿至余姚江岸，又迫近绍兴城下。在折回宁波时，沿途杀掠。一路上掳走指挥袁班、百户刘恩，杀死百户胡源。至宁波后，大掠市区，夺船逃向大洋，备倭都指挥刘锦、千户张捏率军追赶，不幸战死。宗设谦道一伙在逃回本国途中，一船因遇风漂至朝鲜海面，朝鲜守卫军诛杀三十，生擒二十，缚献明朝。

"宁波之变"发生之时，皇帝朱厚熜与以杨廷和为首的官僚集团正因"大礼仪之争"而处在紧张的对立之中。作为皇帝的近臣，赖恩等太监自然深得朱厚熜的信任。赖恩收受宋素卿的贿赂而为其开脱，宁波府官吏大多走太监赖恩的门路，与其统一口径，上报政府。就这样，在宁波府关于"争贡事件"的上报中，宋素卿便成为日本进贡贸易的正使，因揭发不是正使的宗设谦道背后的奸诈，而遭追杀。因此，宋素卿无罪，应追究宗设谦道的罪责，以杜绝今后之祸。

"明日朝贡贸易"虽因"宁波之变"而终结，但其背后也有着双方经济利益上的考量。明帝国方面，随着土地兼并、政治腐败等原因，财政收支日益吃紧；勋戚、豪族大肆兼并田地，势必导致国家所掌握的额田大量减少，赋税也相应减少。嘉靖时，天下额田已减少一大半，国家的财政税收已无以为继。面对这样的局面，朱厚熜虽于嘉靖八年（1529年）敕谕户部清查庄田，对强占民田者，俱还原主，但收效甚微。此消彼长之下，明帝国的财政在朱厚熜执政中期已经到了"边供费繁，加以土木、祷祀，月无虚日，帑（tǎng）藏匮竭。司农百计生财，其至变卖寺田，收赎军罪，犹不能给"的崩溃边缘。这样的情况之下，明帝国自然无心再继续需要投入大量财政开支的"明日贸易"。

倭寇之乱

　　大明帝国虽然对朝贡贸易不再积极，但如果日本方面能够严格按照此前的贸易协定，表达出足够的诚意，仍有希望令大明帝国重新打开国门。而偏偏此时，日本进入了国内群雄割据的战争年代（即所谓的战国时代），日本政府不再组织官方朝贡贸易团与明帝国进行贸易。但这并不代表日本国内从此断绝了与中国大陆的联系，反而是在这一时期，日本的对外交往呈现出了井喷的姿态。其中影响最为深远的事件，便是火药武器的传入。

　　近代日本史学家对火药武器传入的追溯，大多采信"南蛮铁炮说"。后奈良天皇天文十二年（1543年）8月28日，一艘原定行往中国的葡萄牙商船因避风误入了九州岛南部的种子岛赤尾木港。当地的领主——种子岛惠时、时尧父子见葡萄牙商人携带有欧式火枪，便以重金购置了两支，并命巧匠八板清定予以仿制，"山寨"出了名为"种子岛铳"的火绳枪。按照日本人向来喜欢夸大其词的性格，这种火绳枪日后就被统一称为"铁炮"。

　　为了标榜此举意义之重大，日本不仅在种子岛建碑立馆，更编造了一个凄婉动人的故事：八板清定虽然成功仿制了欧式火枪，但始终未能尽善尽美。为了实现家主的要求，八板清定只能答应将女儿若狭姬许配给葡萄牙商贾。好在一年之后，葡萄牙商贾再度抵达种子岛，八板清定利用女儿回家省亲的机会，对女婿谎称若狭姬暴病而卒，至此这部有些虐心的大剧总算有了一个圆满的结局。从国人的角度来看，八板清定"以女换枪"的故事充斥着无聊、低俗、讹诈和欺骗；在日本却脍炙人口，其原因大概是这个故事与明治维新后大量日本妇女走出国门用青春和肉体换取日本实现工业化、现代化的宝贵外汇这一社会现实如出一辙。

　　有趣的是，在"种子岛铳"偷师成功前，日本列岛各势力在内战中使用火器的记录已经屡见不鲜。不仅"应仁之乱"的交战双方有大量使用"飞炮"、"火箭"的记录，就连地处相对偏僻的甲斐国（今日本山梨县）的守护大名武田信虎也在"种子岛铳"研制成功近20年前有过抓农夫去"试枪"的经历。由此可见，日本列岛将火药用于军事领域并非是受葡萄牙人的影响。

　　事实上，蒙元帝国很早便将火药武器带入了沦为其属国的朝鲜半岛，高丽政府更频繁以"防倭"为名，向元、明两大宗主国进口火器和火药。在这样的情况下，中式火器必然可以通过各种形式渗透到与朝鲜仅一海之隔的日本列

◎ 今天日本博物馆中的一种子岛铁炮。

◎ 西式火绳枪传入之前的日本火器。

43

视界\东海博弈

岛。无孔不入的中国商人也有可能会因谋求暴利而向日本走私军火，这一点从种子岛惠时父子购买葡萄牙火枪时便可窥见一斑：买购双方起初因为语言迥异，根本无法沟通，此时一个关键性的人物出现了——"大明儒生五峰者"主动出面担任翻译，而"五峰"正是此时横行于中日海疆的海盗头子汪直的旗号。汪直出生于大明徽州府，徽州素以商贾文化闻名，汪直耳濡目染。在嘉靖年间海禁松弛之际，汪直通过向日本、暹罗等地走私火药、丝绸迅速积累起人生第一桶金，随即又与同乡许栋所领导的海盗团伙合流。

值得注意的是，许栋势力所盘踞的宁波外海双屿岛恰好是葡萄牙窃取澳门之前进行对华贸易的主要据点，《明史》中有"佛郎机诸国入互市，闽人李光头，歙（shè）人许栋踞宁波之双屿为之主，司其质契"的记载。而根据葡萄牙人品托的《远游记》中的描述，双屿岛上侨居的外国人一度多达上千人，除了葡萄牙商贾外，还有大量来自欧洲其他国家的基督徒和传教士。由此可见，无论在种子岛惠时和葡萄牙人之间担任翻译的是不是汪直本人，中国走私贩子在西洋火枪传入日本的过程中都扮演了重要的掮客角色。

另一个令"种子岛铁炮传入说"难以自圆其说的证据，就是这种新型武器在日本列岛普及的速度。除了种子岛家族侍奉的萨摩岛津氏之外，远离九州的本州近畿地区也几乎同时出现了仿制的欧式火枪。与岛津氏这样的守护大名不同，在近畿掌握"铁炮"锻造和使用技术的是两股民间势力——根来寺和"杂贺众"。

关于"铁炮"在近畿地区的迅速扩散，日本史学家给出的解释是：根来寺的"监物"津田算长通过自己的情报网络获得铁炮传入的消息后，便动身前往种子岛，花重金从惠时父子手中购买了葡萄牙人两支原版欧式火枪中的一支，将枪带回纪伊国之后，根来寺也迅速展开了仿制的工作。而几乎是同时，来自"堺町"（今属日本大坂市）的商人橘屋又三郎也从种子岛习得"铁炮"的制造工艺，并转而专营军火买卖。理论上，日本政府官方开始生产铁炮则要等到后奈良天皇天文十三年（1544年）2月岛津义久通过管领细川晴元进献给将军足利义晴之后。

日本史学家所铺就的这条"铁炮传播之路"，虽然得到了古籍《铁炮记》的佐证，但还是漏洞颇多。首先，重金买下葡萄牙火绳枪的种子岛惠时本应奇货可居，却为何轻易地将原版和相关技术交付给了毫无渊源的津田算长（《铁炮记》写作"杉坊算明"，究竟是另有其人还是津田的化名不得而知）和橘屋又三郎呢？要解开这个问题，或许还是要从"明日贸易"在16世纪中期的异化入手。

"应仁之乱"后，室町幕府威权不在，长期由大内和细川两家把持的对明勘合贸易更是陷入了"竞争上岗"的激烈对抗之中。除了在室町幕府内部争夺明帝国发放的"勘合符"之外，支持大内氏的北九州"博多商团"和以细川氏为代表的"堺町商团"更是"八仙过海，更显神通"，他们纷纷通过中国东南沿海的不法商贩展开了走私贸易。借"大航海时代"的东风进入印度洋的葡萄牙人更控制了马六甲海峡，一度垄断了明帝国与东南亚的海上贸易，以致正德年间广东口岸"朝贡日稀，番商日少，岁入锐减"。

葡萄牙人参照其征服印度的步骤，于1509年窃占了珠江口外的屯门岛，并在修筑工事之余，大肆收买当地官员，大有化屯门为东亚果阿之势。但是明帝国立国百年，此时虽然有些腐败、堕落，但其军力仍非南亚次大陆的一干"苏丹国"

可比拟。对于自称"满刺加国"（即"马六甲"的音译）王子的"求援国书"，明世宗朱厚熜可以不理，但是在接到了葡萄牙人在广东沿海"大造火铳，劫掠村镇"的报告之后，明帝国却不能再无动于衷了。正德十六年（1521年）8月，中国与西方之间的首次海上交锋——"屯门海战"随即拉开了序幕。

"屯门海战"之中，葡萄牙海军所装备的大型帆船虽然犀利，却难敌明军"火船冲击"和"水鬼凿底"的上下夹击。一年之后，在明帝国大军"遇佛郎机船可立毁之，遇佛郎机人可立杀人"的严厉整肃之下，葡萄牙海军又败于广东新会。自此，葡萄牙再不敢轻易尝试曾经屡试不爽的武力入侵了，明帝国也在两次大胜之余，研究和仿制在战场上大量缴获的"佛郎机铳"。

日本人奉为至宝的"铁炮"，在明帝国军队中实际并不稀奇。宁波外海的双屿岛长期充当中日走私贸易的"大买家"和"保护伞"，在这样的情况下，明军比日本先一步掌握欧式步枪的技术也在情理之中。巧合的是，"铁炮"传入日本本土的时间点既与汪直走私团伙在葡萄牙和日本间频繁活动的时间点重合，也与明帝国计划对双屿岛实施武力清剿的时间点重合。葡萄牙人和汪直是否有令日本成为其后方军工厂，进而长期与明帝国对抗的计划呢？世人就不得而知了。明世宗嘉靖二十七年（1548年）4月，明帝国闽浙总督朱纨率军扫荡双屿岛，不仅将岛上的葡萄牙人杀戮殆尽，更"聚木石筑塞港口"，彻底中止了葡萄牙人在浙江外海的活动。

失去了葡萄牙人的支持，许栋、李光头等海盗集团也相继被朱纨剿灭。汪直遂另起炉灶，成为当时东亚一个大型武装海商集团的首领。他接受了日本战国大名松浦隆信的邀约，以九州外海属于肥前国的平户岛（属今长崎县）和日本萨摩国的松浦津为基地，从事海上贸易。汪直号称"五峰船主"，田汝成所著的《汪直传》则进一步宣称："（汪直）据萨摩洲之松津浦，僭号曰宋，自称曰徽

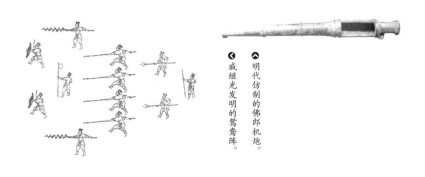

◀ 戚继光发明的鸳鸯阵。

▲ 明代仿制的佛郎机炮。

王，部署官属，咸有名号。控制要害，而三十六岛之夷皆其指使。"

在明帝国地方官员默许"私市"的暗示下，利令智昏的汪直却选择了主动配合官府，平定了陈思盼等多股烧杀掠夺的海盗，并试图在舟山沥港重建双屿港的繁华。然而明廷背信弃义，嘉靖三十二年（1553年）闰三月的一个深夜，总兵俞大猷率官军偷袭沥港，围歼汪直。汪直遣徐海、陈东、萧显、叶麻等勾结倭寇，后败走日本。双屿港与沥港的相继覆灭，让浙江的国际海上贸易网络遭受重创。嘉靖三十八年（1559年）12月25日，汪直被斩首于浙江省杭州府官港口。汪直死前所说的"死吾一人，恐苦两浙百姓"一语成谶，很快"新倭复大至"，闽广遂成倭患的重灾区。

纵观嘉靖时期的剿倭战争，大体上可以分为前、后两个阶段。前一阶段虽然有剿倭的军事行动，但是以"抚"为主，以"剿"为辅助手段。后一阶段从严嵩及其党羽失势起，特别是从戚继光训练新军起，剿倭战争上升为主要手段。戚继光原为山东防倭都指挥参事，嘉靖三十四年（1555年）由山东调至浙江，升任参将，镇守宁波、绍兴、台州三府以及所属各县。

在胡宗宪以"抚"为主的方针指导下，直至嘉靖三十八年（1559年），戚继光与倭寇作战并不顺利。但是在同倭寇接触过程中，戚继光总结了剿倭的经验教训，认为军事剿倭不力的原因在于"兵无节制，卒鲜经练，士心不附，军令不知"。"战无号令，守无营壁"，这样的士兵是不可能战胜倭寇、保卫边防的。而剿倭过程中也不乏成功的案例——怯台州知府谭沦就曾训练新军一千，在剿倭战争中表现英勇顽强，取得不少胜利。因此，戚继光上书胡宗宪，希望他准许自己训练新军，以加强剿倭力量。此时恰值严嵩父子失势，主"抚"派已无内援，加之倭寇并未因为汪直等之死而稍有收敛，胡宗宪被迫转向武力剿倭，遂批准戚继光训练新军。

戚继光深知原来的官军怯战，不足以为恃，在嘉靖三十八年（1559年）9月，他亲自去义乌县招募农民出身的"矿夫"和义乌乡团4000人，带回绍兴训练。戚继光在训练新军中注意两点：其一，重视思想教育，指出"民养军、军卫民"的军民关系。同时教育新军严守纪律，只有不扰民才可以取得民众的拥护。由于此次招募的新军都是耕田出身的农民，戚继光要求他们在倭寇扰民时英勇杀敌，保卫农民。其二，戚继光总结与倭寇的作战经验，并根据南方地形多沼泽的特点，创造出有别于北方"方列并驱"的战斗阵法——鸳鸯阵。这是一个拥有盾牌、火器（鸟铳）、弓箭、长矛、短刀等，长短武器相配合的十二人战斗小组。必要时，这个小组还可以一分为二，使战斗更加灵活，适应任何地形和敌情。

嘉靖四十五年（1566年），中国沿海倭寇老巢已经被全部荡平，大股倭寇基本肃清。与此同时，日本国内形势发生着巨大变化。激荡的战国时代已真正到来，日本大小大名、武士都被这场全国性的战争所吸引，竭力确立起自己在战争中的地位，已经无暇再把眼光放到这场战争之外的任何地方了。倭寇中的日本武士、浪人失去了补充来源，而中国沿海岛屿又被戚继光等新军所控制，中国海盗丧失了立足点，人数渐渐稀少。这样，肆意掠夺中国沿海达数十年的倭寇丧失了存在的条件，除零星小股继续活动到万历中期外，大规模的劫掠活动再也没有出现过。

但抗倭战争也使明王朝消耗巨大。自嘉靖三十一年（1552）倭犯台州等地起，"七八岁间，所破城十余，官军吏民战及俘死者不下数十万"。为了御倭，明朝几乎帑藏空虚，全国各地精兵良将也被调往东南沿海，因此有人指出："由于倭寇的侵扰，明朝东南沿海富庶之区，人民的生命财产、农工商业生产，都遭受了极其严重的破坏。"通过这场战争，使越来越多的人认识到开放海禁的重要性。明朝廷也鉴于嘉靖时"倭乱"的教训，到隆庆时开始部分开放海禁。

迎面相撞：
战争中各方军事体系的实战效果对比

破竹半岛

天正二十年（1592年）3月，丰臣秀吉动员了日本全国30余万兵力，以西国部队为主的158700人被编成9个军团渡海至朝鲜作战，任命宇喜多秀家为总大将，石田三成、增田长盛、大谷吉继等为总奉行，辅以水军9200人、船只700艘。另命东日本大名德川家康、前田利家、上杉景胜、蒲生氏乡、伊达政宗等，将其旗下部队集结在肥前国名护屋城（位于今佐贺县唐津市）作为预备队，总兵力计约105000人。

在一切工作准备就绪后，丰臣秀吉以朝鲜拒绝借道攻明为由，于4月正式开始了对朝鲜的战争。4月12日，日本远征军第一军团由小西行长率领18700人先渡海至对马岛待命。4月13日，丰臣秀吉下达"九军出发"之命传达军前，小西行长所部随即乘船驶抵釜山，次日天明攻城，拉开了侵朝战争的序幕。

小西行长本是堺町商人小西隆佐的义子，幼年跟随养父经营药草生意。一次偶然的机会下，与备前大名宇喜多直家在冈山鱼服屋进行贸易的小西行长，击退了前来行刺宇喜多直家的刺客，从此由商人破格拔擢为武士。小西行长天资聪慧，加入宇喜多氏之后，他便向武将远藤又次郎学习了火枪及水军战法。在横行濑户内海的海贼村上武吉宣告依附严岛海战后势力大增的安艺毛利家后，为了应付毛利家逐渐逼近的威胁，宇喜多直家起用远藤又次郎和小西行长组织的宇喜多家水军以巩固冈山城的安全。

小西行长作为北九州地区的新兴势力，显然比其他的武士集团更渴望战

◐ 商人之子小西行长。

功。1592年5月24日清晨，由对马岛宗义智所率领的日军前锋到达釜山浦。之前，宗义智先致书于釜山镇守将郑拨，要求假道入明，遭到郑拨严词拒绝，双方由此兵戎相见。日军使用装备先进的火绳枪，进行一轮又一轮的攻击，郑拨率军退守第二道防线，重新组织了弓箭手进行反击，但仍被日军击败，被迫退守第三道防线。数个时辰之后，郑拨中弹身亡，朝鲜方面随即军心涣散。翌日早晨，日军全面占领釜山城，并以此作为日后侵略朝鲜的兵员、粮草的重要中转站。

宗义智率军攻打釜山镇的时候，小西行长也率大约7000人在釜山镇附近的多大浦登陆。朝鲜军队在多大浦佥（qiān）使尹兴信的率领下，抵抗日军的进攻，其弟尹兴梯也参加了战斗。朝鲜军队登上城墙守卫，小西行长则率日军在城下挖掘战壕。以战壕为掩护，日军使用火绳枪对城上的守军发起一轮又一轮的攻击，朝鲜守军只能用箭和投石进行反击。日军最后使用攻城塔和梯子，在火绳枪的掩护下，登上了城楼。

尹兴信在第一道防线被攻破之后假装撤退，后对入城的日军发起奇袭。激战过后，朝鲜军战败，尹兴信阵亡。日军占领多大镇，对城中的居民进行屠杀。随后日军陆陆续续上岸，驻守多大镇。小西行长以多大镇为据点，重组军队，向汉城方向进军。稳固了对釜山镇的控制后，日军决定攻取釜山镇以北数公里处的东莱城，这座东莱城也是釜山镇通往汉城的必经之路。日军的第一军在休息了一个晚上后，于14日清晨从釜山镇出发，仅用了一个时辰就到达了东莱城下。城内守军对日军的突然到来措手不及，东莱府使宋象贤急至街上召集民兵，登城抗击，梁山郡守赵英珪等人也纠集军队前来支援。

由于城内的朝鲜军得不到支援，只能使用长长的木板作为盾牌，抵御日军火绳枪的攻击。日军架起梯子攻城，朝鲜军用弓箭和瓦砾迎战。最终，日军在一个时辰内完全控制了东莱城，宋象贤、赵英珪巷战而死。李珏在得知东莱城陷落的消息后，率军逃离了战场。日军在东莱城进行大屠杀，并接收了城中的武器、兵粮、牛马。小西行长在城中休养两天，再度率兵北上。

4月21日，小西行长率日军到达尚州附近，命足轻使用火绳枪对朝鲜军进行攻击，随后发现弹药不足。此后，日军又突袭朝鲜军的小山丘阵地。李镒（yì）据守山丘，下令射箭还击，但由于朝鲜军的弓箭射程太近，无法伤及日军。日军开始试图包围朝鲜军阵地，李镒自知必败，连忙上马，率部撤退。小西行长最终攻取尚州，向忠州方向进兵。

面对不断恶化的局势，朝鲜国王李昖急命左议政金命元为都元帅，坐镇王京汉城之内，节制全国兵马。又增设三道巡边使，由曾经大破女真人的名将北道兵马节度使申砬担任，负责庆尚、全罗和忠清三道防务。在申砬离开汉城的时候，李昖把自己的佩剑赐予了他，授予他调动禁军并沿途招募弓手的全权。

身负名将之誉的申砬，在战场上却刚愎自用。部下建议在庆尚道和忠清道交界的要塞鸟岭遏制日军的进兵，申砬却认为驻守鸟岭无法遏制日军，而拒绝采纳这个建议，决定在忠州附近的平原上与日军交战。在得知日军迫近后，申砬在忠州附近的弹琴台布置骑兵，希望通过背靠汉江的背水之阵来激励朝鲜骑兵的士气，再使用骑兵迅速冲破日军的火绳枪阵地。但申砬忽略了朝鲜军装备落后、日军装备优良这一劣势，朝鲜军使用的是射程较短的弓箭，而日军使用的是射程较长、杀伤力更大的火绳枪，朝鲜军很难取胜。

但此时除了小西行长所部之外，其余诸路日军进展并不顺利。面对日军的大举侵略，朝鲜各地有能力的乡士纷纷自立义军。如庆尚道星州的郭再祐于4月

❹装备日式火枪的朝鲜士兵。

❹申砬的自负断送了朝鲜王国最为精锐的骑兵部队。

21日组织义兵，屡次击败日军安国寺惠琼所部，使其无法顺利进入全罗道。面对郭再佑的游击战术，日军方面很不适应，不仅后方不稳，甚至对其正面作战也颇有影响。为了攻取全罗道的门户晋州，同时也对隐藏在丛林中的郭再祐义军进行有效打击，日本方面投入了作为预备队的宇喜多秀家所部第八军和细川忠兴所部第九军，下达了先攻取昌原、再攻略晋州的指令。

朝鲜庆尚右兵使兼咸安郡守柳崇仁死战防卫咸安，被日军击败，出奔晋州，希望晋州牧使金时敏开城接纳。柳崇仁是金时敏的上司，金时敏得知日军迫近晋州的消息后，担心柳崇仁入城后会导致城中守军号令不一，便拒绝了这个要求。柳崇仁最终力战而死。金时敏研究了日军的火绳枪，并仿制了170支分配给守城的朝鲜军，让他们多次训练，并坚信朝鲜军能够打败日军。

10月5日，细川忠兴率日军兵临晋州城下。当得知城中只有3000多名守军的时候，细川忠兴非常高兴，认为又将取得一次轻而易举的胜利。日军架起梯子攻城时，朝鲜军使用大炮、弓箭、火绳枪对攻城日军发起猛烈攻击，使日军伤亡惨重。细川忠兴甚为震惊，下令使用火绳枪的火力掩护日军攻城。但守城的朝鲜军冒着弹雨，使用石块和斧头摧毁了攻城梯。攻城梯被摧毁后，朝鲜军在城楼上，使用火绳枪居高临下地对日军发起攻击，日军伤亡更加惨重。

◆ 朝鲜海军的板屋船。

除了郭再佑之外，此时朝鲜半岛南部还有郑仁弘、孙仁甲、金沔（miǎn）等人也组织义军令日本第七军毛利辉元所部无法顺利占领庆尚道。全罗道光州的金千镒（yì）、全州高敬命、李基鲁、洪彦秀父子也于6月1日组织义兵。忠清道公州出身的赵宪、僧人灵圭则于7月3日整顿兵力，联合抵抗小早川隆景、立花宗茂等日军第六军。另外，还有京畿道海州的李延馣（ān）对抗日本方面黑田长政所部第三军。以上战事皆阻碍了日军的进军。

陆路进展不顺，对于丰臣秀吉而言或许还能接受，但海路日军连遭败绩却令其依赖海路提供陆军补给的计划归于泡影。最早与对手交锋于海上的朝鲜水军将领是庆尚右道水军节度使（朝鲜方面简称为"右水使"）元均。面对来势汹汹的日本海军主力，元均虽然接战不利，被迫放弃战略要冲巨济岛，但毕竟也算是敢于亮剑，比起一炮未放便"敌前转进"的左水使朴泓，已经算是不错的了。当然朴泓也并非全无贡献，他至少在跑路之前凿沉了麾下所有的战舰。毕竟当时朝鲜水师所使用的主力舰——板屋船，无论是吨位还是火力均强于日本方面大量使用的"关船"，即便面对10万石的大名才能建造的安宅船也并非不能一战。

元均兵败之际，首先想到的自然是呼叫支援。但近在丽水港的李舜臣却发挥了"友军有难，不动如山"的精神，不仅自己不出兵，还派人告诫元均"勿令妄动"。当然李舜臣的行为后来被朝鲜王国官方认定为属于"大将气度，伺机而动"。可怜的元均带着庆尚道残存的4艘板屋船在巨济岛附近徘徊了近半个月，李舜臣的援军才终于到了。此时距离日军登陆釜山，已经过去了整整一个月的时间。不过在李舜臣看来，战机恰恰就在此时，毕竟日军主力已经北上汉城，巨济岛一线留下的不过是负责掩护后方兵站的少数警戒部队。在会合元均所部之后，万历二十年（1592年）农历五月初七，李舜臣集中24艘板屋船、57艘小型战舰（挟船、鲍作船）冲入藤堂高虎所部泊停的玉浦港。

必须指出的是，初次出兵朝鲜之时的藤堂高虎领下不过20000石，因此全力动员也不过出兵2000人，根本不好意思在前线冲锋陷阵，只能以水军的身份在后方打打秋风。正在他率部上岸扫讨（抢劫）之时，李舜臣的大军突然杀到。停泊于岸边的30艘日军战舰根本来不及还手，就被李舜臣以舰炮、火箭击毁了24艘。以几乎零伤亡的代价打了这样一场奇袭战固然是大捷，但事后朝鲜方面宣传毙伤日军4000人左右显然有些不厚道。

成功奇袭玉浦之后，李舜臣随即打算将舰队临时停泊在巨济岛的永登浦过夜，但侦察船又传来了有小股日军正从附近经过前往合浦的消息。李舜臣随即又率队前往截杀，又一气击沉了对方6艘战舰中的4艘（一说为5艘）。连胜两阵的李舜臣有些亢奋，第二天又按照此前侦查所获的情况，率军突袭了巨济岛对面的固城赤珍浦，又故技重施击沉了13艘处于停泊状态下的日军船只。不过此时汉城陷落的消息传来，一扫李舜臣、元均所部原本高昂的士气，于是在"诸将放声痛哭"的情况下，两道水师联合舰队宣布解散，各回本镇。

应该说李舜臣所在的丽水港此时远离日军的进攻轴线，相对安全。而元均所统率的庆尚右道水军不仅船少兵寡，而且防区内的大多数良港、锚地均已落入敌手，在一线与敌周旋的难度可想而知。但正是得益于元均所部始终活跃于前线，才能领李舜臣于丽水安心休整一个月，并根据战场需要建造了第一艘"龟船"。

根据李舜臣《乱中日记》的记载来看，朝鲜水师很早便已有过使用龟船的历史。其更为古老的名字——"蒙冲"，则似乎暗示了这种战船有着中国血统。结合中国古籍中关于艨（méng）艟（chōng）的记载，更不难发现两者之间的传承关系："此船（艨艟）以生牛皮蒙船覆背，两厢开掣棹孔，左右前后有弩窗矛穴，敌不得进，矢石不能败"，基本上与龟船的设计理念别无二致。那么为什么这种战舰在中国战场被淘汰后，会在朝鲜以龟船之名复活呢？笔者认为，主要还是缘于自宋元以来，中国造船工业及火器运用日益发达。曾在冷兵器时代具有良好防护性的艨艟由于不利于架设多重帆橹机动性不强，且在大口径火器面前生存能力堪忧而逐渐淡出一线。而在朝鲜战场之上，由于日军缺乏火器且主战场集中于沿海港汊（chà）而重新给予它一展拳脚的机会。

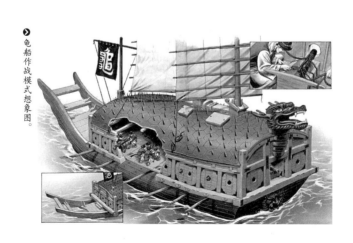

❯ 龟船作战模式想象图。

经过战国时代的洗礼，日本海、陆军的战斗力均处于巅峰状态。作为一个岛国，日本自古便不缺少统称"水军"的海盗集团。随着战国争雄愈演愈烈，本无统属的各地水军纷纷为豪门收购，成为各战国大名"株式会社"的"海上事业部"。一时间"你方唱罢我登场"，倒也非常热闹，更促进了日本列岛造船工业和舰载武器的升级换代。1576年，从属于织田信长的纪州水军领袖九鬼嘉隆在织田氏的全力支持下，建造出了宽七间（约12米）、全长十二间（约21米），以两层漆木为樯橹，上覆铁板，内列火炮的"大安宅船"。两年之后，九鬼嘉隆正是以6艘大安宅船击破称雄濑户内海30余年的毛利、村上水军联合舰队的600余艘木制战船，一战便拉升了日本海战的档次。

作为织田信长政治遗产的继承者，丰臣秀吉并非不重视水军的建设。早在受织田信长之命攻略盘踞本州西部的毛利氏领地之时，丰臣秀吉便施展自己所擅长的招降纳叛手段，延揽以濑户内海芸予诸岛的村上水军。此后又加封心腹爱将加藤嘉明、胁坂安治于濑户内海沿海，占据造船募勇的先天便利。

应该说丰臣秀吉的"总体战"理论在陆战中确实行之有效，但将其照搬到海战领域，却不得不说有胶柱鼓瑟之嫌。从1591年农历正月下达给各大名的水军征召动员令中，不难看出丰臣秀吉完全按照陆军的模式，进行着海战的动员："临海各国诸大名领地，每十万石准备大船两艘……各海港每百户出水手十人……秀吉本军所用船只，各国大名每十万石建大船三艘、中船五艘。所需建造费用，由秀吉拨给各国大名将所需建造费用，以预算表呈报，先拨给一半，造船建造完毕后，再行付清。"

以当时日本全国的石高约2500万石，沿海约占一半计算，在丰臣秀吉的指挥棒下，为远征朝鲜征调、新建的战船可达700余艘，且自带水手。仅从数字上来看不可谓少，但是丰臣秀吉的征召令中并没有提及这些战船的武备问题。当时日本虽然已经实现了火绳枪的国产化，但大口径火炮则几乎全部依赖进口。换而言之，集中到远征军手中的这700艘战船上面连一门火炮都没有。

从各地征调的水手可以满足战船的正常航行需要，但一旦发生海上战斗，仍需专业的水军。相对于第一波投入朝鲜战场的15.8万陆军而言，首战朝鲜的日本水军仅有9200人，这个集合丰臣系所有水军人马的数字，甚至远远低于战国时代鼎盛时期的村上水军一家的兵力。织田信长手中有船坚炮利的日本水军，缘何在远征朝鲜之时缺兵少炮呢？出现这样的局面，不得不归咎于丰臣秀吉于

视界＼东海博弈

1588年颁布的《海贼停止令》。

仅从字面上看，天下已定，要求各地水军停止"海贼"行动无可厚非。但事实上，日本各地的水军除了打家劫舍之外，更多的时候是扮演着海上收费站和镖局的角色。正因如此，日本水军的主力舰被称为"关船"，意即在海上的航行要道设置关卡，以收取"帆别钱"。客户如果愿意以"警固料"的名义出钱，各水军也不介意用小型的快船（小早）提供武装护送的物流服务。长远来看，帆别钱、警固料对日本国内贸易的发展都是有害的。但丰臣秀吉以行政手段将其一刀切，不免操之过急。《海贼停止令》一出，各地的大小水军集团顿时星散，其中当然不乏好事者，加入藤堂高虎、加藤嘉明、胁坂安治等人的水军远征朝鲜，但更多的人选择了就此从良，过上了打渔经商的平和生活。从这一点来说，被编入四国诸大名组成的第五番队（兵团）渡海犯朝的来岛通总所部，可以说是九鬼嘉隆之外，唯一一支成建制参与远征朝鲜的战国水军余脉。

中远距离以弓矢、火绳枪射击，近距离投掷被称为"焙烙"的火药罐杀伤对手甲班的有生力量，最后以水手跳帮，白刃肉搏结束战斗的模式，堪称战国日本水军的"三板斧"。但这些战术在面对李舜臣的龟船面前都很难奏效。龟船的上半部包覆的六角形的甲片，可以有效地抵御日方的中远程投射武器攻击，甲片上林立的铁锥也能令对手英勇的跳帮成为一场可怜的自杀。不过和大众传统的理解相悖的是，事实上在抗击日本侵略的过程中，朝鲜水军所投入的龟船总数不过3到5艘。

李舜臣首次投入龟船的战斗，是在万历二十年（1592年）农历五月二十九日的泗川浦海战之中。根据元均从前方传来的情报，李舜臣于当天率军突袭泗川浦的日军。不过日本方面吸取了此前的教训，始终将舰队停留在狭窄的港区之内。面对近200挺火绳枪组成的日军火力网，初次上阵的龟船不负众望，突入港内一举击沉了对手大半的战舰。当然这种明显已经落后于时代的武器如果面对的是大明水师，可能还没靠近就被弗朗机炮打成了筛子。

泗川浦之战的胜利和龟船的实战表现，极大地增强了李舜臣的信心，何况此时全罗右道水军节度使李亿祺正率部赶来会师。兵强马壮的李舜臣决定以固城外海的蛇梁岛为基地对日军进行长期作战。农历六月初二，李舜臣率部进击固城唐浦，首次遭遇了日军主力战舰安宅船，这艘战舰的主人正是颇受丰臣秀吉赏识的龟井兹矩。由于长期为丰臣氏经营银山，因此据说早年枪术过人的龟井兹矩在

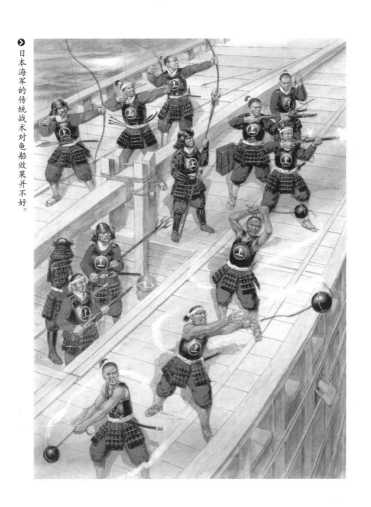

日本海军的传统战术对龟船效果并不好。

日本国内战功寥寥，可能是为了安慰其作为武士的面子。丰臣秀吉此时给他的官位有些吓人——琉球守、台州守（没错，就是中国浙江的台州）。可惜名号吓不死人，在朝鲜军的猛攻之下龟井兹矩所部兵败如山倒，他本人一把写着"龟井琉求守殿"的军配（扇子）也成为李舜臣的战利品。于是，逃回国且一直活到江户时代的龟井兹矩，稀里糊涂地便成为中、朝两国眼中首个阵斩的日本大名了。

　　1592年农历九月初一，李舜臣集结三道水师74艘板屋船辅以挟船92只，大举冲入釜山港。但此时釜山集结的日本水军的船舰已经超过400只，且已做好防御的准备。朝鲜水军奇袭失败遭遇日军的强大反击，朝鲜将领郑运被击杀，朝鲜水师损失惨重，甚至连李舜臣险些被俘房。此战之后，李舜臣不敢再轻言出击，而转为攻击没有战船防护的运输船团。当然这样的失败是不会出现在伟大光正的朝鲜史料之中的，于是釜山之战的经过被修正为"舜臣与元均悉舟师进攻、贼敛兵不战、登高放丸。水兵不能下陆、乃烧空船四百余艘而退"。李舜臣反击釜山失败的同时，朝鲜王国也已经被逼到了退无可退的绝境之中。

朝鲜君臣仓皇北撤时，小西行长和加藤清正所率日军，一路未遭遇激烈抵抗，分别于5月2日和3日进入京城。7日，第三军黑田长政军亦进入京城。从小西行长攻入釜山到京城陷落，为期不过20天，朝鲜大半河山即为日军占领。日军在朝鲜首都汉城大肆劫掠，"焚宗庙宫厥、公私家舍，括索弩藏，日输其国"。

5月16日丰臣秀吉得到占领京城的捷报后，认为战争的胜利已成定局，他的目的即将实现。为此，他踌躇满志地做了下述三件事：第一，厚赏小西行长、加藤清正，并指示速遣使劝诱朝鲜投降，以减少进攻大明时的阻力。第二，决意亲征。命令小西行长迅速探明通往明朝的道路、里程，并绘制详细地图。丰臣秀吉狂妄地认为，用兵20日已攻陷朝鲜京城，下一步攻入明国的日期不会太久。第三，制定征服朝鲜及明朝的计划二十五条："高丽都城已于（五月）二日攻克，所以，近期内须迅速渡海。此次如能席卷大明，当以大唐（明）关白之职授汝（指养子丰臣秀次）。宜准备奉圣驾于大唐之京城，可于后年行幸，届时将以京城附近十国，作为圣上之领地。诸公卿之俸禄亦将增加，其中下位者将增加十倍，上位者将视其人物地位而增。"

这是丰臣秀吉于5月18日给其养子丰臣秀次的备忘录。丰臣秀吉已经被占领朝鲜京城的胜利冲昏了头脑，不仅把朝鲜看作他治下的领地，甚至连一兵一卒也未进入的明朝，仿佛也在他的统治之下了。他忙不迭地在那里任命统治明朝的官吏，授给功臣封地，并把日本天皇安置在明朝北京，而他则坐镇宁波。可是没用多久，他就明白了其所谓的宏图大略不过是一枕黄粱而已。

明军入朝

丰臣秀吉的犒赏极大地鼓舞了前线的日军诸将，其中最为激进的莫过于与丰臣秀吉沾亲带故的加藤清正。加藤清正出生于尾张国爱知郡中村，父亲是当地锻冶屋老板加藤五郎助，母亲则是丰臣秀吉母亲的从姊妹。因此从血统上来说，加藤清正是丰臣秀吉的表弟。但由于加藤清正的父亲早亡，其很早便生活在丰臣秀吉的家中，因此又可以被视为养子。有了这样的双重关系，丰臣秀吉对加藤清正信赖有加。1585年，丰臣秀吉就任关白一职的同时，加藤清正获封从五位下主计头一职。1586年丰臣秀吉完成对九州的征伐后一年，丰臣秀吉以加藤清正取代了施政失败的佐佐成政。从此，加藤清正与小西行长受封新领地，两人各分得半个肥后国。

虽然民间有"远亲不如近邻"的说法，但比邻而居的小西行长与加藤清正的关系并不融洽。加藤清正一向瞧不起商贩出身的小西行长，而远征朝鲜以来，两人更在汉城为了战利品和战功发生争吵，加藤清正还一刀劈碎了小西视若神明的天主圣像，两人大起争端。5月15日，加藤清正率先出兵抵达临津江，因北岸江防较严，加之水深江阔而舟船皆为朝鲜收藏起来，难以渡江，遂在南岸待命。而小西行长因执行丰臣秀吉的诱降命令，没有迅速北上，三次派使均未到达朝鲜国王李昖处。

❯ 加藤清正。

丰臣秀吉在得到占领开城的捷报后，立即准备进入朝鲜。但在德川家康与前田利家的极力劝阻下，加上此时朝鲜方面又传来李舜臣率领的朝鲜海军击败了日本海军的消息，丰臣秀吉才停止出发。他对侵朝日军进行了重新部署，命八位将领分领朝鲜八道，以便征收税赋补充军用。自此以后，朝鲜各道的中心城市，相继落入日军之手。

小西行长进入平壤后，暂时没有继续向北推进。但日本开始在朝鲜八道的占领区以四公六民制向农民强行征收赋税和军粮，拟征数字达11916188石，这几乎等于朝鲜八道全年贡赋收入的总和。但如果考虑到日军所占领的地方不过是朝鲜的一些主要城市，尚有大片领土来不及占领，而四处出现的义兵也使他们难以派出征收官吏。不难想象，在这些地方征收这样数目的赋税，其残酷性是不言而喻的。与此同时，日本占领军还在所占领的各地强制推行日语，培养走狗，进行残酷的殖民统治。各路日军在军事行动中劫掠财物，奸淫妇女，焚烧村庄，镇压反抗者，甚至掘坟墓，剽府库，强征暴敛，不一而足，朝鲜人民恨之切齿。日本占领军的小股斥候、向导、零散兵卒，不断地失踪或被杀。

此时朝鲜全国八道仅剩平安道以北，靠近辽东半岛的义州一带尚未为日军攻占，无论是以李昖为首的朝鲜政府还是活跃于各地的民间力量，都认为如果

朝鲜抗倭民兵。

要收复国土，必须仰赖明帝国的支援，因此便派几批使者向明朝求救。朝鲜使臣们除向万历皇帝递交正式国书外，又分别游说了明朝的阁臣、尚书、侍郎、御史、宦官等，甚至表示愿内附，力图促使明帝国尽快出兵援朝。

由于朝鲜王国的崩溃速度实在太快，大明帝国起初对日本入侵一事存有诸多质疑，甚至遣使询问说："贵国向为东国之强者，为什么突然失陷于倭贼？"倒是建州女真部首领努尔哈赤颇为积极地向朝鲜王国表示愿意出兵助战。不过出于对努尔哈赤"建州马军三四万，步兵四五万，皆精勇惯战"这一夸张说法的怀疑，朝鲜王国最终还是拒绝了这位"急公尽义"的酋长，继续耐心地向大明帝国求援。

明帝国方面之所以迟迟没有做出援助朝鲜的举措，除了外交上的质疑之外，更多的是源于对国内局势的无奈。此时"宁夏之乱"方兴未艾，辽东和北京一带的明军主力被抽调到西北平叛，根本抽不出援朝兵力。明神宗朱翊钧对朝鲜方面的求援一直犹豫不决，明廷的官吏也因之分为只加强辽东防务的主守派和主张立即出兵的主战派。对此，主战派的兵部左侍郎宋应昌上疏说："关白之图朝鲜，意实在中国。我救朝鲜，非止为属国也。朝鲜固，则东保辽东，京师巩于泰山矣。"

明神宗朱翊钧和兵部尚书石星采纳了主战派的意见，决定援朝以巩固辽东和京师。廷议决策后，立即拨银20000两犒赏朝鲜将士，以鼓舞士气，并允许朝鲜国王李昖在危险时可以渡鸭绿江居于宽甸堡。6月下旬，辽东副总兵祖承训率领五千明军开赴朝鲜。7月至义州时，祖承训接到顺安郡守黄瑗的报告：平壤日军大部队调去京城，城中留守部队极少。祖承训对此情报未作认真调查，立即率军进逼平壤。祖承训素称辽东勇将，但对侵朝日军状况和武器特点不加以了解，也没有做任何研究，将倭寇的战斗力视作日军正规军的战斗力。轻举冒进乃兵家之所忌，这是祖承训与日军初战失利的主要原因。

祖承训兵至嘉山时，问当地人："平壤日军尚在否？"回答："尚在。"祖承训举杯仰天祝之曰："贼尤在，必天使我成大功也。"7月15日，祖承训从安顺连夜抵达平壤。16日黎明，明军趁日军无备，从七星门突入，同日军展开巷战。明军是清一色的骑兵，巷战极为不利，日军依险放枪，明军死伤极重。除祖承训外，所带的几个游击、千总皆战死。明、日两军第一次交战，以祖承训的傲慢轻敌而招致惨败。

祖承训兵败之后，一日之内败退至大定江。朝鲜急派兵曹参知沈喜寿往九连城，希望杨绍勋总兵能命令祖承训暂时留守在朝鲜境内。但祖承训撤退过速，已经渡过鸭绿江。对于自己的失败，祖承训在其后上呈给杨绍勋的报告里面，为自己找了以下几个理由：一是粮草不继，朝鲜无法提供足够的粮草供军队食用；二是军情不实，朝鲜情报指出平壤只有1000多名日军，实际交战后估计日军有上万人；三是指挥权不专，朝鲜群臣一直希望明军由朝鲜将领指挥，并且压迫明军在天时不利的情况下出兵。明军对朝鲜军缺乏信赖，祖承训副总兵指出同时去平壤的也有500名朝鲜军，结果临交战时，400名朝鲜军先溃逃，剩下的100名则与对方有所交谈。同时，明军多遭弓箭射伤与射死，根据朝鲜的情报，日军只有铁炮与长枪，所以怀疑射箭的是朝鲜人。

祖承训的这番说辞可能有其客观依据，但却极大地挫伤了当时仍相对脆弱的中朝同盟关系。朝鲜使臣不得不反复申辩：军情是由朝鲜的节度使提供的，可能侦查有误；关于射箭一事，可能是因为朝鲜兵器落入倭军手中，或者是因为有朝鲜人遭到俘虏，才受到倭军指使。但在明帝国的廷议中，议和派开始抬头，不知兵的兵部尚书石星转向议和派，并向明神宗朱翊钧推荐沈惟敬充当议和使。明神宗朱翊钧授沈惟敬以神机营游击将军军衔，令其赴朝鲜对日交涉。

关于来自嘉兴的沈惟敬的出身来历，中国史料上众说纷纭，但世人大多

❯ 朝鲜士兵的远距离武器以弓箭为主。

采信其"市中无赖"的说法。但通过福建巡抚许孚远在其奏折《请计处倭酋疏》，我们却看到了沈惟敬可能存在的另一种身份。自隆庆年间重新放松海禁以来，明帝国与日本的民间往来始终没有中断过。随着日本侵朝行动进入高峰，明帝国开始筹划向日本方面派遣间谍。而福建巡抚许孚远正是这一行动的具体负责人。

万历二十二年（1594年）8月，往赴日本萨摩的琉球使者一行与两名遭遇海难的明朝间谍邂逅。关于当时的情形，琉球方面的报告书中如是描写："有中国二人，身服敝衣，蓬头跣足，称该使臣指挥史世用、承差郑士元，奉差日本侦探，遇汛，船幸免死，脱至琉球。这两名间谍系明朝派往日本搜集情报的"指挥史世用"和"承差郑士元"。""指挥史世用"即是《请计处倭酋疏》中所记录的"名色指挥史世用"，"承差郑士元"当系随行史世用的一名明朝间谍。从内浦出发回帆明朝的途中，史世席一行遭遇暴风，船上的其他乘员都已遇难，惟史世用和郑士元两人侥幸生还，在萨摩州过着"身服敝衣，蓬头跣足"的流浪生活。

为了帮助史世用如期回国汇报日本情报，明朝朝贡国琉球特意派遣使者，用朝贡船将史世用等人护送回国。但是，护送史世用回国的琉球使者一行在驶抵中国海岸时再次遭遇暴风，漂流到了福建泉州府的平湖山地区。史世用一行于万历二十一年（1593年）6月自福建出航日本，次年1月完成在日本的侦察倭情任务，同月出帆归国，却不幸遭遇海难，在日本的萨摩州流浪长达7个月之久。他们最终在琉球的帮助之下，于万历二十二年（1594年）12月驶抵明朝。史世用潜入日本的间谍活动，费时一年半之久，总算大功告成。

史世用带回的日本情报，虽然在明朝史籍中概无所见，但是在琉球和朝鲜的史料中都留下了部分记录。据上可知，史世用在其汇报中，极力强调邻接日本的琉球北山地方的地理重要性。他指出，倘若琉球的北山地方被日本所据，其国土势必为日本所吞，如日本以琉球为据点，则其将会频繁侵犯明朝东南沿海地区。因此，史世用强烈建议明朝拉拢琉球中山王世子尚宁，迅速派遣使者册封其为国王，以确保琉球坚决倒向明朝，保证其东南翼的安全。关于琉球北山地区的相关内容，是史世用取道琉球回国时获取的一份额外情报。他在逗留日本一年多的时间内所从事的间谍活动成果，在明朝和琉球史籍中皆未记载。所幸的是，史世用后来赴朝鲜参战，将其所掌握的日本情报带入朝鲜。

明日两国于朝鲜半岛交锋之际，史世用这样的间谍并无个案。参加明朝间谍活动的福建海商许豫、张一学等人便潜入丰臣秀吉所住城郭，调查当地的地理情况以及丰臣秀吉的相关情报，还以商人的身份与以幸侃（伊集院忠栋）为首的萨摩州高层进行了交涉。那么，同样曾以商贾身份前往过日本的沈惟敬似乎也并非那么简单。

沈惟敬于万历二十年（1592年）农历九月初一抵平壤城外，在城北10里外的乾福山下与日军将领小西行长会谈。此时的战场态势是，小西行长虽依旧驻军平壤，但加藤清正却率锅岛直茂、相良赖房在海汀仓打败朝鲜将领韩克诚所部，俘虏了朝鲜王子临海君与顺和君。7月27日，日军越过豆满江（中国称"图们江"），侵攻臣属于明朝的兀良哈建州女真的扈伦四部及海西女真各部落，加藤清正攻拔女真五营，女真余营皆遁去。8月，加藤清正再大破女真酋长卜占台，斩敌900人，攻破其部。丰臣秀吉得知加藤清正战果后，写书状给加藤清正指示"今略明地"。如果此时小西行长所部同时于平壤一线发难，那么朝鲜流亡政府的处境将更为危急。

而恰在此时沈惟敬抵达前线，以商人谈交易的方式与小西漫天要价落地还钱。无独有偶，出身于堺町商人家庭的小西行长，也同样擅长商业诈术，当时的谈判，虽然并没有留下任何记录，综合沈惟敬回北京的汇报和小西行长对丰臣秀吉的汇报，其主要内容如下：一是以大同江为界，平壤以西属朝鲜，以东归日本；二是明朝准许日本封贡；三是要求与日本和亲；四是双方暂时于平壤城北十里处立一界标，日本军、朝鲜军均不得越过此线；五是回国汇报以50日为期。

单纯从这些条款来看，沈惟敬并未过多地出让明帝国主权，而小西行长也受制于后方补给不畅的压力，愿意接受以目前的战场态势为日朝边境的方案。正是由于小西行长的按兵不动，加藤清正放弃了丰臣秀吉假道建州入侵中国之战略，令锅岛直茂前往支援小西行长，自己则率远征军返回朝鲜咸镜道。

另一方面，小西行长也将会谈内容向同僚宇喜多秀家和丰臣秀吉作了汇报，因原定不再向北推进，故会谈内容与日军行动无抵触。但是，由于朝鲜义兵的活跃以及天气逐渐转冷，国内运输困难，供应紧张，严重影响了日军的士气。高级将领毛利辉元生病回国，士卒病、死和开小差者不断出现，军马也多有饿死。平壤日军几乎人人盼望沈惟敬早日回到平壤实现和平，以便早点回

西方画家笔下在朝鲜冬季作战的日军将领。

家。有的日军士卒甚至登上平壤城头北望，希望能早些看到沈惟敬。

11月下旬，沈惟敬来到平壤，与小西行长举行第二次会谈。沈惟敬向小西提出宋应昌的三项议和条件是：一是，日军撤退至釜山；二是，丰臣秀吉递降表称臣；三是，返还占领的土地、城池以及被俘虏的朝鲜国二王子；四是，履行了以上条款后，方才准许封贡。小西提出的修正案是：二王子在咸镜道加藤清正部日军手中，交回肯定有困难；平壤可以交回明国，但大同江以南的庆尚、全罗、忠清、京畿四道，暂时由日本辖属；封贡后从日商船到达浙江之日起，日本开始总撤军。沈惟敬带着小西行长的修正案回辽东，向宋应昌作汇报。李如松对沈惟敬带回这样一个丧失原则的条约极度不满，欲斩之，被随军参谋李应试劝阻，并说利用日军奢望和谈之际，予以偷袭，是一奇计。李如松方留沈惟敬于军中，并调度各路大军，准备进击日军。

碧蹄踏血

　　李如松率领明军左、中、右三协共43000余人的大军，于万历二十一年（1593年）农历正月初二日抵达安州。这时朝鲜大臣柳成龙来迎，李如松就柳成龙所进献的平壤地图，详细了解了敌我两军的形势。为了说明平壤和碧蹄馆战争的胜负原因，这里将明日两军的军事素质和武器装备略作一下说明。

　　明军的军制为募兵制，军队分步、骑两个兵种。步兵多为南方人，按戚继光所创兵制，步兵一营2000余人，其中铳手占半数。骑兵多为北方人，其中快炮手和铳手占百分之四十。明军的铳和快炮的射程和威力远不如日军的鸟枪，尽管铳类所占的比例大于日军，但威力略逊于日军。但明军使用攻城及野战的大炮，比日军多而且杀伤力大，对日军颇有威慑力。

　　当李如松了解到上述情况后，对柳成龙说："日军倚仗鸟枪，我用大炮，当可战胜日军。"正月初四，李如松大军至肃州，令参将李宁至顺安，告知小西行长，沈惟敬来，宜迎接。小西行长信以为真，派20人至顺安，李宁设伏捉获3人，其余逃回。小西方才知道明朝大军已至，但犹未作战斗准备。初六，小西于平壤风月楼率众着花衣迎接明使，但来者却是李如松的大军。

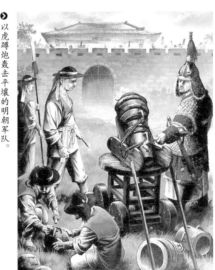

❯ 以虎蹲炮轰击平壤的明朝军队。

初七天明时分，李如松亲率大军攻城，这是明日两军主力的第一次激烈战斗。平壤攻坚战，明军打得极其英勇顽强，李如松坐骑中弹死，换马再战，游击、参将等中弹负伤，仍坚持指挥作战，终于在气势上压倒了日军，战斗了整整一天，将日军压到了城内一角的几个土窖内。这一仗，阵斩1285级，生擒2名，夺马2985匹，救出被俘虏的朝鲜男女1225名。日军伤亡惨重，士气低落。明军虽胜，伤亡亦多，但士气高涨，志在夺取平壤全地。

初八夜，小西行长与日军诸将商议，军粮、兵营悉数被明军焚毁，外援又久侯不至，无法固守，决心连夜撤回京城。小西撤退到凤山时，才知道负责增援的大友义统居然在听见明军大炮声后，惊恐非常，先行逃回了京城。正月十二日，小西行长兵败平壤的消息传到了京城，宇喜多秀家急忙召集有关将领和三奉行开会商议对策。会议决定，日军全线撤退到京城，集中兵力以便与明军决战。十七日，小西败军退至京城。十八日，开城日军撤回，至京城集结。这时，京城日军的数量超过了50000人。

李如松于初九收复平壤，十九日先遣部队进至开城，二十四日李如松率大军进至开城。在开城，李如松召集了各路将领会议，研究下一步的作战计划，由于各路将领意见不统一，作战计划暂未确定。李如松派副总兵查大受等率三千明军向京城方向前进，搜索敌情，探勘沿途地形，以便于指定进攻京城的军事计划。查大受军队在二十七日于高阳迎曙驿与日军北上搜索部队加藤光泰部相遭遇，双方展开战斗，明军斩首600余级，日军败退。

自平壤胜利后，明军已开始滋生轻视日军之意，迎曙驿的轻取日军，更助长了查大受的轻敌之心。因此，他即未认真搜索敌情，又未探察日军败退的方向，是否还有后续部队等，依然盲目前进，其实，加藤光泰败退后，立刻报告了主力部队将领小早川隆景。小早川率领两万日军赶来进行会战，当查大受发现时，想摆脱已经来不及了。于是退守碧蹄馆（距离京城50华里），被日军包围。

李如松得知先锋已经交战，迅速转为鹤翼之阵，在望客砚迎接查大受军势后于碧蹄馆重整军阵。此时已近中午时分，由小早川隆景、毛利元康、小早川秀包、吉川广家等率领的20000名日军先锋突然出现，并占领望客砚，后面还有由宇喜多秀家、黑田长政率领的日军本队20000人正在进军。

由于碧蹄馆地形狭隘，又多泥泞水田，不利骑兵行动。于是李如松且战且退，退往北方高阳市的出口惠阴岭，并急忙传令中军主力急速进兵。虽然明军先锋在开战初期成功击退了小早川隆景的左翼粟屋景雄所率3000人，但小早川隆景右翼先锋井上景贞的三千兵却反包夹了明军先锋。不过总体战况仍是明军占优。

与此同时，立花宗茂领三千兵从日军左翼移动至明军右侧山上隐埋伏伺机出战，先命部将立花成家率铁炮队速射三回后，以"示强之计"突然立出多数军旗并击鸣战鼓，全军举起长枪拔刀反射日光令敌兵敝目，一举斩入突击进至明军本阵处，此时宗茂挥刀甚急连斩15人。立花军中其中一位金甲武将安东常久与李如松单挑时，被李如梅射杀，同时明军左翼也遭到毛利元康、小早川秀包、筑紫广门的突击，正面则被小早川隆景压制，明军顿时陷入了被围之势。

李如柏、李宁、查大受、张世爵、方时辉、王问等明将皆亲自提刀奋战。其中，明将李有声为护卫落马的李如松而遭到隆景部将井上景贞击杀，如松的亲卫队也战死80余人。而立花军中也有小野久八郎、小串成重、小野成幸战死，小早川秀包麾下也有8名家臣先后身亡。不久小早川隆景派出吉川广家、宇喜多秀家（实则为其重臣户川达安所率）、黑田长政率部对明军进行包围。两军从午后开战已逾6个小时。至黄昏时分，明军终于等到左协大将副总兵杨元率援军到来。

杨元奋勇冲破日军包围，抢占李如松右方阵地，并和李宁的炮营共同发炮轰击日军，援护明军撤退。立花宗茂、宇喜多秀家派出部队猛烈追击至惠阴岭，立花一族之户次镇林在追击时奋勇战死。而小早川隆景则担忧明军撤退会设伏，劝追击的日军退兵。李如松收拾残军回到了开城后，听风传加藤清正将从咸镜道进攻平壤，便于2月16日离开开城回到了平壤。明军虽然有碧蹄馆之败，但入朝不到两个月，便收复平壤到开城失地500余里，甲方四道二十二府县，不能不说是个巨大的胜利。

对于碧蹄馆战役，中、日、朝三国文献的记载不尽相同。日本方面文献一再强调日军的胜利，并引用明人的记述为证。然而，明代记述该战役的文献，多半立足于弹劾李如松，对于失败的情况有所夸大。而朝鲜方面的文献如《李朝宣祖实录》、柳成龙、伊根寿、李德馨等人的报告，大体上是接近事实的。李如松在此战役中的失误，不在于碧蹄馆战斗的失败，而在于失败之后，应该迅速整军再战，而不是匆忙撤回平壤。

在同一时期，日军的困境更甚于明军。孤军深入的加藤清正部在明军攻克平壤的形势逼迫下，被迫于2月底撤退到京城驻防。由于天气逐渐转冷和义兵活动进一步活跃，日军运输困难一再加剧，士兵死逃亡不断发生。日军将领伊达政宗在给母亲的信中说："在这个国家里，人们由于水土不服，死亡相继。"由此可知，日军的减员情况极严重。初入朝鲜时日军数量为96000余人，当各队重新集结于京城时，只有不到53000人，减员43000余人，占总数的百分之四十五。平壤战役后，小西行长减员11300余名，只余6600人，减员近三分之二。

部队的严重减员，使日军将领和士兵都逐渐产生了厌战的情绪，甚至连极

◎ 碧蹄馆战略图。

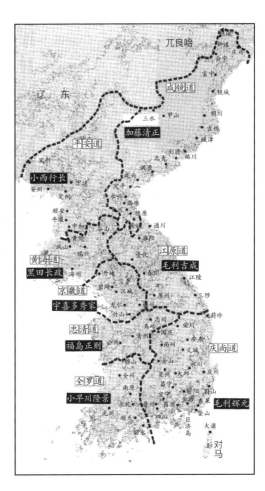

◎ 日本方面对朝鲜半岛的八道分割计划。

端主战派的加藤清正在咸镜道时，也接见了宋应昌派去要求释放朝鲜国二王子的使者，并约定回京城后再行接触。当集结于京城的日军将领向丰臣秀吉汇报了日军的困境后，丰臣秀吉被迫自喊撤退，巩固沿海根据地，并自蔚山经东莱至巨济岛一线，修筑十八城堡以作久留。同时，准许其部下与明军进行议和交涉。

4月18日，日军撤离京城，李如松于19日率明军及朝鲜军进入京城，5月15日渡汉江进至庆州。李如松在庆州对明军、朝鲜军和朝鲜义兵作了部署之后，便返回京城。至此，除全罗和庆尚二道部分沿海地区为日军占领外，其余各地全部收复。

在双方使节往来3年之后，丰臣秀吉最终换来的不过是一纸"日本国王"的册封。对于比肩足利义满的待遇，丰臣秀吉虽然当场发飙说："吾掌握日本，欲王则王，何待髯虏之封哉！"但第二天却"身穿明朝冠服，在大坂城设宴招待明朝使节"。显然对于丰臣秀吉而言，如果能依靠大明帝国的册封，将自己家族对日本列岛的统治权固化下来，也未尝不是一件好事。

册封终究只是一个形式，在日本军队执意不肯从釜山撤退的情况之下，1597年中日两国围绕朝鲜半岛南端的战事再度打响。而恰恰就在日本积极筹划再度进攻朝鲜的前夜，朝鲜国王李昖突然宣布将李舜臣下狱。事后朝鲜官方的说法是中了小西行长的反间之计，元均等军中将领诬陷李舜臣阴谋篡权，朝鲜国王李昖激愤之下失去了理智，才会行此昏招。这个说法虽然流行，但却很难令人信服。首先小西行长要散布李舜臣谋反的谣言不难，难的是这个谣言要有人肯相信才行。要知道当时的李舜臣已升任三道水军统治使之一，但比其位高权重的大有人在。其次就算李舜臣要谋反，以其手中区区数千人的水军登陆之后也难成大事。显然事情的真相并非那么简单。

要搞清楚李舜臣"冤狱"的真实原委，当然首先要回顾一下"壬辰朝鲜战争"爆发以来，朝鲜王国中枢的党争态势。虽然经过战前的巧妙布局，身为"南人党"领袖的柳成龙拥有着最为稳固的政治基本盘。但战争初期各条战线的节节败退还是令他和"北人党"领袖李山海双双引咎辞职。不过李山海外放之后仍然多次遭到"南人党"的弹劾，很快就丢失了所有的官职，变成了一介白丁。柳成龙虽然被下放到外职，但以招募义军的能力取得了一定的兵权。同时在海、陆两军之中有李舜臣、权栗这样的潜力股。派往明廷求援的李德馨也是柳成龙的亲信，果然大明帝国援军一到，主将李如松便点名要柳成龙前来助阵。

一时间"南人党"声势大振，俨然成为朝堂的主宰。但"月盈则亏"的道理，自古便是官场颠扑不破的铁律。就在朝鲜宫廷重回汉城，柳成龙官复原职的同时，"南人党"也成了众矢之的。为了能打倒"南人党"，"北人党"试图抓住"南人党"的根基予以沉重打击。明军主力撤出朝鲜后，支撑"南人党"的主要军事力量就是屡立战功的李舜臣领导的朝鲜水军了。因此，在"北人党"看来，要除掉柳成龙，首先就要把李舜臣给除掉。

1597年农历二月二十六日，三道水军统制使李舜臣被革职治罪押送到了义禁府。朝鲜国王李昖下令"国罪不容恕"要求"鞠问至自白为止"。因此李舜臣多次受到了严刑逼供，但好在"南人党"在朝堂之上仍占据主要席位，朝鲜水军诸将如李亿祺、忠清道水军节度崔湖等人也为其鸣不平。最终朝鲜官方也觉得对李舜臣通敌、谋反的指控有些站不住脚。于是免其死罪，再度让他白衣从军。而柳成龙在关键时刻没有保护心腹的行为，也令"南人党"上下寒心，为其最终失势埋下了隐患。

李舜臣下狱的这段时间，正值明日和平交涉正式决裂，丰臣秀吉随即向部下再度发出了出阵朝鲜的动员令，而此次的计划不再是好高骛远的一举征服朝鲜甚至要将战火烧过鸭绿江。丰臣秀吉认为"全罗道是否压制事关全局成败，此后再行攻略忠清道及其他地区"，因而日军首要目标便是扫荡朝鲜水军。此时朝鲜水军前线最高指挥官已经由元均担任。元均和李舜臣私交甚恶，李舜臣甚至在《乱中日记》中写到："在天地之间，像元均这样凶恶的人实在是非常少的。"但常年与日军周旋的经验还是令其认识到朝鲜水军的长处在于机动游击，正面与日军交锋并非取胜之道。但是在上峰的严令之下，元均还是不得不硬着头皮率军出击。

1597年农历六月十九日，朝鲜水军与进攻安骨浦和加德岛的日军船队首次遭遇。多年的养精蓄锐和不断加封早已令藤堂高虎、加藤嘉明成为领有10万石的大名。面对兵强马壮的对手，朝鲜水军很快便败下阵来。半个月之后元均裹伤再战，将朝军水军分为两队再度出击，但仍以失败而告终。为此，元均为已经升任朝军最高指挥官——都元帅权栗的严厉斥责并遭到了杖刑。无奈之下，元均再次从闲山岛的本营出击。农历七月十五日夜晚，朝鲜水军主力停留在巨济岛跟漆川岛之间的漆川梁。得到消息的日本水军决定主动出击，藤堂高虎率领水军从海上包围朝鲜水师，而岛津义弘率陆军阻击逃亡的朝鲜士兵，海战一

71

视界＼东海博弈

爆发朝鲜水师便溃不成军，上千人被斩首，数千人跳船逃亡，朝鲜水师的船舰约160只被日本俘虏，元均、李亿祺、崔湖皆战死，除了庆尚右水使裴楔所部的12艘板屋船外，朝鲜水军几乎全军覆没。

随着日军全罗道平定的顺利推进，到农历九月中旬，全罗道残存的朝军控制地区仅剩全罗道南部一隅。朝军在漆川梁海战大败后，其水军遭到了毁灭性的打击，再度启用李舜臣为三道水军统制使也无法挽回战力上明显的差距。为此，日军陆军继续向全罗道南部进军，水军则沿海一路西进，从水陆两路迫近鸣梁海峡一带。

发生于1597年10月26日的鸣梁海战，由于参战双方事后各执一词的说法和对战局后续影响的不同看法，早已演化成了一出"罗生门"。朝鲜王国方面宣称，此役击沉日军战舰31艘，重创92艘，给对方造成了超过8000人的伤亡；而己方无战舰损失，付出的兵员代价更微弱到几乎不值一提，因此鸣梁之战堪称旷世大捷。但对于这个说法，日本方面则认为，此战不过是一场根本不需要记入战史的小规模遭遇战而已，己方舰队的确吃了点亏，但不过损失了几十人而已；何况战后日军还成功地控制了战场，攻占了李舜臣的水师基地，俨然一副"对我不利的事物都不存在，我才是胜利者"的模样。

综合各方史料来看，朝鲜王国的捷报固然注水不少，毕竟日方投入扫荡全罗南道的水军总计不过七千之众。但日本方面也无法解释仅仅损失几十人的战斗为什么会出现前锋来岛通总战死，后援毛利高政落水，主将藤堂高虎负伤的情况。因此要揭开鸣梁海战的真相仍需要一番抽丝剥茧的梳理。结合鸣梁之战前的战局态势来看，整体形势无疑是有利于日本方面的。自明日谈判正式破裂，日军主力重返朝鲜战场以来，日军不仅在漆川梁重创朝鲜水师主力，地面战方面也是一路凯歌。

8月15日，丰臣秀吉的义子宇喜多秀家率军攻破地处小白山脉要冲的南原城，直趋全罗南道首府全州。攻占全州之后，日军征朝诸将定议三路分兵：北上汉阳、东攻庆尚、扫荡沿海。必须指出的是对于以上三个战略目标，日军的兵力配属是倒置的。北上汉阳的任务由黑田长政、毛利秀元两人担当，此二人虽然都与丰臣秀吉沾亲带故（一个是秀吉的养女婿，一个是秀吉的侄女婿），但此时却都已经淡出了丰臣系核心。以石高计算，两人合计32万石，所部兵力不超过三万。此次北上与其说是准备再度攻占汉城，不如说是攻敌所必救，牵

◎战国时代的锤炼，令日本军队在据点防御中颇有心得。

◀朝鲜发行的鸣梁海战邮票。

制中朝联军主力。

　　负责向东攻略庆尚道的小早川秀秋、加藤清正等人，由于深得丰臣秀吉的宠信而兵强马壮。其中加藤清正由于长期独占九州对外贸易的肥水，据说隐藏石高达75万石。日军真正的战略重点仍在巩固对全罗南道沿海的控制上，并为此集中了一半以上的陆军（78700人）和水军7000人主力，其中李舜臣位于全罗南道海南郡的海军基地自然是首选目标。

　　1597年10月17日，黑田长政、毛利秀元于朝鲜天安郡稷山与明帝国援朝军队发生了接触。面对明帝国大炮轰击、骑兵冲击的东亚大陆正统战法，在日本内战中自诩兵法出众的黑田长政显得很不适应。甚至有参战的日军写家书说"明军铁骑其势如长筱武田大军，望之极恐"，但其实对面所部明军一共才500骑兵。明军痛击日军后，因为兵力单薄而后撤了。凭借兵力优势控制了战场的日军，因为伤亡惨重已无力继续北进。因此，稷山之战事实上已经缓解了汉阳方面的危机。

综合全局来看，李舜臣水师无疑取得了鸣梁之役战术上的胜利：不仅成功突破了对手海陆并进的围剿之局，还取下了来岛通总的首级以鼓舞士气并作吹谈之资。而站在丰臣秀吉的角度来看，以一个海贼大名的性命把李舜臣赶到远离名护屋—对马—釜山运输线的朝鲜西海岸也并非不能接受。毕竟在发动第二次侵朝之役时，丰臣秀吉已经清醒地认识到，在大明帝国的阴影之下，日本鲸吞朝鲜半岛已成黄粱一梦，日本唯一取胜的机会便是在明帝国主力重新大举来援之前，扩大朝鲜半岛南部的占领区并将其要塞化，以期望国力远胜于己的大明帝国能够投鼠忌器，承认其实际控制区域为法定领土。

数以万计的日本士兵和朝鲜劳工在在泗川、固城、蔚山等地修筑倭城要塞的景象，与二战中后期日本不惜国力在太平洋诸岛修筑永备工事可谓无二致。可惜的是，历代日本统治者永远无法理解超级大国的思维模式：那些为了将对手赶出自己势力范围所付出的代价，永远谈不上高昂。

当明军看到日军无力前进，企图巩固沿海一带阵地的意图后，便制定了一个断其一臂的蔚山战役计划。万历二十五年（1597年）11月，明军以三协（左协杨镐、李如梅率明军一万二千，朝鲜军四千；右协麻贵、李芳春率明军一万一千，朝鲜军三千；中协高策率明军一万一千，朝鲜军五千），分三路向南推进。左、右协奔庆州进攻加藤清正，中协驻宣宁阻止小西行长的支援，并抽出部分军队向全州、南原推进，以牵制小西行长。不难看出，这是个颇为周密的进攻计划，而且是自碧蹄馆之败以来，明军首次由被动转变为主动的军事行动。它预示了战争的结局，即使丰臣秀吉不死，日本也不会是战胜的一方，只不过战争时间将会延长一点而已。

人间朝露："万历援朝"
之役的草草收场及对东亚历史的影响

由于明军截断了蔚山的水粮供给，城内日军每天都有大批军兵因为饥渴倒毙。城中干涸的蓄水池里堆满了尸体，原本不食畜肉的日军官兵也因饥饿难忍，将城中为数不多的牛马全部吃光。但就是在这样山穷水尽的情况下，加藤清正还是支撑到了援军的抵达。不过他的这份执着更可以理解为恐惧，因为在朝鲜半岛，加藤清正杀人如麻，一旦落入中朝军民的手中，等待他的将是死无全尸。这时，毛利辉元率五万日军来援，杨镐惊惧之下首先逃跑，明军不战而溃。神宗大怒，革杨镐职以万世德代之。日军虽然解蔚山之围，但却也无力向外扩张，而且出现了撤退派。撤退派主张自蔚山等突出阵地撤退，集中兵力重点放手。丰臣秀吉不准，命令加藤清正与小西行长坚守，其余将领回国过冬，等明年春暖花开再返回朝鲜指挥作战。

日本庆长三年（1598年）3月，丰臣秀吉感到身体开始逐渐衰弱，这时他最关心的不是朝鲜战场上的胜负，而是他的幼子能否牢固地继承他的事业。他心里最明白，幼子丰臣秀赖的最大政敌就是德川家康。6月，他决定在五奉行之外，另立五大老：德川家康、前田利家、毛利辉元、上杉景胜、宇喜多秀家，总揽国政，发号施令，五奉行成为政务的执行者。在二者之间，又设立了三中老，起调解作用。丰臣秀吉企图以这些互相掣肘的职位，使幼子秀赖得以安然地继承他的事业。

7月15日，他召集重要大名至他病榻前宣誓，像忠于他那样忠于秀赖。8月5日，他感到这样也不保险，又召集五大老和五奉行交换誓言书，发誓忠于秀

❯ 蔚山之战还原图。

赖。最后，又决定让秀赖娶了德川家康之子秀忠的女儿，要求家康善视孙婿。同时，又私下对前田利家说："秀赖就拜托你了。"8月16日，丰臣秀吉自知不起，召集各大老托孤。18日，63岁的丰臣秀吉死去了。

丰臣秀吉一死，在伏见的四大老（上杉景胜回自领不在）立即决定：密不发丧、自朝鲜撤军，并命令毛利秀元等三人赴博多掌握撤军事宜。9月5日，五大老以丰臣秀吉名义，指示在朝各军，争取最体面的议和。这个指示一到朝鲜，原来就相当厌战的日军，不愿再为体面的议和付出任何代价了，纷纷准备撤退。

在丰臣秀吉为其子秀赖安排继承统治日本宝座的时候，明军又计划了一次新的战役。这次战役，一直准备到8月，方才就绪。麻贵鉴于蔚山战役过于集中一地，使日军可以抽出兵力支援，这次兵分三路，同时进攻，使日军无力分兵支援，加上海军从海上配合策应，以期必胜。三路进攻目标分别为：东路——蔚山；中路——泗川；西路——顺天。麻贵率明军二万四千，朝鲜军五千进攻蔚山，董一元率明军一万三千，朝鲜军二千进攻泗川，刘挺率领明军一万三千，朝鲜军一万进攻顺天。明海军将领陈璘率军一万三千，李舜臣率朝鲜海军七千，于万历二十六年（1598年）8月，向各自的目标挺进。

9月20日，麻贵至蔚山，加藤清正坚守不出，双方无大战争。9月下旬，董一元进攻泗川，27日攻克旧城，日军逃入新筑的日式堡垒内坚守。董一元率军以炮火攻城，正在城墙已有数次坍塌，城陷在即，明军阵内突然大炮爆炸，引起火药爆发，出现大量伤亡，明军进攻将士不明所以，遂停止攻城。日军抓住这一千载难逢的时机，开城出击，明军由胜利转为溃败。9月，中路军抵达顺天，小西行长亦坚守不出，刘挺虽遣使联系，并无结果。10月，闻泗川失利，东、西两路军皆退兵。问题在于，此时，朝鲜当局已得到丰臣秀吉病死的消息，虽然尚未证实，但明军却丝毫无加以利用之心。而且在董一元失利，日军亦无力反击的情况下，三路明军全部撤退，准备近一年的攻势，以一无战果而告终。

明军停止攻势后，西路军刘挺部队与小西行长的接触未曾间断。中路军的董一元亦与泗川日军发生联系，明显地感到日军愿意结束战争的意向。这时，日军已确定于万历二十六年（1598年）11月15日全线撤军。而明军却毫无察觉，刘挺部队甚至还同小西部日军达成协议：一是日军拆除工事；二是明军送人质于日军，日军撤退。就这样，援朝明军与侵略日军进行的长达7年的战争，竟然在一个方面军的前沿阵地上，达成了和平协议，同意撤军。

朝鲜民族英雄李舜臣是不会轻易放走屠杀朝鲜人民近7个年头的日本侵略军的。自9月起，李舜臣和明朝海军将领陈璘，率领海军在海上堵截日军舰队，焚烧日军粮草，使日军遭受巨大损失。11月15日的撤退日期已至，但小西行长被李舜臣海军截住，难以回国。11月18日，岛津义弘率数百艘船只乘夜来接小西行长军。李舜臣得知后，立刻与陈璘海军合围，击溃日海军舰队。但在明海军指挥陈璘所乘战舰被日海军包围时，李舜臣指挥朝鲜海军前去解救。不幸在解围战斗激烈进行时，李舜臣左腋中流弹，伤势甚重。李舜臣唯恐影响正在进行的战斗，告诉其部下："战方急，勿言我死。"说完之后，就死去了。部下遵其言，秘不宣布，奋击日军，终于救出了陈璘，焚毁日舰200余只，岛津义弘只率50余只逃走。战争结束后，明海军指挥陈璘方才知道李舜臣战死。而小西行长则乘李舜臣战死之机，偷渡回国。

万历二十七年（1599年），明军自朝鲜全部撤出。日本侵朝和明军援朝战争，一共进行了7年。其间，损失最大的是朝鲜。明军扶弱伐强支援朝鲜，取得道义上的胜利。但是由于明政府政治腐败，明军将领无能，战争七载，"丧师数十万，糜饷数百万，中国与朝鲜一无胜算，至关白死，兵祸始休"，实际的损失是难以估算的。日本方面的损失也不下于明朝，各大名造船糜饷，人力物力的耗损同样是难以估计的。丰臣秀吉一手创造的一统局面，在其死后不久即被德川家康所取代，与发动这场侵略战争是极有相关的。

恰如马克思所说的"火药把骑士阶级炸得粉碎"，而同样的历史进程也出现了在日本。在"应仁之乱"后连年的天灾和内乱之中，各地被称为"一揆（kuí）"的群起抗暴运动此起彼伏。"一揆"原指"上下同心，团结一致"，汉语中亦有"揆，度也"的说文解字。而能使无数本性纯良的民众团结一致的，必然只能是利益诉求。最初追求"民间德政"的自发性运动被称为"土一揆"，其要求也不过是减免年贡租税。这种风潮很快便引起了国内豪族的注意，于是1485年年底在山城国（今日本京都府南部）出现了驱逐守护大名的"国一揆"。在日本战国时期，持续时间最长、影响最为广泛的还是以"一向宗"信仰为纽带的"一向一揆"。

"一揆"运动之所以能在日本战国时期大行其道，除了室町幕府的日益衰

李舜臣之死。

日本民间的武器作坊。

弱之外，还与军事科技的发展以及日本列岛社会结构的变革有着必然的联系。采矿、冶金和手工业的进步，令刀剑、护具不再成为奢侈品，火器的传入和仿制，更令常年在田地中劳作的农民拥有了与武士这样的职业军人抗衡的能力。"一向一揆"之所以能够以石山本愿寺（今日本大阪市中央）为中心蔓延全国，更持续了百年之久，与当地恰是日本"铁炮"制造业中心不无关系。

早在镰仓幕府统治中期，原先由国守、郡司、地头组成的统治结构便已然瓦解，日本各地出现了以血统为纽带的自治体系——"惣（zǒng）领制"。所谓"惣领"即以家族元老"惣领"统领全族，除负责族中一般事务、土地经营及年贡租税缴纳外，还有率领本族武士执行幕府军事任务、承担大番役任务等义务。这一制度的有利之处在于，可以通过"惣领"轻松动员一个宗族的力量，但弊端在于随着家族的繁衍，大量继承遗产的庶子必然导致"惣领"的分化。

为了凝聚力量，镰仓幕府的统治者不得不与为了削弱封国而颁布"推恩令"的中国汉武帝刘彻反其道而行之，以法律的形式规定"惣领"只能是单独继承。这一制度影响深远，直到二战结束前，日本长期实行的仍是"长子继承制"。尽管驻日美军带来了相对西化的继承权法，但在偏远的乡村，老人们仍在遗嘱中明确将大部分财产给予长子。以至于有人将充斥着"外来务工人员"的东京等大城市称为"次郎的天下"。

在工业化高度发达的今天，一无所得的"次郎"们当然可以走出乡村，去开辟属于自己的新天地。但是在中世纪的日本，被剥夺了继承权的庶子们只能用长刀去谋求属于自己的土地。他们或成为守护大名的家臣，或在"一揆"运动中窥探时机。这个充斥着野心的时代所出现的种种行径，被日本人形象地称之为"下克上"。近臣渴望取代将军，家臣阴谋推翻主人，连昔日老实本分的农民都渴望在战场上建功立业。而已经贫穷到连即位大典也举行不起，冬季赏雪宴会连酒都没有的天皇和公卿，更被列为空气一般虚无缥缈的存在。在这种动荡的年代里，野心家们渴望着变革，却又都梦想由自己来终结乱世。在这样的氛围之中，一幕幕"螳螂捕蝉，黄雀在后"的活剧在日本上演着。但随着崛起于平民的丰臣秀吉的亡故，昔日的武士阶层再度占据了日本社会的主体地位，江户300年的太平无事背后是阶层固化和对外扩张能力的弱化。

"天皇"的诞生

大化改新与白江战役

作者 / 大意觉迷

武内宿祢

645年（唐贞观十九年、日本皇极天皇四年、高句丽宝藏王四年、百济义慈王五年、新罗善德女王十二年），干支乙巳，中国东北地区进入新一轮动荡期。

滂沱大雨中的乙巳之变

645年（唐贞观十九年、日本皇极天皇四年、高句丽宝藏王四年、百济义慈王五年、新罗善德女王十二年），干支乙巳，中国东北地区进入新一轮动荡期。自高句丽权臣渊盖苏文杀害荣留王高建武，改立高宝藏为王，唐朝与高句丽的关系日趋恶化。唐太宗放弃了和解的外交，组织军队攻入高句丽本土，随后御驾亲征，直接指挥对高句丽的战事。由于高句丽是东北地区的强大国家，西拥汉四郡，与唐相接，东接朝鲜半岛，威慑新罗、百济，动荡的震波也很快顺着朝鲜半岛，飘洋过海，影响孤悬海外的日本列岛。

这一年六月十二日戊申（7月10日），在今天的日本奈良县高市郡明日香村，大雨滂沱。苏我家族的首领苏我鞍作（原名苏我入鹿）与堂兄弟苏我石川麻吕等人，冒雨从甘樫（jiān）丘前往不远的倭国天皇居城——板盖宫，与倭国名义上的最高统治者板盖宫天皇举行会谈。这位板盖宫天皇，就是后世所说的皇极天皇。《日本书纪》和《藤原家传》将这次会面描述成一场正式的君臣朝会，皇极天皇专门派人对苏我鞍作进行召唤，苏我鞍作虽有迟疑，但依然前往。召见的理由，说是三韩使者献上表文，要当着皇极天皇的面，由苏我石川麻吕进行宣读。这样的描述有诸多可疑之处，朝鲜史书《三国史记》并没有记录此时有三韩使者访问倭国。虽然我们可以理解为史书记载不全，但是考虑到苏我鞍作掌控着与朝鲜半岛的外交，不可能对三韩使者的到访一无所知，还要把苏我一族石川麻吕找过来宣读表文，更是蹊跷。因此我们可以想见，此次会面恐怕不是什么正式的场合，而是私人性质的拜会，他们如同串门一样互相访问，在宴会上讨论政治话题。

根据《日本书纪》的记述，皇极天皇是在太极殿会见苏我鞍作的。"太极殿"的名头源自中国宫廷的结构，是皇帝会见群臣商议国家大事的正殿所在。真正意义上的太极殿朝会，到场的官员应该人数众多，如果发生事件，目击者不会在少数。然而根据《日本书纪》中的描述，除了事件的核心人物，似乎没有多余的人在场。除了身佩长刀，苏我鞍作也并没有护卫的随从。苏我鞍作见板盖宫还有杂耍助兴的艺人，完全就是酒会宴席的氛围，就放松了警惕，将佩刀解下，放到了指定地点保管。而他没有料到的是，有人已经握紧了刀枪，准备采取行动。

中大兄事先找了两个刺客,分别是佐伯子麻吕和葛城稚犬养纲田。这两名刺客估计不是专业武士,派他们去刺杀骄横跋扈的苏我鞍作,简直是赶鸭子上架。由于心理压力太大,两个刺客连水泡饭都吃不下去,中臣镰足在一旁连吓带哄,给他们鼓劲,好不容易才安抚了两人的情绪。按照《日本书纪》的描述,两个刺客顶在前面,中大兄手持长枪、中臣镰足手拿弓矢压阵。

苏我石川麻吕当时如果不是在宣读表文,就是在采用其他方式拖延时间,只要能把苏我鞍作多留一会儿就好。但他越是如此考虑,心中就越紧张,差点被苏我鞍作看出破绽。中大兄也觉得时间差不多了,便催促两个刺客冲在前面,自己和中臣镰足紧随其后。两名刺客冲出去一阵乱刀,苏我鞍作就这样被砍死。《日本书纪》用了一些文学笔调描写了苏我鞍作被杀的细节,比如受伤未死的苏我鞍作向皇极天皇请罪求生,天皇见状,表现出不知情的姿态质问中大兄,当知晓原委后,便抽身而退。这些描写都是为了渲染天皇的神秘权威,而并非简单意义上的润色描写。在推演当时的真实场景时,可以适当虚化这些细节描写。皇极天皇在《日本书纪》中的经典反应,成为日本后世历代天皇效法的楷模,我们甚至可以从二战时期裕仁天皇的举动中看到类似的影子。

这场惊心动魄的谋杀,使某人吓破了胆。此人就是中大兄的兄长古人大兄,他的母亲并非宝女王,而是苏我鞍作的姑母苏我法提郎媛。据《日本书纪》记述,事发之时,古人大兄就在宝女王身旁,眼见苏我鞍作在自己面前被活活砍死,这令他不禁联想:下一个受害人会不会就是自己?这个不寒而栗的联想将他吓得神智恍惚,赶忙逃回宅邸躲起来,逢人就说:"韩人杀了鞍作臣!"从《日本书纪》的逻辑来看,似乎是想借古人大兄之口,将苏我鞍作之死归咎于三韩使者的到来。然而"三韩使者"可能只是后世写史者虚构出来的情节,未必是中大兄等人布局时的真实借口。

然而,中大兄等人并没有急着去追杀古人大兄,而是将苏我鞍作的尸体扔到庭院外面,利用雨水洗刷了尸体上的血污。接着,他们派人将尸体送回甘樫丘,那里有苏我鞍作父亲苏我虾夷的居城。中大兄则召集人马,聚集所有支持他的豪族进驻法兴寺,拉出与苏我氏决一死战的架势。渡来人东汉氏一族也在集结,准备与中大兄对抗。但是中大兄派遣一位名叫"巨势德陀"的将领前往东汉氏阵营进行游说。此人原本是苏我鞍作一党,却已被中大兄拉拢。在巨势德陀的劝说下,东汉氏决定保持中立,不去干预中大兄与苏我虾夷之间的对决。仅仅一天，局势瞬间就倒向了中大兄。苏我虾夷见大势已去，举火自焚。连同城寨一起被烧毁的，还有之前由苏我氏主导编纂的倭国古史及其收藏的珍奇异宝。苏我虾夷之死，使得大和朝廷的政权和古史的话语权完全落到了倭王家族的手中。

中大兄等人曾假惺惺地找到古人大兄，宣称要辅佐他当天皇。古人大兄则说他想去吉野山出家，逃离这是非之地。不过他未能如愿，仅仅4个月后，他便被扣上"谋反"的帽子，被佐伯子麻吕带了30多个人灭门了。

后倭五王时代

苏我虾夷、鞍作一系的灭亡，是苏我氏与倭王家族长期恶斗的结果。苏我氏的远祖武内宿祢（mí）是个半神化的历史人物，活跃时间相当于中国的东晋中期，他的子孙众多，衍生出倭国早期的几个大豪族，控制着倭国的内政外交。武内宿祢的先祖则被《古事记》和《日本书纪》（简称"记纪"）挂靠在"欠史八代"天皇之一的孝元天皇名下，从宏观上满足了日本天皇一族自古统治日本的政治神话。虽然这种说法并不是十分可信，但没有更可信的出土文献情况下，无法轻易将此说推翻。根据"记纪"的描述来看，苏我氏作为武内宿祢家族的一个分支，原本势力也不算很强，他们的强大与倭王家族的历史地位不断深化有着密不可分的关系。

"记纪"表面上记录了从远古到相当于中国武则天时代的历代日本天皇、豪族以及重大涉外事件，然而比勘其他史料，却很容易发现大量不可调和的记载矛盾，难以适从。直到相当于隋唐时期的历史，记录开始变得详细，可信度才有所提升，即使如此，依然存在大量难以解释的疑点。中国三国两晋之前的倭国史料匮乏，梳理难度颇大，姑且不用纠结。从东晋末年到南朝梁，先后有五位倭王向中国朝贡，他们的名字被记录在中国史书之中，分别是赞、珍、济、兴、武，统称"倭五王"。现代日本史学一般是利用中国史料的零星记载，构建倭五王时代的真貌。倭五王应该与后来的天皇家族存在历史和血缘关系，遗憾的是，他们的真实信息在《记纪》中被歪曲得不成样子，只能依稀辨认出部分历史痕迹。梁武帝天监元年（502年），倭王武最后一次出现在中国史书中，此后整个南朝陈，没有倭国遣使朝贡的记录，倭五王的历史信息就此结束。

在日本和歌山县桥本市的隅田八幡神社收藏了一枚人物画像镜，上面铸造了48个字，通过解读，说的是癸未年一个叫"斯麻"的人为男弟王祝寿，派人献上了一些铜，制作了这枚镜子。"斯麻"就是日语"しま（shima）"，有"岛屿"之意，在这里"斯麻"是指百济武宁王扶余隆的小名。古日语与百济语有相通之处，武宁王与倭国交往中使用此名。武宁王在位时间为501—523年，癸未年可以锁定在503年，恰好与倭王武消失在中国史书的时间相衔接。而"男弟王"又与《日本书纪》中提到的继体天皇的名字"男大迹"发音相近。如此一来，我们可以勉强将倭五王时代之后的历史转入《记纪》中的记载。当然这个转接并非无缝，继体天皇元年按照《日本书纪》的年表换算相当于507年，与503年有4年误差。

按照《日本书纪》的说法，由于上一任武烈天皇暴虐荒淫，过早去世，没有留下子嗣，继体天皇作为皇族的远亲入主朝廷继位。如果这种说法属实，那就意味着这位男大迹大王（男弟王）与倭五王的血缘关系并不紧密，相当于一个新时代的开启者。需要注意的是，武烈天皇与倭王武出自完全不同的史书系统，不可简单视为同一个人，其中涉及复杂的学术问题，在这里不作展开。

男大迹大王和他的儿子们未能在中国或朝鲜史书中留下记录，只能单独从日方史料中了解他们的情况。《记纪》上说继体天皇死后，3个儿子依次继位，后世称为安闲天皇、宣化天皇、钦明天皇。然而其他一些几乎平级的日本史料（《上宫圣德法王帝说》、《元兴寺伽蓝缘起并流记资财帐》）则只承认钦明天皇承接继体天皇，安闲、宣化的在位年份不单独列出。

钦明天皇的名字，在《古事记》写作"天国押波流岐广庭命"，《日本书纪》中写作"天国排开广庭尊"，用假名拼写都是"あめくにおしはるきひろにはのみこと（ame kuni oshibaruki no mikoto）"。这个名字很长，更像是所谓的和风谥号，而不是私名。日本埼玉县稻荷山古坟出土了一把刻有115个字的错金铭文铁剑，铭文中提到，在辛亥年有一位叫"获加多支卤"的大王在"斯鬼宫"居住。"获加多支卤"转写成假名可能是"わかたきる（wakatakiru）"，与《日本书纪》中雄略天皇的名字"幼武（わかたけ，wakatake）"发音接近，一些学者将"雄略天皇"与"倭王武"划上了等号，于是将"辛亥年"推断为471年。然而这位大王的居城在斯鬼宫，"斯鬼"转写为假名为"しき

（shiki）"，可以用汉字"矶城"或"师木"表示，据推测位于日本奈良县樱井市。《记纪》明确记载，矶城岛（师木岛）是钦明天皇居城所在，由此推断，这位获加多支卤大王，实际上更可能是钦明天皇，而不是指雄略天皇或倭王武；铭文中的辛亥年也不是471年，而是531年，也就是钦明天皇即位之年。《记纪》中不仅漏掉了钦明天皇真实的私名，还将他的去世年龄隐晦为"若干"，说明他身上隐藏了揭开日本古史的一些关键信息。

《日本书纪》引用《百济本记》说到辛亥年（531年），天皇与太子、皇子同时死亡，所谓天皇指的是继体天皇，而太子、皇子分别是谁却无从判断。如果按照《记纪》的逻辑，钦明天皇就是继体天皇的嫡子，太子之位本来就是他的。如果天皇与太子、皇子俱死，那么所谓的钦明天皇又是从哪冒出来的呢？男大迹大王父子很有可能惨遭灭门，之后又发生了数王并立，最终由获加多支卤大王统一大和朝廷，被后世尊奉为"天国排开广庭尊"或"钦明天皇"，此后的倭王乃至天皇，都是出自这位大王的后代。也就是说，经过两代折腾，获加多支卤大王与倭五王之间的关系可能更远了。

苏我氏与渡来人

日本的历史，从钦明天皇开始可信度才逐渐增强，但依然存在许多匪夷所思的模糊地带。钦明天皇的妻子儿女，《记纪》中互有分歧，只能做一个大致归纳。主要的后妃有5～6位，分属3个家族，分别是的宣化天皇2个或3个女儿、春日日爪臣的女儿，以及苏我稻目的2个女儿。

所谓宣化天皇，按照《记纪》的记载是钦明天皇的兄长，如果这个说法属实，则意味着钦明天皇至少娶了2个侄女。鉴于日本古代王室长期实行近亲内婚制，许多研究者对这样的记载见怪不怪。但钦明天皇极有可能是个篡位者，他跟宣化天皇之间的关系或许没那么近。钦明天皇在位时期并不承认安闲、宣化两位天皇（大王）的王统，那么他娶宣化天皇的几个女儿，也许只是为了标榜正统。《记纪》进一步修饰为继体天皇的嫡子，而安闲、宣化则成了钦明天皇的庶兄，合法性也获得了承认。

所谓春日日爪臣也是位很令人费解的人物。春日氏是日本古代早期豪族之一，又称"和珥氏"（和迩氏、丸迩氏）。他的女儿名字叫"糠君娘"、"糠子"或者"糠若子"，总之都带一个"糠"字。在《记纪》中，又被提前了近50年，成为仁贤天皇的妃子，生下的女儿名字也是一字不差，都叫"春日山田"，这显然是《记纪》编造天皇谱系过程中留下的漏洞。在钦明天皇时期，春日氏家族的影响力早已式微。

真正能够在钦明天皇时期产生重要影响的外戚，当然还要数苏我稻目。在苏我稻目之后，苏我马子、苏我虾夷、苏我鞍作父子传承，接替掌控倭国的政权。"苏我"之名大概是源自大和国高市郡苏我里，就是今天的日本奈良县橿原市曾我町、曲川町一带，也就是苏我氏起家之地，"曾我"是"苏我"的另一种汉译名。此地位于曾我川与高取川的汇合点上，与横大路相交，可以作为物资输送的枢纽。曾我川的干流则经过武内宿祢另一个宗支巨势氏的领地（大和国高市郡巨势乡，今高取町越智周边），与葛城川的流向大致平行。曾我川的支流高取川直达桧前，也就是东汉氏的根据地，苏我稻目曾在此设置大身狭、小身狭屯仓。除了巨势氏外，同为武内宿祢家族的分家还有葛城氏和平群氏，这两家活跃时间要比苏我氏略早，但由于卷入一系列政治斗争而逐渐衰弱。《记纪》虽提及了平群、葛城二氏的兴衰历程，但往往是给空洞的天皇事迹添加佐料，并不能完全视作史实，需要进行适当甄别。武内宿祢家族各支系此消彼长，终于轮到苏我氏的崛起了。

苏我一族盛时，还能兼有河内国部分领地，这些领地原先属于武内宿祢家族的宗支，便于控制旧大和川（长濑、玉串、恩智三条河流的统称）水道的货物运输。从海外输入的物资，从吉备出发，经濑户内海东行进入难波津，然后沿着旧大和川逆流而上抵达龟濑峡谷，再运往倭王的居城。由于倭王居城会定期迁移，船舶还需要转入具体的支流才能到达目的地。控制了相关的河流，只要倭王居城不出圈，无论迁移到哪条河流边上，都逃不出苏我氏的手掌心。

以曾我川为纽带，苏我氏可以将巨势氏与东汉氏凝聚为利益共同体。东汉氏是渡来人集团中的一支，他们的祖先阿知使主，被传说为中国汉朝皇帝的后裔，这其实不过是一种名人效应，到底是哪位汉朝皇帝的第几代传人，族谱、史料中可以罗列出互相矛盾的多种说辞，可见内部口径从来就没有一致过，信口胡说而已。结合多种史料分析，阿知使主几乎与倭王赞处于同一时期，其家族原本居住在朝鲜半岛南部地区。390年左右，武内宿祢的几个儿子组织了数万人的远征军横扫新罗百济，迫使两国臣服于倭国。不凑巧的是，他们遇上了高句丽的雄主广开土王高谈德。在高句丽的攻击下，倭国军队被打得大败，主力部队撤回日本岛。就在倭人溃败之时，居住在朝鲜半岛南部的波多（はた，hata）与安耶（あや，aya）两个大家族，分别于405年和407年携家带口迁居到日本。后来他们使用汉字对族名进行了修饰美化，前者改称为秦氏，后者改称为汉氏。至于这两家为什么自称秦汉后裔，并没有什么可信的证据，也许只是根据他们先来后到的顺序，比照中国的朝代附庸风雅而已，久而久之，两大家族居然真的把自己当作秦皇汉帝的后裔了。汉氏来到倭国之后分为两大支，居住在大和国的一支称为东汉氏，居住在河内国的则称为西汉氏。

汉氏的祖先到底有没有汉人血统，已经很难弄清。阿知使主曾作为倭国使者前往东晋，由此来看，起码汉文化水平不浅，其子孙也是辈出文武之才，受到倭国统治集团的重用。渡来人与武内宿祢家族之间算是世交，苏我氏利用地理和人脉关系，可与东汉氏建立牢固的同盟关系，东汉氏也甘愿听从苏我氏的驱使。苏我马子专权时代，曾经派遣东汉直驹杀死了不听话的崇峻天皇。

苏我稻目的那两个女儿，一个生下用明天皇，另一个生下穴穗部间人女王，这对同父异母的兄妹结合到一起，生下了著名的圣德太子。圣德太子时代，苏我氏与倭王家族继续保持和谐的政治平衡。倭王家族在与苏我氏等豪族通婚的同时，依然顽固地实行族内近亲婚姻。用明天皇娶了苏我稻目另一个女儿生下一个王子，名为"多米王"，又称"田目皇子"。这位多米王在父亲去世之后，居然与大母兼姑姑穴穗部间人女王睡在了一起，两人还有了女儿。这种无以复加的族内婚姻，不知是否引起了苏我氏的厌恶。圣德太子虽然娶了苏我马子的女儿，生下了山背大兄王，却未能成为倭王。而到了苏我鞍作掌权时，更是不惜将山背大兄王一族灭门，与倭王家族彻底走向决裂。而东汉氏仅仅是苏我氏的同盟，不愿意给苏我氏陪葬，于是在最后关头抛弃了苏我氏，苏我氏专权格局也就瞬间土崩瓦解了。

大化改新的真相

中大兄与中臣镰足成功地消灭了苏我虾夷、苏我鞍作父子。将自己的母亲皇极天皇请下皇位，改立舅舅轻皇子为天皇，后世称孝德天皇。原本大臣为苏我氏垄断，为了分权，将大臣分为左右，分别由孝德天皇的两位岳丈，即阿倍内麻吕与苏我石川麻吕出任。中臣镰足作为中大兄的心腹，被封为内臣，在一般情况下可以躲在左右大臣身后，发挥特殊的功能。为了表明新时代的开始，政变当年就迫不及待地设立"大化元年"。从《日本书纪》的记载来看，似乎是日本历史上第一个年号。但其他一些史料和文物显示，在大化之前日本似乎也有年号。《广开土王碑》上记载了高句丽广开土王即位后（390年）设立"永乐元年"，但朝鲜史书《三国史记》未载。新罗法兴王二十三年（537年）设立"建元元年"。使用年号的风气在日本应该早有所闻，而《日本书纪》篡改错漏甚多，不排除阙载之前的年号。

根据《日本书纪》的描述，大化元年年底，孝德天皇迁居难波长柄丰碕（今日本大阪市中央区），次年以天皇诏书的形式颁布各种改革的政令，史称"大化改新"。根据所谓的诏书内容进行总结归纳，大体可分为几个方面：

一是地权人权。将私有土地和部民一律收为国有，对高级贵族进行重新赐封。

二是行政架构。建立京师和地方行政机构，设置关塞及驿站，各置职官。

三是农业部署。造户籍、记账（赋税簿账），施行班田收授法。

四是收税制度。施行租、庸、调新税法。

这些改革内容，如果只是笼统地归纳，可以看出统治集团的努力方向，是想以隋唐王朝为范本，对倭国的社会面貌进行一个系统的改良。但是学者通过研究发现，改新诏书的许多条款细节，实际上是大约50多年后《大宝令》（701年）和《养老令》（718年）的条款，并非原始资料。激进的学者干脆否认诏书的真实性，稍微调和一些的观点则认为诏书内容确实被后人加工润色过，可以通过去伪存真的方式探求诏书的实际内容。

关于地权方面，中国历代皇朝整日宣扬"普天之下，莫非王土"，也只是名义上拥有全国的土地产权，真正的地权还是在各种势力平衡基础上层层落实。倭王夺回政府主导权，也只能名义上重申整个日本岛归其所有。此时倭王尚不能完全控制日本全岛，东北地区还有大片虾夷之地未能征服。与倭王同心同德的豪族贵族领地不会轻易挪作他用，大不了通过倭王封赐的模式重新认定。除了苏我宗家所控制的领地可以实现收归国有，其他豪族只要照章背书，基本上相安无事。

关于人权方面，日本古代社会还保留着原始公社聚落的形态。一户人家几乎相当于一个小型的部落，人数较多的户甚至能有一两百人之众。这些部民依附于大豪族生存发展，其中手艺精湛的品部民，甚至像奴隶一样在豪族间集体转让。大化朝廷宣称部民为公民，除了多一个名头之外，不会给部民带来任何实惠，也不能直接改变他们原有的属性。当然朝廷的后续动作不止于此，其中制造户籍尤为重要。掌握了全国民众的数量和分布这些基础数据，以后调兵、抽税等一系列大一统王朝可做之事，都可以有所依凭。

在中国古代进行户籍登记工作的同时，还做了另外一件事，就是对大户进行拆分，这样的强硬的政策始于战国时期秦国的"商鞅变法"，此后历朝历代都有执行。通过对大户的拆分，中国的一户平均人口控制在5人左右。家庭原子化的处理，有利于家庭独立意识的培养，也有利于集权政府对家庭的直接控制。但是这样的政策在大化时代的日本是不可能做到的，朝廷编制政策之时，"户"的定义是对聚居大户的承认，这就意味着，倭国虽然借用了一部分中国律令的底层术语，但是实际上的政策效果是迥然不同的。

大化改新之前倭国的行政架构，根据《隋书》记载，倭国实际控制地区分为一百二十国（军尼，くに，kuni），国的长官称为"国造"，基本上由世袭豪族把持，一国下设十稻置（伊尼翼，いなき，inaki），一稻置大约管理八十户。大化改新所推行的行政区划，根据考古资料进行总结，继续保留了"国"的名称，但可能有所撤并，已经不足一百二十之数，同时朝廷试图用重新任命的"国司"来取代固化世袭的国造。"国"以下的行政单位则是引入朝鲜半岛所使用的"评"。可见，大化改新的模仿对象与其说是唐朝，不如说是朝鲜半岛列国。评的长官为评督，副官为助督。评以下按照"五十户"为单位进行划分。然而《日本书纪》中所描述的行政架构则变成了"国—郡—里"。郡的行政长官有大领、少领、主政、主帐四等，这样的称呼在700年以前的考古资料中从未出现。由此可见《日本书纪》的撰写者，把700年之后实行的行政区划挪到大化时代，给读史者带来极大的困扰。

至于班田收授法，则是彻头彻尾地违背了日本国情的政策，这一政策的出发点可能是效法唐朝实行的均田制。均田制的基础是一面大量无主土地荒芜，一面社会流民众多需要安置，通过重新分配田地，实现对基层利益的调整。而日本国土狭小，贵族早就把优质的土地资源瓜分殆尽，没有再分配的空间。从大化二年开始，在畿内和关东地区试行班田，历经7年，才略有成效，但到底有多少地区多少人口可以享受班田制的优惠待遇，没有可靠的资料。《日本书纪》所记录的班田制细节实际恐怕上是《大宝令》才形成的成熟条文。至于大化时代的班田制到底是什么样的，也很难说清楚。《大宝令》颁布后才过了20多年，日本朝廷先后颁布《三世一身法》和《垦田永世私财法》，承认了土地私有的合法性。班田制到此就走向了终结，前后不到100年。

对于大化朝廷来说，需要做的改革工作很多，但与《日本书纪》所描述情况存在很大的差异，时过境迁，至于改革的细节与成败都已经不再重要。重要的是，原本代表着穷途末路的古代王权抓住了"改革"的话语权，旧体制在改头换面之后，获得了继续运作的政治空间。

铁刀与战马

《日本书纪》所记载的大化改新的诏书中，还涉及军备和战马的征调方案。虽然这些记载未必是实录，但可信程度要高于政治改革部分。诏令规定，征调的兵士需要自备刀、甲、弓、矢、幡、鼓等战争用具。如果是从没有战争经验的普通农户中征调士兵参战，自备的武器必然参差不齐，过于低劣的武器装备对于军队的战斗力有致命的影响。但如果是在长期战争下形成农耕一体的士兵，或者是豪族所拥有的私兵，那么武器装备水平就大不一样了。从倭国的政治现状来看，后者的可能性更大一些。

弥生时代以来，日本可以通过中国和朝鲜半岛输入各种文明成果，所以不必要历经漫长的青铜时代和铁器时代，铁器的使用甚至比青铜器略早，但由于生产力水平太低，石器、木器甚至骨器依然没有退出历史舞台。日常各种材质的工具都可以投入农业生产，而一旦发生部族冲突，便化为随手的武器展开械斗。此外，倭国的工匠也开始冶炼青铜来制作铜镜和铜铎。铜镜是女性的最爱，背面往往刻有祝福吉祥、长命百岁的文字。对于日本岛内的土著居民来说，这些文字的内涵未必明了，但也可以当作一种神奇的符咒加以崇拜。而铜铎则是从朝鲜半岛传来的器物，算是一种宗教法器。不过最终铜铎文化敌不过青铜乃至铁质利器的进攻，逐渐走向衰亡。而铜镜则上升成为日本三神器之一，另外两件神器则是勾玉与刀剑。

《记纪》中讲述了日本祖先神须佐之男打败八歧大蛇，从它的体内取出天丛云剑的传说。所谓天丛云剑其实就是铁刀，它不可能从天上掉下来，也不可能长在蛇肚子里，而是首先从中国经朝鲜半岛输送到日本岛内的舶来品。日本奈良县天理市栎本古坟古墓，出土了一柄东汉灵帝中平年间（184—189年）制作的铁制环首刀，刀身镌有"百炼清刚，上应星宿，下辟不祥"金错铭文。此时正值倭国大乱，随后就是邪马台女王的崛起。可以想见中国传入的铁刀，极大地助长了倭国豪族之间争霸称雄的野心。

中国铸造铜镜和刀剑的工匠多信奉一些干支谶纬之说，例如铸造的日期最好选在五月丙午之日，寅年寅月寅日寅时铸造的三寅剑或四寅剑也是难得的神器。这些理念，也一样传到了日本。进入古坟时代，战刀更是不可或缺的武器装备，上等的好刀成为贵族王权的标志象征。到了获加多支卤大王（钦明天皇）时代，大王将带有王命和吉语铭文的铁剑赐予信任的豪族。通过这种王权与宗教结合的信物，使得倭王在诸豪族心目中树立起神圣不可侵犯的形象，苏我氏未能轻易地取而代之，或与此也有关系。

大化改新中关于马匹输送的条文不见于《养老令》，可能出现较早。按照此项规定，每一百户输送一匹中马。若是比中马更优质的细马，则为两百户输送一匹，折合成布，每户出一丈二尺。则中马相当于三十匹布，细马为六十匹布。唐贞观十年（636年）府兵所配备的马匹价值两万五千钱，当时的一斗米的价格在五钱以下，一匹绢大约可以换十斛米（100斗），按照这个比例计算，此时一匹马的价值相当于五十匹绢。布比绢略便宜一些，大化改新中涉及的马匹价格大体上同时期的中国马匹价格相近。

大化时期的日本所追求的马匹，大概是古坟时代以降从朝鲜半岛传入日本的蒙古系马后裔。在史前时代的日本可能存在过原始马的某个分支。日本福井县立恐龙博物馆对1977年在岐阜县可儿市发现的马颌骨化石进行鉴定发现，这种"马"生存的年代大约是1800万至1700万年前（相当于中新世），应该是拥有三趾的"安琪马属"的一种。日本学者将这种马命名为"平牧马"，如果此项研究不误，这就是目前亚洲最古老的马类化石。据研究，安琪马主要是从北美洲沿着白令陆桥逐渐散布到整个欧亚大陆，日本早在更新世时就与亚洲大陆有相连之处，那么安琪马进入日本岛也就可以理解了。只不过日本的安琪马连同进入中国的安琪马很早就统统灭绝，与后来的现代马之间没有直接的关系。结果早期的日本居民就和美洲的印第安人一样，接触现代马匹的时间反而比亚欧大陆的人晚得多。

中国从商代开始大规模驯马，早期的马匹的基因来源呈现出多元化。在此基础上，农耕文明与游牧文明展开了上千年的竞争，马政成为中国大一统王朝的重要国策。从马车车阵到大规模骑兵队，从无马镫到有马镫，从先秦的皮制马甲，到两汉南北朝的铁制马甲，马匹在战场上的功用日渐升级。两晋十六国时期，连人带马全套铁甲的重装骑兵使用越来越频繁，一次战役中出动的甲骑具装动辄成千上万。

如此强悍的兵种引入高句丽，促使其军队构成迅速变化。原本高句丽政治中心在中国东北，周围多是大山深谷，不利于骑兵布阵，土产的马匹过于矮

◆ 古坟时期铁制短甲与头盔，东京国立博物馆所藏。

◆ 飞鸟时代武士复原模型。

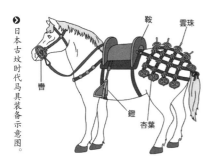

日本古坟时代马具装备示意图。

鞍　雲珠

轡

鐙　杏葉

日本古坟时代马骨，大阪府蒲屋北遗迹出土。

马胄，日本和歌山县大谷古坟出土。

马胄，韩国陜川庆尚南道玉田M3号坟出土。

十六国时代铠马俑，中国陕西平陵1号墓出土。

平牧马的下颚化石。

0　　　5　　　10　　　15

小，虽利于登山，然而披上沉重的马甲，再驮上沉重的挂甲武士作战，实在不堪重负。随着活动中心转移到鸭绿江以南的朝鲜北部，原有的不利因素得以改善，重装骑兵便顺势成为主力兵种。而此时的倭国，还在热衷于模仿朝鲜南部诸国的铁制短甲，马匹也未能大量编入军队，就已经野心勃勃，妄图攻入朝鲜半岛。武内宿祢诸子率领的短甲倭军，虽然对付朝鲜半岛南部诸国绰绰有余，但是面对甲骑具装的高句丽军队便无招架之力。倭五王时期，就是倭军潜心学习对手的蛰伏期，他们逐渐引进重装骑兵所必需的装备，同时也从朝鲜半岛引入更加适合作战的良种战马，组建自己的骑兵部队。中国两种文明斗争中形成的战马文化，也逐渐传播到了日本。

佛法当国

在佛教领域，大化朝廷模仿唐朝设置的"十大德"，设立"十师"统摄全国佛教事务，并管理教导全国僧尼，佛教在倭国的管理体系日渐成熟。

佛教自东汉开始，在中国大陆生根发芽，到了东晋时代，佛法与甲骑具装一同进入朝鲜半岛。高句丽早在前秦建元八年（372年）就开始接受佛教传入。10多年后，百济开始迎来东晋梵僧摩罗难陀，建立佛寺。新罗对于佛教开始较为抵制，直到528年才承认佛教的合法地位。

随着佛教的迅速发展，也开始对东亚列国的政治产生影响。比较典型的是高句丽长寿王高琏在位期间（413—491年），派遣间谍僧道琳与百济盖卤王扶余庆交好，向他鼓吹营建宫殿，耗费百济国力。高句丽于475年攻入百济都城，杀死盖卤王，几乎灭其国。而数十年后的中国南朝梁，则在梁武帝的带动下，掀起了崇佛新高潮。百济勉强躲过亡国，苦撑到圣王扶余明在位期间（523—554年），以佛教作为纽带，寻求梁朝的政治援助。当然远水解不了近渴，圣王想到了用佛教来影响老"朋友"倭国，于是538年派人送去佛像和佛经，向倭国君臣鼓吹佛法是世间无上之法。时值钦明天皇在位7年，他授意苏我稻目主持佛法在倭国的推广，后世称之为"佛教公传"。

在平安时代的《扶桑略记》中记录了一个所谓"佛教私传"的说法，主角名为鞍作部村主司马达止（司马达等），据说是个汉人，他在大和国高市郡坂田原结草堂，安置佛像，皈依礼拜。但是书中记载的时间据推算是522年，有点偏早，60多年后他的儿女出家的时候不过10多岁，那么他本人在522年是否出生还是未知数。虽然《扶桑略记》记载不可靠，但司马达止家族是受到苏我氏庇护的佛教徒则无疑议。

百济向倭国传教并没有从中捞到多少好处。548年南朝梁发生侯景之乱，梁武帝活活饿死，554年百济圣王也死于非命。倭国暂且不用担心外来势力利用佛教干涉内政，但需要面对的是内部的分歧。在倭国朝廷内部，有能力与苏我氏叫板的豪族是物部氏。物部氏强盛之时，控制着旧大和川下游流域，初濑川和布流川汇合处的石上神宫，就是物部氏传统的祭祀之地。苏我氏从难波逆流而上将物资运往大和，难以绕开物部氏控制的区域，两家的矛盾难以调和。物部氏与渡来人也有一定的联系。居住在大和国的东汉氏受制于苏我氏，而居住在河内国的西汉氏一族则受制于物部氏。现在日本大阪府八尾市涉川町发掘出废弃的寺院遗址，出土了当时典型的佛寺瓦。那里原本是物部氏的领地，说明物部氏也修建过寺院，对佛教也并不十分排斥。

569年苏我稻目去世之后，钦明天皇对佛教失去了兴趣，开始排佛，烧毁佛寺，并将佛像丢入难波江。两年后钦明天皇去世，继位的敏达天皇并非苏我氏所出，在位期间，继续抑制佛教10多年。然而苏我马子则密谋让池边王子和额田部王女（后来的推古天皇）多参与佛事，此二人皆是苏我氏所出。敏达天皇

❯ 物部氏领地出土的莲花纹佛寺瓦。

发现了这个苗头，便派物部氏毁坏苏我氏建立的佛寺。没过多久，敏达天皇去世，池边王子即位，后世称用明天皇。苏我氏终于可以光明正大地推行佛教，并借此压制反佛的物部氏。587年，用明天皇去世之后没多久，苏我氏一举攻灭物部氏，并在其首领物部守屋的宅邸旧址上修建佛寺，将佛教与武力震慑紧密地结合起来。

苏我氏消灭了物部氏等豪族，成为最有能力结束大和朝廷体制的势力。但可能是宗教的反作用，无意变臣为君，继续躲在幕后，靠掌控佛教和渡来人集团，维系倭国体制的运转。渡来人集团中亦有学习过儒道之术的人，但影响力不及佛教。倭王家族也开始努力学习佛儒道三教文化，力求融会贯通，代表人物就是圣德太子。圣德太子所生存的年代，主要是推古天皇在位时期，期间建设了很多名寺，僧尼超过千人。圣德太子则与智囊团通力配合，对几部重要的佛典进行了注疏，并制定《十七条宪法》，将本土理念与儒佛理念进行融合，在一定程度上为王室培养新文化代表奠定了理论基础。佛教在倭国的地位已经无可撼动。

佛教原本就宣扬正法、像法和末法3个时代，释迦牟尼寂灭后，佛法将随着时间的流逝走向衰减。末法时代的佛法更难追求，佛教徒们要想办法挽救这种颓势。至于佛灭之年，有一本名为《周书异记》的书说是周穆王五十二年，这种观点在隋唐影响深远。从佛灭到周定王三年（公元前604年），历经345年。如此逆推，佛灭之年为公元前949年。如果按照正法五百年、像法千年、末法万年的说法，末法元年就是552年；如果按照正法千年、像法千年、末法万年的说法来推，末法元年就要下挪到1052年，这个时间点对于隋唐时期的人来说太遥远，没有什么意思。于是日本的某个高僧就意图将552年绑定为公传之年，借此渲染末法传教的理论。如果按照原本的纪年，552年本应该对应钦明天皇二十一年，但是此时安闲、宣化两个天皇的合法性已经获得了承认，安闲天皇元年被放在534年，在位2年；宣化天皇元年被放在536年，在位4年。钦明天皇元年就从532年变成了540年，依此排比，佛教公传的时间最终"安排"在钦明天皇十三年之下。大化时期这种说法是否出笼，目前很难肯定，但《日本书纪》中不仅在钦明十三年条中煞有介事地描述了佛教传来的经过，还在大化元年八月条中，借孝德天皇的诏书，向僧尼传达了这个信息："于矶城岛宫御宇天皇（钦明天皇）十三年中，百济明王奉传佛法于我大倭。"看似简单的一句话，背后却隐藏了极大的玄机。

交通高句丽

在当时的东亚地区，佛教中最有影响的宗派是三论宗。三论宗以阐释印度僧人龙树、提婆师徒的三部论典立宗。十六国时期，西域僧人鸠摩罗什将三论经典从梵文翻译成汉文，此派学问在中国大陆广为传播。梁武帝时，有高句丽出身的僧人僧朗在摄山（今南京栖霞山）将旧三论发展为新三论，他的再传弟子吉藏创立三论宗，成为中国最早的佛教宗派。吉藏本人被唐高祖列为"十大德"之一。僧朗在梁朝的成功，意味着高句丽的僧人在佛学造诣上已经达到较高的水平，此后又出了许多高句丽名僧，例如惠慈（慧慈）、僧隆、云聪、昙征、惠灌等，他们先后前往日本，对日本的佛教发展产生了重要影响，其中较为有名的是惠慈与惠灌。

惠慈于595年来到倭国，成为圣德太子的老师。615年他回归高句丽。621年圣德太子去世之时，惠慈闻讯，大为伤感，他盛赞了太子的伟大，据说还预言自己将在太子去世的周年随他而去，后来居然应验。

惠灌则是625年来到倭国任僧正，大化元年被列为"十师"之一。之前来倭国的僧人多是宣扬三论，但传承不明，而惠灌曾入唐从吉藏受教，算是传承有序的三论宗弟子，因此被日本奉为三论宗之祖。他先住元兴寺，大化二年（646年），奉旨在宫中宣讲"三论"，后来到河内志纪郡创建井上寺，门徒众多，大化朝廷所倚重的国博士僧旻也是他的弟子。

这批高句丽的僧人都是推古天皇在位期间，受高句丽王派遣而来到倭国弘法。这一时期的高句丽王先后是婴阳王高元（590—618年）和荣留王高建武（618—642年）。婴阳王在位期间，与隋王朝展开长期军事冲突，隋文帝、隋炀帝两代君主花了大力气调兵遣将征伐高句丽，皆劳民伤财，铩羽而归。由于高句丽顶住了隋朝进攻，使得朝鲜半岛乃至日本岛相对处于安定的局面。

605年，推古天皇、圣德太子等贵族集体发愿，决定集资铸造铜绣丈六佛像，需要铜23000斤，黄金759两。婴阳王为了表示支持，特地捐献黄金320两用于铸造佛像，占了佛像用金将近一半的比例。高句丽过去曾利用间谍僧从事颠覆百济的活动，婴阳王如此热心在倭国扶植佛教，是否有其他政治目的？这一点据目前史料无法得知。

高句丽与倭国之间由敌变友，大约经历了200多年。390—404年，倭国军队进入朝鲜半岛，一路北上无敌手，直到被高句丽杀得大败。9年后，倭王赞借着广开土王去世之机，与高句丽使者一同前往东晋朝贡，这也是倭五王的使者在中国朝廷的首次亮相，被记录入中国的史书之中。新继位的高句丽王是长寿王，他在位时间很长，覆盖了整个倭五王时代，虽然刚继位的时候给了倭国使者一些照顾，但是后来发现倭国仍然意图将手伸向朝鲜半岛，便不再那么客气。

倭五王时代遣使中国南朝走北路，大体上是从北九州的筑紫乘船，经壹岐、对马二岛，抵达朝鲜半岛，经百济国一侧沿岸北上，横渡黄海，抵达山东半岛后再走陆路。高句丽时不时侵扰百济，从此经过的倭国使团就会受阻。倭王武曾经向南朝刘宋上表控诉高句丽的无礼行径，似乎也没什么效果，30年后便与中国断了联系。长寿王去世之后的高句丽，继续对百济施加军事压力，而百济对于倭国多有倚靠。不过随后的一段时期里，高句丽连续发生多次内乱，另一方面新罗实力开始增强，海东三国鼎立的局面继续得以维持。

根据隋唐时期的史书记载，高句丽早期的官阶分为十二等，其中第一等"太大兄"，第二等"大兄"，第三等"小兄"。后来官阶有所变动，"大兄"、"小兄"的品级有下降的趋势，开始的时候应该还是比较高的。钦明天皇以降，倭国至少有7名男性王室继承人的名号中带有"大兄"，分别是勾大兄（安闲天皇）、箭田珠胜大兄（钦明天皇之子，早逝）、橘丰日大兄（用明天皇）、押坂彦人大兄（敏达天皇之子）、山背大兄王（圣德太子之子）、古人大兄以及发动乙巳之变的中大兄（后来的天智天皇）。镰仓时期的《释日本纪》引用《日本书纪私记》解释道："昔称皇子为大兄，又称近臣为少兄也。"一些日本学者试图根据"大兄"寻找这一时期倭王继位的规则，但失之琐碎，未能服人。不过倭国王子称"大兄"、近臣称"少兄"可能是受到高句丽官制的影响，应该还是可信的。高句丽与中国大陆对抗之时，借助佛教外交，与倭国关系已经变得很融洽。高句丽成功抵御隋炀帝第三次进攻之后，于618年，向倭国送上了两名隋军俘虏，一个叫贞公，一个叫普通，两国关系可见一斑。一直到高句丽灭亡，倭国也没有改变对其支持的立场。

由于倭国长期对朝鲜半岛存有野心，被高句丽铁骑击溃的历史早已淡漠，统治集团内部对高句丽也逐渐滋生了傲慢的情绪。整部《日本书纪》中关于高句丽的部分，充斥着强烈的精神胜利意味。钦明天皇时期的历史记载，信史成分日渐增多，其中涉及朝鲜半岛部分的历史尤为珍贵，但依然存在很大程度的歪曲。其中有一段提及钦明天皇派遣大伴狭手彦率军数万攻入高句丽，高句丽王翻墙逃跑。如果真有此事，其规模可与390—404年倭国入侵朝鲜半岛事件相提并论，足以成为影响朝鲜半岛的重大事件，但此事在《三国史记》中并无半点踪迹可查，可能是日本单方面的吹嘘。

仅仅是钦明天皇时期进攻高句丽的故事，并不能满足日本人对于高句丽的幻想，于是"神功皇后征韩"的故事就出笼了。《古事记》中对于神功皇后进军朝鲜半岛的故事，只提了征服新罗和百济，《日本书纪》中再加上高丽（高句丽），让三韩统治者皆拜倒在神功皇后的石榴裙下才叫圆满。按照《日本书纪》所构建的伪年表，神功皇后征三韩被设置在200年，于是海东三国臣服于日本就成了"自古以来"的事情，404年被高句丽赶回日本岛的历史就一笔抹杀。"神功皇后征韩"的神话故事，甚至成为明治时代"征韩论"的思想基础。

龃龉新罗

倭国与新罗的关系则是呈现出另外一种情景。新罗最早起家据说是6个村子的联盟，后来形成朴、昔、金三家轮替为王的格局，再往后金氏一家独大，垄断王位，才成为世袭的新罗王。《三国史记·新罗本纪》罗列了大量关于新罗与倭国之间的战斗、交聘的事件，但奇怪的是《日本书纪》反而不屑于记载日本与新罗之间发生的各种事件。这样就使得双方记录的比对存在极大的障碍。《三国史记》中有两个新罗人物传记，可以窥见新罗与倭国之间的外交关系。

第一个传记的主角叫昔于老。有一年倭国使臣访问新罗，昔于老负责接待，他当着使臣的面说，要让倭王成为盐奴，要让王妃成为烧火做饭的妇女。这句话引起了倭国使者的不满，随后倭国发兵犯境，昔于老为了承担责任，主动前往倭军营中请和，不成想直接被倭军架在柴火堆上烧死。事后，又有一位倭国使臣来到新罗，却被昔于老的妻子灌醉后拽入庭院烧死。因为一句戏言导致两国恶性报复，实在是惨烈。昔于老的儿子后来还成为新罗王（即讫解王），与倭国之间更是可以上升为国仇家恨。昔于老的死亡时间，《三国史记》记录了两个不同的说法，《新罗本纪》中是在沾解王三年（249年），《昔于老传》则放在沾解王七年（253年）。这时日本岛已经是第二代邪马台女王壹与的统治时期，并非男性倭王，遗憾的是《日本书纪》完全抹杀了这段历史，所以也无法确认这件事的真相。

第二个传记的主角叫朴堤上，他的故事更具有传奇性和悲剧性。更有意思的是，这件事可以得到《三国史记》、《三国遗事》、《日本书纪》三种异源史料互相对勘，可以较为准确地勾勒出事件的来龙去脉。事件的起点恰是390年，武内宿祢的儿子们大举入侵朝鲜半岛之时。倭国首先攻陷了百济，随后又派使者向新罗奈勿王讨要人质。奈勿王不得已，只好将10岁的小儿子美海作为人质送往倭国。《日本书纪》中还在此基础上加了一笔，说新罗还同时贡献了80船金银珠宝、绫罗绸缎，以后作为新罗向倭国朝贡的标准。另一方面，为了借高句丽的力量来抵抗倭国，奈勿王于391年正月将自己的侄子实圣送到高句丽当人质。奈勿王去世之后，实圣回国继位，却不为高句丽所喜，遭到刺杀，改立奈勿王之子讷祇。讷祇王上台之后，高句丽点名索要讷祇王的二弟宝海作为人质，讷祇王只得应允。到了425年，讷祇王决心把两个弟弟弄回来，于是宴请群臣豪侠，选出一位志愿者朴堤上担当重任。朴堤上经过精心安排，成功地从高句丽人手中救出宝海，随后又将受困倭国长达35年的美海也救了出来，但是自己却落入了倭国将领葛城袭津彦的手中。朴堤上宁死不屈，《三国遗事》说他当时喊出："宁为鸡林之犬豚，不为倭国之臣子；宁受鸡林之棰楚，不受倭国之爵禄！"结果与手下三人一同被烧死。朴堤上被奉为忠烈之士，为新罗世代传颂。

倭国对于新罗也是存在着极大的蔑视，在倭五王时期，新罗还没有养成向中国朝贡的习惯。倭国使者在请求中国南朝政府批复"倭王"称号的同时，还要申请"都督军事"的头衔，有了这个头衔，理论上就具有指定战区的军事管辖权。倭国除了天然拥有本国的"都督军事"资格之外，还要获取都督新罗军事的权限，对此南朝从无疑议。新罗使者第一次向南朝朝贡已经是521年，这时候倭国早已和南朝断了联系，双方错过了在中国朝廷唇枪舌剑的时机。此时的新罗王是法兴王（514—540年），他在位期间，新罗开始逐渐接受佛教的传播，并且下令禁止杀生。另一方面，新罗开始对长期悬而未决的加罗任那地区用兵。

加罗任那地区大致相当于韩国庆尚南道西半部，和整个全罗南北道地区。此地虽然不大，却是鱼龙混杂，敢以"国"相称的武装势力不下十余个。倭五王在向南朝政府所申请"都督军事"的范围，除了本国和新罗之外，还列出任那、加罗、秦韩、慕韩四国。秦韩、慕韩亦称辰韩、马韩，加上弁（biàn）韩合称三韩，是朝鲜半岛早期的划分标准，应该算是地理名词，辰韩之地基本上为新罗占有，马韩之地基本上为百济占有，弁韩之地就是任那、加罗等小国林立之地。倭国在这一地区长期经营，具有一定的影响力。《日本书纪》干脆宣称当地设有"任那日本府"，对当地实行有效的统治。这一点显然是新罗乃至以后朝鲜半岛成立的王朝和政府所不能接受的说法。

新罗法兴王去世之后，真兴王（540—576年）继位，强化了君权统治，先联百济以抗高句丽，再转攻百济，并俘杀百济圣王，取得了极大的军事胜利。同时完成了对加罗任那地区的吞并，使得倭国失去了进入朝鲜半岛的重要基地，钦明天皇对此也是无可奈何，无力反扑。

虽然倭国与新罗仇深似海，但双方并不生疏。两国皆出过女王，说明在体制方面双方还是存在一定的共同话题。倭国使者偶尔也会搭新罗的便船前往中国朝贡。两国虽然算不上和睦，但是在没有战事的情况之下，民间往来没有太大的障碍。当然随着高句丽与隋唐对抗日趋严重，东亚各国的立场也日渐分明。新罗在海东三国之中实力最弱，高句丽和百济决定联手将新罗灭掉，新罗难有招架之力，只能依靠唐朝这个巨大的靠山。这时期的倭国已经是孝德天皇在位，时值唐高宗永徽元年（650年）。唐高宗暂时还没准备好出兵，为了缓解新罗的军事压力，向倭国发出了玺书，要求其出兵援助。但是这件事在倭国如同石沉大海，完全没有回音。《日本书纪》中也根本不提唐高宗玺书传至倭国一事，也根本不知道君臣到底如何反应。很明显，倭国是下定决心站在高句丽和百济一边。

干涉百济

倭国与百济关系的渊源，可以追溯到倭五王时代之前。369年，百济太子专门铸造了一把造型奇特的七枝刀，作为两国盟誓的信物送往倭国，此物居然保存至今，收藏于日本奈良县天理市石上神宫。当时是百济近肖古王在位期间（346—375年），而根据《日本书纪》记载，此时为神功皇后摄政时期，而且刻意将年表提前了120年。自此之后，百济国的王室更迭，倭国几乎都要插手干涉。

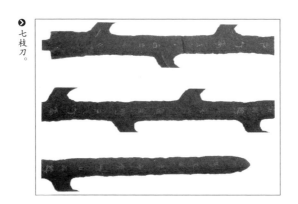

七枝刀。

　　首先是384年，百济枕流王去世，其子阿华年少，被叔父辰斯夺位。辰斯王在位不过8年，倭国武内宿祢诸子率军数万攻打百济，杀死辰斯王，拥立阿华王。拉开倭军横扫朝鲜半岛南部的序幕。为了加强两国联盟，阿华王将儿子直支送往倭国作为人质，此后两军一直联手对抗高句丽，但每次都遭到高句丽的重击，百济被迫臣服于高句丽。倭军亦不敢轻易北上，但在加罗任那地区仍有势力，这一时期有大批渡来人迁移到日本岛。

　　405年，阿华王病逝，三弟碟礼杀死摄政的二哥训解，自立为王。倭王赞则出兵百济，杀死碟礼，拥立太子直支为王。《日本书纪》一直在描写日本如何像君主责问臣子一样教训百济。但是百济与中国的交往要比倭国深厚得多，百济王得到的军职称号一向高于倭国王。倭国显然不甘心位居百济之下，从倭王珍开始，倭国使者屡次申请南朝获取"都督百济军事"的权限，但总是遭到否决。显然，在中国朝廷面前，百济使者是不甘心输给倭国使者的。这样的情形伴随了整个倭五王时代，与明清时期琉球和日本萨摩藩的关系有几分类似。

　　475年，高句丽攻陷百济都城汉城，杀死盖卤王。盖卤王的弟弟文周王被迫迁都熊津，担负起重建百济的重任。在这个过程中，任那加罗地区的倭军势力给予其极大的支持。不过文周王、三斤王父子未能长久。这一系灭亡之后，倭王武扶植盖卤王的另一个弟弟昆支第二子牟都为王，是为东城王（479—501年）。东城王因为暴虐，遭人刺杀，百济拥立一个叫斯麻的王子为王，是为武宁王。

这位武宁王之所以名为"斯麻"，还有一段故事。当时还是盖卤王在位初年，倭国总是对百济颐指气使，要求贡献人质和美女。于是盖卤王故意派弟弟昆支送去一个即将临盆的孕妇作为贡女。在前往倭国途中的一个小岛上，孕妇生产，并以此为借口回国。在岛上出生的婴儿就是武宁王，起名为"岛"，当地语言音译为"斯麻"，至于武宁王的生父到底是谁，相关史书有点分歧，《三国史记》说是东城王，而《日本书纪》则说是盖卤王或昆支。综合分析下来，是盖卤王的可能性较大。这个故事也可以大致窥见倭国对百济施加的种种淫威。

武宁王的儿子圣王就是向倭国公传佛教之王。公传佛教并没有改变百济与倭国的关系，百济圣王原本与新罗联合对抗高句丽，但随后新罗居然对其进行反攻，自己也不幸被新罗人俘杀。百济在遭到各路围攻的情况下，免不了需求倭国的支持。《日本书纪》试图给人感觉，日本在帮助百济复国的过程中，将任那加罗地区的部分土地赐给百济，仿佛那里原本就是日本的领土，只是转让给了臣服于自己的百济。而《三国史记》虽然偶尔提及倭国对百济的影响，但对于任那加罗地区的局势语焉不详，使得后世难免争讼不已。

当倭五王消失在中国的史料之后，百济继续与中国保持密切联系，迎来了隋唐一统中原的时代。这一时期倭国与百济之间的关系资料不是很多，但百济僧人一直在不断前往倭国，与高句丽僧人一同宣扬佛法，构成了这一时期的主基调。皇极天皇在位时期，已经是百济最后一个君主义慈王统治时期。这位义慈王据说是个大孝之人，有"海东曾闵"之称，但个人生活腐化堕落，擅杀大臣。642年，舒明天皇去世，皇极天皇即位之时，义慈王向倭国派遣了一批使者前去吊唁，使团成员中有他的侄子扶余丰，还有两个儿子扶余忠胜、扶余忠志等人。但是这批使者此后却滞留在倭国。《日本书纪》中不仅搞乱了这批人来到日本的时间，对于他们为什么会滞留在日本，记录了几种不同的说辞，疑问重重。一种说法是他们是作为人质留在日本，另一种说法是他们遭到了义慈王的流放。义慈王似乎比较厌恶扶余丰，更厌恶扶余忠胜，但《日本书纪》中也没有明说原因何在。总之他们就这样一直留在日本，百济国内也有人试图将他们迎回国，但最终以失败而告终。由于他们是义慈王故意留在倭国的，名义上也算是建立了联盟关系。

唐朝政府一直试图劝说百济与新罗之间停止战争，但是百济一向采取两面派的态度，表面上对唐朝表现出谦恭有礼，诚心接受唐朝的调节说和，但实际上并没有放松对新罗的武装进攻。倭国自然也是有样学样，与百济站在同一条战壕，对新罗的呼救、唐朝的调解置若罔闻。这样的态度从唐太宗时期一直延续到唐高宗。唐高宗终于决定对百济采取行动了。

660年，唐高宗下达敕令，软禁了正在西京长安活动的倭国外交使团，全面封锁消息。同时任命左武卫大将军苏定方为神丘、嵎（yú）夷、马韩、熊津等14道大总管，统兵13万，征调大小船只1900多艘。自山东莱州出海，前往百济。另一方面，任命新罗王金春秋为嵎夷道行军总管，统领50000名新罗兵，从都城金城（今韩国庆尚北道庆州）出发。两军于此年七月十一日（8月22日）在百济南部会合，次日开始围攻百济王都泗沘（bǐ）城（今韩国忠清南道扶余）。经过6天围城，百济上层集团最终向唐军投降。苏定方押送百济君臣百姓10000多人返回大唐。左骁卫郎将刘仁愿领10000人，与新罗王子金仁泰率领的7000人留在当地，联合镇守泗沘城。仅仅过了20多天，百济叛军就再度蜂起。一个叫鬼室福信的百济将领派人前往倭国求援，蛰居倭国近20年的扶余丰又有了出头之日。

对抗大唐

502年是倭王武最后一次出现在南朝史书的时间，过了将近100年，直到隋文帝开皇二十年（600年），倭国使者才再度来到中国朝廷。《隋书》记载此时的倭王之名为"阿每多利思北孤"，转写为假名为"あめたらしひこ（ametarashihiko）"，可转写为"天足彦"，显然是一位男性，还有一个庞大的后宫。然而《日本书纪》记载此时是女天皇推古天皇在位，那么这个男性倭王"天足彦"又是何许人也？很难说得清楚。另外倭国的太子称为"和歌弥多弗利"，转写为假名为"わかみたふれ（wakamitafuri）"，根据学者研究，可转写为"若翁",这个词的意思就相当于"王子",后来逐渐失传。这位"若翁"应该就是指著名的圣德太子。

两年前,隋文帝曾想讨伐高句丽,因故取消计划。倭国使者的来访,使得隋文帝对其风俗产生了兴趣,当了解到详情之后,又觉得太无义理,要求他们加以整改。隋文帝以何种方式要求倭国移风易俗?《日本书纪》根本不提此年遣使隋朝之事,反倒是说了一段如何派遣万余军力击败新罗,也是极尽浮夸,似乎是有意隐瞒什么。

607年,百济武王扶余璋派遣使者,请求隋炀帝发兵讨伐高句丽。然而隋炀帝却发现百济与高句丽并没有交恶,此番举动不过是联手窥探隋朝的反应。而此年倭国遣使,递上了一份"日出处天子至书日没处天子无恙"的国书,令隋炀帝大为不满。这份国书据说是圣德太子的手笔。当时的倭国时刻想进军朝鲜半岛,然而海东三国皆兵强马壮,内战犹酣,精力旺盛的倭军只能蜗居本岛,无处发泄。不谙军事的圣德太子,无力改变自身困境,反而生出一种极度自傲的情绪,这种情绪不敢施加于苏我氏头上,只能拿中国的朝贡秩序做文章,借用佛教中以日出日落来表示方位的概念,将倭王比作"日出处天子",将隋朝皇帝比作"日没处天子",自抬身价。隋炀帝感受到了国书中的傲气,但小霸高句丽未服,也只能对其加以申斥而已。于是才有了文林郎裴世清访问倭国之事。《日本书纪》对于裴世清到访之事也是多加篡改,甚至把"隋"误写成了"唐",不知想达到何种目的。

隋炀帝三次讨伐高句丽不成,自己落了个身死国亡的下场。唐朝建立之后,倭国第一次遣唐是在631年,这一年唐太宗拆掉了高句丽人用隋军将士尸骸堆成的京观,高句丽为了防止唐军进攻,加紧修筑长城,双方剑拔弩张。唐太宗对于倭国使者远道而来非常满意,为了表示皇恩浩荡,要求礼部不必责令倭国年年进贡,同时起草了一份诏书让高表仁带到倭国宣读。高表仁是隋朝废太子杨勇的女婿,时任新州刺史,也是唐朝第一位访问倭国的高级官员。此次远行并不快活,如同经历了一番地狱之旅。到达倭国之后,高表仁又与倭王发生了礼仪之争,赌气之下,未宣诏书便扬帆而去,被评价为"无绥远之才"。《日本书纪》记载此时为舒明天皇在位,并没有记载高表仁如何与天皇发生争执,只有几句无关痛痒的客套话而已。至于唐太宗的诏书中除了"毋拘岁贡",是否还涉及其他问题,也不得而知了。

从隋朝到唐初的几次倭国遣使，高句丽的战争阴云一直笼罩在双方的心头，误解、猜疑、鄙夷日渐加深。唐高宗显庆五年一举攻灭百济，极大地改变了朝鲜半岛的战略平衡，各方势力也开始加紧行动。唐朝原计划在百济故地设立熊津、马韩、东明、德安、金涟五都督府，但这个方案由于不切实际，在唐军主力撤出之后便废止不用，改为都护府建制，留守的刘仁愿就是百济都护，亦可称熊津都督。

唐军主力撤出百济之后，依然留下了极大的军事真空。缓过劲来的百济人纷纷举起反旗，真正能集中力量形成气候的，主要有两股：其一是以任存山为据点的黑齿常之、沙宅相如、鬼室福信、沙门道琛等人；其二是以熊津城为据点的扶余自进。

刘仁愿、金仁泰坚守的泗沘山城属于朝鲜式山城。这种山城一般选择在耸立在平原的山上，居高临下占领制高点，用木栅、土垒或石垒包围山谷。城门和水口设置在河流流出的谷口附近，是整座山城中防御最薄弱的地方。这种山寨抗阻击程度有限，一旦人数超过一定数量，哪怕对方手无寸铁，也无力防御。百济复兴军就是凭借木棒攻破山城外栅，抢夺了山谷内囤积的军械物资，力量逐渐增强。他们在鬼室福信与道琛的领导下，在任存山筑城守望，并在泗沘南岭竖起四五道大栅，与泗沘城的唐罗守军对峙相望。

百济复兴军在极短的时间内控制了百济南面的领土，并控制了熊津江南段至于白江流域的水路，唐罗守军却只能局限于泗沘、熊津等百济北方有限的地域之内，不敢轻举妄动。

唐朝政府派遣王文度去支援刘仁愿，不想却猝死在新罗。王文度猝死之后，其部下尝试走水路前往泗沘城，却遭遇了百济复兴军的伏击。其中一条战船上的106名唐军士兵被生擒活捉。百济复兴军受到了极大的鼓舞，他们开始考虑后续的出路。此时百济的贵族阶层几乎全部被抓到唐朝，鬼室福信认为自己缺乏号召力，道琛是个和尚，不适合当领袖。于是他们把目光投向了身居倭国多年的扶余丰。

鬼室福信便将这一船的唐军战俘作为大礼送往倭国。倭国的实际统治者中大兄也很兴奋，将唐军战俘暂时安置在淡海国（今日本滋贺县）新的开垦地，待日后处置。

中大兄给扶余丰授予织冠（应为小织冠，第二等），并将多臣蒋敷之妹嫁与他，以示拉拢。同时遣朴市秦造田来津和狭井连槟榔，率领5000人送扶余丰回百济。如果百济复国成功，扶余丰将成为新一代的百济王，那么倭国就可以借机控制百济。这些举动意味着倭国正式介入了朝鲜半岛的纷争，与唐军走向对抗。

女皇之死

孝德天皇在位期间用过两个年号，645年改元"大化"，5年后改元"白雉"，据说是因为某地献上了象征祥瑞的白雉鸡，因而改元，有时又写作"白凤"，与唐高宗"永徽"年号同年。孝德天皇在位其间，实权掌握在中大兄的手中。中大兄寻找一切机会清除异己，孝德天皇也是无可奈何。唐高宗向倭国发出支援新罗的玺书，孝德天皇到底是什么态度，目前已经无法知晓，但是从某些举动来看，他可能更倾向于站在唐朝一边支持新罗。

白雉四年、五年（653、654年），倭国先后派出四艘遣唐使船（其中一艘沉没），在此期间，天皇的助手之一僧旻（mín）病故，另一个助手高向玄理则随船离开日本，最终在大唐去世，亲唐、亲新罗的外交政策就此告一段落。

另一方面，中大兄自作主张，率领文武群臣迁回大和地区，孝德天皇成了真正的孤家寡人，悲愤而死。中大兄将已经下台的母亲再次推到前台，在冈本（今日本奈良县高市郡明日香村冈）另觅新址，设立宫廷，为区别"冈本宫天皇"（舒明天皇），号称"后冈本宫天皇"，后世将再次上台的皇极天皇称为"齐明天皇"。按照中国惯例，新皇登基一般是要改元的，但是《日本书纪》却回避了这个问题，其他一些资料则显示，齐明天皇之后还在沿用"白雉（白凤）"年号很多年，历史的迷雾至今没有散去。

齐明天皇在位的7年期间，《日本书纪》中记载了几件重要的事件，首先就是大量发动民夫投入各种工程建设中。除了对居城进行改造翻新，向唐式建筑风格靠拢，建造大型仓库，聚敛物资、财富，还修建了水渠，堆积石块修筑石垣。这条水渠被人称为"狂心渠"，耗费不下30000人的人力；堆砌石垣耗费的人力就更多了，甚至达到了70000人。然而，齐明天皇本人并没从大兴土木中得到快乐。事实上情况恰恰相反，因年仅8岁的孙子建王夭折，齐明天皇陷入悲伤之中，无法自拔。

另外一件大事就是继续对虾夷用兵。虾夷是日本东北地区没有纳入倭国统治区的原始部落的统称，现在日本的少数民族阿伊努族人，就是古虾夷的一支。男性可以留有四尺长的胡子，他们善于射箭，甚至将箭当作装饰品穿在耳朵上。因为生活在寒冷地区，体毛较重，所以早先称为"毛人"，读作"爱瀰（mí）诗（えみし，emishi）"，后来才改称为"虾夷"。倭国与虾夷之间的征战由来已久，早在倭王武给南朝宋的表文中，就提到倭国与毛人国征战之事。当时的毛人部落大概能有上百个，倭国历代征伐，已经歼灭了很多。但仍有许多虾夷部落躲在苦寒之地顽强生存。很显然，虾夷人虽然具有一定的战斗力，但是社会组织结构非常原始，无法形成一个强大的部落联盟与倭国对抗。倭国掌控着九州岛，与朝鲜半岛乃至中国大陆的交往日渐加深。各种先进的文化和技术逐渐传至倭国，为倭国的强大奠定了基础。而虾夷人显然无法得到这样的好处，利于耕种的好地都被倭国人占据，生产力也无法得到提高，只能借助地理和气候勉强自保而已。齐明天皇时代，倭国人将虾夷人分为三类，由近到远分别是：熟虾夷、粗虾夷、都加留（津轻，つがる，tsugaru）。658年，越国守阿倍比罗夫率领一支180艘船组成的水军队伍沿日本海岸北上，打击位于今天日本秋田县、青森县地区的虾夷部落，取得了一定的战果。这位阿倍比罗夫后来也参与了远征百济的军事行动。

齐明天皇时期的土木工程和征战活动应该是中大兄所掌控，通过这些举措来加强皇室的集权。中大兄的亲百济、高句丽的政策自然就成为倭国的国策。659年，倭国派遣了津守连吉祥使团访问唐朝，不想却被唐朝政府软禁。随后唐军与新罗军联手，以迅雷不及掩耳之势拿下了百济，百济流亡分子纷纷涌入九州，中大兄已经感到了事态的严重性。情报未到，亦可进行一些准备工作。现在的日本高知县夜须町附近的地名，与大和地区的地名十分相似，地理位置也差不多，就如同将大和挪到了北九州地区，很有可能是中大兄在此设立军政中心时留下的痕迹。

661年，百济复兴军与唐罗守军处于胶着之中，中大兄带着母亲齐明天皇起驾，率领着浩浩荡荡的船队向西进发，号称"御船西征"，女天皇在一群女性眷属的簇拥之下登上大船，名为西征，实际上是游山玩水。齐明天皇在旅途中与女眷们吟诵诗歌打发无聊的时间，甚至还有怀孕的女性半路生产，丝毫没有备战的紧迫感。她们悠哉游哉地来到伊予国熟田津石汤行宫（今日本爱媛县松山市道后温泉），住了两个月后，继续启程抵达九州岛的娜大津，并在磐濑行宫住下。

娜大津又称为"那之津"，或叫"那津宫家"，一般认为位于现在的日本福冈县博多湾附近。中大兄本人可能只是在"御船西征"开始的时候与天皇同船，之后便在娜大津与高句丽、百济复兴军进行联系，策划着如何冲出日本列岛，踏上朝鲜半岛的土地。天皇来到这里后不久，便将"娜大津"的名字改为"长津"。

又过了两个月，历尽艰险的津守连吉祥使团终于回国复命了。津守连吉祥在天皇面前述职的时候，宫廷的气氛已经变得异常诡异，各种流言蜚语肆意传播。使团内部也有人跳出来进行攻讦，中大兄对使团的外交成果十分失望，介入百济的军事行动已经铺陈开了。而大唐下一步的计划就是继续攻打高句丽，一旦高句丽完蛋，倭国很可能要跟着倒霉，发出去的箭已经没有回旋的余地。

齐明天皇的寿命也在此走到了尽头，于此年七月二十四日（8月24日）病逝，谥号"天丰财重日足姬"。在她重新继位的头一年，有人就看到一个戴着青油笠的人，骑在龙的身上在山顶飞驰。在她的葬礼期间，又有人说在朝仓山上看见了一个戴着斗笠的怪人，遥望天皇的灵柩车队。于是一种怪谈不胫而走：这个戴斗笠的人就是当年自焚而死的苏我虾夷。

从幕后到台前

齐明天皇去世之后，已经没有什么人比中大兄更有资格继承皇位了。但是中大兄仍然不好意思直接号称天皇，而是以太子的身份打出了"素服称制"的名头。所谓"素服称制"，理论上源自中国儒家思想。"素服"指的是素色的服装，一般来说就是白色的孝服。儒家传说商王武丁即位之后，三年不言，带有为先王守孝的意味。"称制"，意味着作为国家领导人管理政务，在中国古代常见的是"太后称制"，也就是太后辅佐皇帝管理朝政。因此中大兄"素服称制"的内涵就是替母亲守孝的同时，对外不以大王或天皇的名目出现，但实际权力依然掌握在自己手中。据说周文王死后，周武王不敢自专，不敢称王，自号"太子发"就是这个意思。中大兄这样做，也算是对中国传入的儒家思想理论活学活用，但具体做法与中国原生的制度产生了一定的差异。中国的守孝制度一般是三年为限，而中大兄却"素服称制"六年。此时在朝中基本上没有与之抗衡的政敌，为什么他还要来这么一出呢？这或许是因为他本人已经习惯了幕后操纵的政治生活，不习惯走上前台，成为众矢之的。

　　一直陪伴在中大兄左右的中臣镰足比中大兄还要低调。中臣氏作为传统的神道祭祀世家，在佛教传来之后，对三论为代表的佛学理论完全没有招架之力，虽然曾经参与过灭佛的行动，但随着苏我氏权势的巩固，也不得不改变自身的立场以求自保。圣德太子时期，统治集团已经有人学会了对成熟文明意识形态的解构和重塑，使得外来的佛儒道思想成为包装自身精神世界的绚丽外衣。在如此风气的熏染下，中臣镰足也深得其中三昧。作为家族的寄予厚望的代表，中臣镰足广泛阅读各类汉文书籍，逐渐形成自己的思想理念，为了迎合现实的风气，从表面上对佛教顶礼膜拜。当然，中臣镰足最喜爱的书籍未必是佛典，而是《六韬》。《六韬》署名西周重臣吕尚所著，实际上是战国时代的托名之作，隋唐之前的古本《六韬》版本多讲权谋之术，宋代被编入《武经七书》之后进行了大幅度改编，删削了权谋成分，加强兵法属性。中臣镰足阅读

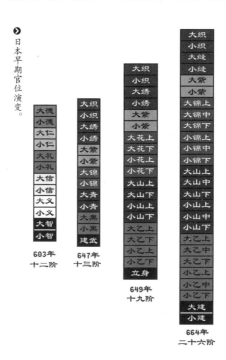

❥日本早期官位演变。

			大织
			小织
			大缝
			小缝
		大织	大紫
	大织	小织	小紫
	小织	大绣	大锦上
	大绣	小绣	大锦中
	小绣	大紫	大锦下
大德	大紫	小紫	小锦上
小德	小紫	大花上	小锦中
大仁	大锦	大花下	小锦下
小仁	小锦	小花上	大山上
大礼	大青	小花下	大山中
小礼	小青	大山上	大山下
大信	大黑	大山下	小山上
小信	小黑	小山上	小山中
大义	建武	小山下	小山下
小义		大乙上	大乙上
大智		大乙下	大乙中
小智		小乙上	大乙下
		小乙下	小乙上
		立身	小乙中
			小乙下
			大建
			小建

603年
十二阶

647年
十三阶

649年
十九阶

664年
二十六阶

的是权谋成分的古本《六韬》。靠着古书中得来的政治自信，中臣镰足先投靠轻皇子（孝德天皇），后来改投中大兄，先后将苏我石川麻吕和巨势德陀拉拢入伙，发动"乙巳之变"，用最小的代价消灭了苏我鞍作父子。这一年中臣镰足32岁，中大兄不过21岁。

大化朝廷建立之后，除了在全国范围内推行一些改新的政策之外，对于朝廷内部的官阶体系也进行了一些整改。圣德太子时期曾经设置的按照德、仁、礼、信、义、智排列的六色十二阶冠位，到647年废止，新冠位则分为织冠、绣冠（缝冠）、紫冠、锦冠（华冠）、青冠（山冠）、黑冠（乙冠）、建武（立身）七色。除了"建武"之外，皆有大小之分，共十三阶。中臣镰足获得了大锦的冠位，位列第七等。两年之后，对十三阶进行扩充，锦冠、青冠、黑冠除了分大小之外，再分出上下，变为十九阶。通过这些整治，可以将官僚体系的人事权力控制在手。中臣镰足则在654年被授予紫冠（小紫冠，第六等），655年升为大紫冠（第五等），已经是大臣中较高的等级，再往上的四等一般是授予皇室成员。

中大兄似乎一直在寻找合适的政敌予以消灭，大化元年当年就灭掉了古人大兄，随后649年假装听信谗言，灭掉了苏我石川麻吕一族；654年擅自迁都逼死孝德天皇；658年绞死孝德天皇之子有间皇子。

对于新罗臣服于大唐一事，中大兄等人更是愤愤不平。651年一批穿着唐制官服的新罗使者访问倭国，与传统的新罗官服迥然不同，居然引发了外交风波，使者也遭到了驱逐。朝中甚至有人叫嚣要讨伐新罗。

中臣镰足对于中大兄的做派到底是何种态度，不得而知，但从公开的政治活动来看，他一直力图平衡各方势力，借此赢得较好的政治名望。他的长子定惠和尚曾经作为学问僧被孝德天皇派往大唐学习。如此安排，一方面可以调解中大兄与孝德天皇的关系，另一方面也可以调解倭国和大唐的关系。可惜中大兄不喜欢如此安排，为了达到自己的目的，不惜抛弃孝德天皇，与唐朝、新罗的关系也无从和解。

中大兄就这么任性地一路走来，直到母亲去世，自己将直接面对更加猛烈的政治风暴。只有中臣镰足默默地站在他的身后。中臣镰足毕竟年长10多岁，处理政治问题更加沉稳老到。中大兄也从来没有怀疑过中臣镰足的忠心，将他比作唐朝的魏征，甚至是高句丽的渊盖苏文、百济的成忠、新罗的金庾信。《藤原家传》甚至说，在中大兄素服称制的第一年，高句丽王（宝藏王）还给中臣镰足写过一封信："惟大臣，仁风远扇，威德遐覃。宣王化于千年，扬芳风于万里。为国栋梁，作民船桥。一国之所瞻仰，百姓之所企望。遥闻喜抃，驰庆良深。"极尽褒奖之辞。至于没有实权的高句丽王，为什么在唐军压境的情况下给中臣镰足写这么一封表扬信，那就没人知道了。

在当时的人看来，中臣镰足已经信仰了佛教，并且举办了多次斋会，讲法念经，捐资建寺，连儿子都是和尚。但实际上他一直在支持神道祭祀的发展，只不过是远离了政治中心，在关东地区的封地上继续运营神社，扩大神户数量，悄悄安排家族成员迁入，并在合适的时间大力翻修营建，同时悄悄更换神社供奉的神位，篡改神社传说，使得新故事对中臣氏更加有利。到后来日本建国神话之中，中臣氏的祖先就成为天皇祖先身边不可缺少的帮手，亦是如出一辙的手法。这些手段经年累月，悄无声息，对于一般人来说难以窥破玄机，中大兄将目光过多地投放在西方的朝鲜半岛。中臣镰足所做的，则是为他的家族和后代打好千年基业。

远征军

从《三国史记》的记载来看，日本岛内的势力早在邪马台国时期就在不断入侵朝鲜半岛，这个时期相当于中国东汉末年到三国时期，按照日本考古分期属于弥生时代。而这一时期也有大量朝鲜半岛的移民进入日本岛。弥生人与日本更古老的绳文人相比，体质结构上存在一定的差异，说明两者是不同时期来到日本岛的人群。弥生人显然要比绳文人掌握了更先进的技术，组织能力也很强。绳文人的后裔虾夷人因为未能被同化而备受打压，势力蜷缩于日本东北地区。日本岛内先后建立的邪马台国和大和朝廷应该都是以弥生人集团为主导建立的政权。他们的祖先大多来自朝鲜半岛，想以日本岛为基地反攻回去。朝鲜半岛南部的3个地区的势力对于倭国的态度有所差异，其中以新罗反倭最盛，百济次之，任那加罗地区算是倭人在朝鲜半岛的半个据点。朝鲜北部的高句丽，是倭国向朝鲜半岛北部扩张的最大障碍，也曾经击败过倭军来犯，但是由于隔着新罗和百济，不会与倭国发生直接冲突，后来两国的关系逐渐变得和睦。新罗消灭任那加罗地区林林总总的城邦之后，倭国在朝鲜半岛的直接据点就此消失，如果想再干预朝鲜半岛事务，只能选择百济作为突破口。

百济历史上多次遭到高句丽的打击，每次复国基本上都要借助倭国的力量，每一次复国成功之后都想把倭国给甩掉。这一次只不过是高句丽换成了更强大的唐军而已。在中大兄看来，唐军主力不可能在百济待一辈子，留下的烂摊子自然应该由倭国来收拾，只是不能让百济如此任性。于是分别派出几支队伍，去支援百济复兴军与唐罗守军对抗。

第一批倭军，就是660年十月到十一月间，护送扶余丰到百济的500人。两位将领的信息如下：

朴市秦造田来津	出自渡来人秦氏，其父秦河胜与圣德太子关系密切，被赐予蜂丘寺（广隆寺）。645年卷入古人大兄谋反事件。前往百济援助之时冠位大山下（十二等）。
狭井（佐为，さゐ，sawi）连槟榔	出自物部氏。前往百济援助之时冠位小山下（十四等）。

第二批倭军到来的时间为661年八月。其具体兵力《日本书纪》没有记载，《扶桑略记》则记为17000人，数字相对可信。主要任务是为百济复兴军鬼室福信输送100000支箭、500斤丝、1000斤绵、1000端布、1000张牛皮、3000斛稻种，为扶余丰提供300端布。四位将领信息如下：

前将军	阿昙比逻夫连	传说其祖先是绵津见神。642年出使百济。扶余丰长期居住在他家。前往百济援助之时冠位大华下（第八等）。
	河边臣百枝	出自苏我氏，河边臣琼缶之孙，河边臣祢受之子，其家族曾多次参与朝鲜半岛的军事行动。646年，河边臣百枝曾受到孝德天皇点名斥责。前往百济援助之时冠位小华下（第十等）。
后将军	物部连熊	出自物部氏。前往百济援助之时冠位大山上（十一等）。
	守君大石	传说其祖先是景行天皇之子大碓（duì）命。657年卷入有间皇子谋反事件，被判处流放于上毛野国（今日本群马县一带）。前往百济援助之时冠位大山上（十一等）。

第三批倭军到来时间是663年三月，兵力27000人。六位将领信息如下：

前将军	上毛野君稚子	传说其祖先是崇神天皇的皇子丰城入彦命。上毛野国造世家。
	间人（泥部，はしひと，hashihito）造大盖	传说其祖先为仲哀天皇之子誉屋别命（另一说为神魂命五世孙天玉栉彦命）。610年，其族人间人造盐盖曾作为朝鲜半岛来使的引导者。

中将军	巨势神前臣译语	出自巨势氏。
	三轮君根麻吕	出自古族三轮氏，其父三轮君色夫曾于649年出使新罗。
后将军	阿倍引田臣比罗夫	出自阿倍氏，657年出任越国守，征讨道奥、越国的虾夷长达三年。前往百济援助之时冠位大华下（第八等）。
	大宅臣镰柄	出自和珥氏。其家族曾参与过朝鲜半岛的战争。

从倭军将领的出身履历来看，其冠位集中在华冠（锦冠）和山冠（青冠），没有紫冠以上的。基本上是苏我、物部、阿昙、三轮、和珥等失势旧贵族的支系子孙。他们的经历也略显驳杂，参与过朝鲜半岛外交者有之，能征善战者有之。还有受到过责罚的官僚，甚至包括几个被中大兄弄死的政敌的"同党"。其中没有一个皇室近支充当将领，这到底是因为皇室衰微，没有合适的男性将领，还是中大兄无意让皇族参与战争，就不得而知了。

以上三批倭军的兵力累计已经达到39000人，这个数字估计已经可以和390—404年那次入侵朝鲜半岛的兵力相比。倭军士兵的来源主要集中在三关以西地区，关东地区移民建设刚刚起步，应该也有少量出兵，甚至连653年之后，在占领虾夷土地的基础上新成立的道奥国信太评（今日本宫城县大崎市）也派出了士兵参战。很多倭军士兵的名字还带有部民制的痕迹，在大化改新之后这些人名义上都属于皇室的"公民"了，必须为皇室而战。大化改新并不是什么灵丹妙药，更不可能短期内改变倭国的政治经济面貌，不过加强户籍制度的建设，的确可以有效地抽调兵力。迅速占领虾夷之地，也是一个扩充兵源的办法，阿倍比罗夫之前讨伐虾夷之地，就是为出兵百济做好前期准备。

这些倭军士兵，由评一级的豪族带领下，先在九州集结整编。选择一个晴朗的早晨出发，傍晚左右到达位于玄界滩中央孤岛——御息岛（冲之岛），在那里进行一夜的休息和祭祀活动。在祈求完风浪平静之后，扬帆抵达百济南部，投入军事行动。

第一批倭军属于扶余丰的护卫队，跟随其左右。第二批倭军的主要任务可能是运送军粮物资，其主要将领被安排在百济复兴军的重要据点周留城。第三批倭军的动向不明，似乎主要是百济边境进行流动与新罗作战，未能与其余几部会合。他们对即将面对的对手还茫然无知。

白江之战

王文度死后的百济局势，对于唐罗守军是极为不利的。唐朝政府在此危急时刻，启用了一位刚被免职下狱的老官僚，此人就是刘仁轨。刘仁轨作为经历隋末兴衰变乱、唐太宗贞观之治的老人，政治经验极为丰富。他一到百济，就

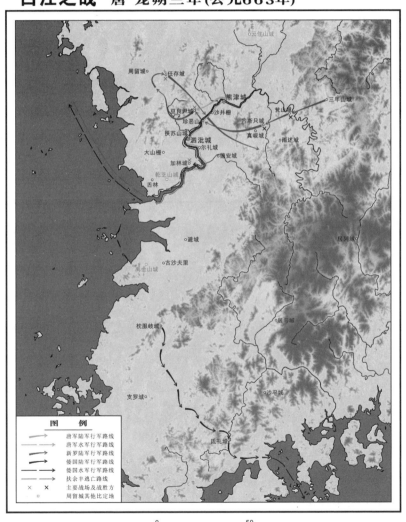

白江之战 唐 龙朔三年(公元663年)

○ 白江之战示意图。

比例尺 1:1700000

0   50

千米

成功打通了前往泗沘城的道路，与刘仁愿实现了会合。他凭借个人的才华和见识，赢得了刘仁愿的尊重，成为唐罗联军的灵魂人物。

唐军对高句丽的攻伐也极为不顺，渊盖苏文的顽抗超乎想象，赶上大漠南北的九姓铁勒发生叛乱，征讨高句丽的军队在不断外调，随着天寒地冻，将士苦不堪言，唐高宗被迫下诏撤军。唐高宗也想让刘仁愿部撤往新罗，刘仁轨却反对执行这项命令。最终刘仁愿部依然坚守在百济静观其变。此外，为了支援刘仁愿部，唐朝政府还任命右威卫将军孙仁师为熊津道行军大总管，发淄、青、莱、海之兵7000人随行。原本在高句丽战场指挥战斗的原含资道总管刘德敏、柴哲威，分别被任命为熊津道总管和加林道行军总管，他们的加入，逐渐改变了百济战场的局势。

而百济复兴军内部却内讧不断，首先是鬼室福信火拼了骄横难制的道琛和尚，独掌复兴军兵权。随后是扶余丰与鬼室福信各怀鬼胎，欲除之而后快，最终扶余丰反制成功，将鬼室福信捕杀。百济叛乱早期的首领扶余自进和黑齿常之都未能接过复兴百济的大旗，前者忙于撤到倭国，后者据守任存山保持观望。因此，除去与唐罗守军拉锯战造成的减员，扶余丰可支配的兵力能有两三万就很不错了。倭陆军39000人中实际参与作战的估计不到一半。此时庐原君臣率领的水军10000人已经到来，算是第四批倭军。

刘仁愿率领的万人守军，在以往的战斗中至少减员了1000人，加上孙仁师的7000人，不过16000人。《册府元龟》的记载，此时唐军方面可投入的水军人数有20000，孙仁师是从陆路进入百济，所以应当另算，唐军方面的兵力应该多于29000人。其中差额的13000人，有一部分应该是刘仁轨整合王文度的军队，另一部分可能是刘德敏与柴哲威所率部队，具体数字不详。金仁泰率领的新罗军之前回归新罗，新任新罗王金法敏再度率军重新与唐军会合，具体兵力依然不详，估计不低于万人。

如此估算，截止到龙朔三年（663年）七月，双方实际投入作战的兵力基本相当，不相上下。七月十七日（8月25日），新罗军与唐军在熊津城会师，决心一鼓作气消灭百济复兴军势力。诸将开始商议具体战略，有人建议先攻打加林城，而刘仁轨则提议先攻打扶余丰的指挥部周留城。最后，大家还是依照刘仁轨的策略。由刘仁愿、孙仁师与金法敏率陆军挺进，刘仁轨则与杜爽、扶余隆率水军及粮船，自熊津江进入白江，与陆军会师后直取周留城。

白江这个名字，在各国史料中名称不太一致，中国称"白江"、日本称"白村江"，而朝鲜史地资料则称为"白马江"，白马江应由良丹浦及金刚川与熊津之熊津江（锦江）三水合流而成。白马江上游起点应该在泗沘城北23里的金刚川汇入熊津江处。而金刚川为泗沘与豆良尹城的界河。

　　此时的扶余丰其实并不在周留城，而是在豆良尹城（今韩国忠清南道青阳郡定山面）。唐罗陆军于八月十三日（9月20日）抵达豆良尹城下，在那里他们可以看到大约1000艘倭国战船停在江边，岸上有百济的精锐骑兵守护。新罗骑兵于八月十七日（9月24日）首先对岸上的百济骑兵发起冲锋，百济匆忙应战，陆上一片混战。

　　倭军水师急忙护送扶余丰，抢夺船只，将船全部开到江中，以保存实力，于10天后的八月二十七日（10月4日）在白江口遇上刘仁轨等人的船队。

　　白江口就是白江下游的终点，汇入加林城与珍恶山的界河古多津。而古多津距离出海口尚有一段距离。白江口实际上距离加林城很近，倭军水师选择在白江口与唐军船队决战，或许也有这层考虑。

　　按照《日本书纪》记载，唐船共170艘。当时唐军的常备战船主要有战舰、海鹘、蒙冲、黄龙、双利、平乘、八棹、舴艋、艓子，船上还配备了火器。唐朝一般的战船可载500—700人，两万水军平摊下来，每船将近120人，空余的地方可以运载军粮。

　　倭国遣唐使船可以达到每船120人，然而在百济的这批战船似乎没有达到这样的规格，而是一种只能容纳10～20人的平底狭长船，1000艘船可载10000到20000人。其攻击模式可能是靠数量优势围攻大船，然后登上船只，再制服船内水军。鬼室福信俘虏唐船大概就是采用类似战法。遗憾的是，倭军船队靠岸停泊的时候就遭到唐罗陆军突袭，估计造成了一定的损失，对付上百艘大战船更为吃力。

　　我们可以根据现有资料，大致还原出当时的战况：

　　八月二十八日（10月5日），倭军水军背负加林城，决定突出唐军船队的堵截，结果刚一冲击就乱了阵形。唐军以黄龙、海鹘压阵，以战舰分走左右两翼，占据江面两侧，将倭船辖制在中间。冲在前面的倭船便如入彀中，左右被唐船压制，无法回旋。唐军动用拍竿直接摧毁敌船。倭船太小，受到冲击只能被迫跳船，许多人溺水而亡。同时，部分唐军跳上倭船与其进行白刃战。倭将

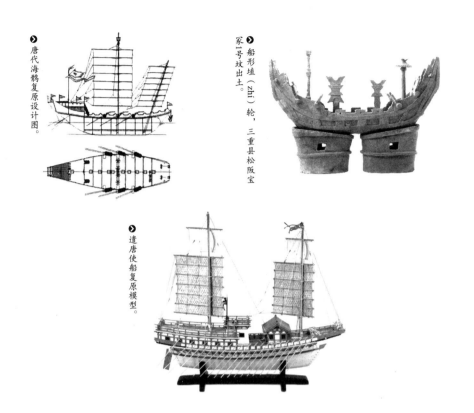

◎ 唐代海鹘复原设计图。

◎ 船形埴（zhì）轮，三重县松阪宝冢1号坟出土。

◎ 遣唐使船复原模型。

朴市秦造田来津力战而死。

当然，此次水战不是一次结束，好不容易突围的倭军船队，多次被唐船追上。连续追击4次，最终的决战之地已经到达了入海口，唐军以斗舰作为实施火攻的主力，以弩、砲远距离密集发射火箭、火炬、火球、油瓢、油囊，倭军船队被彻底打垮，共烧毁倭船400余艘，据说当时是"海水皆赤"。而扶余丰本人则乘船逃往高句丽。

与此同时，唐罗陆军也在豆良尹城下的战斗中取得的决定性的胜利。两军继续向周留城挺进。留守周留城的扶余忠胜、扶余忠志以及倭军将领见大势已去，各自率领残部连同滞留在城中的耽罗使者向唐罗联军投诚，周留城不战而下。白江战役结束。

枕服岐城（今韩国全罗南道长城郡森湲面）的百济残部、扶余自进部以及部分倭国残余船队聚集到氏礼城，与在那里的第三批倭军会合。他们集体扬帆,回归倭国,不再与唐罗大军争锋。中大兄试图干涉百济的野心就此破灭。

随后唐罗大军开始围困百济复兴军的发源地任存城,通过招降任存山中坚守的黑齿常之部,攻陷了任存城。刘仁愿部与孙仁师部先后班师返回大唐。自此,历时4年的百济复国战争落下帷幕。

退避三舍

从相关的资料分析,唐罗联军在白江所歼灭的倭军主要是朴市秦造田来津为首的第一批和第四批的庐原君臣水军,总计在15000人左右。而以阿昙山背连比罗夫为首的第二批倭军同周留城的百济残留守军一同向唐军投降。以阿倍比罗夫为首的第三批倭军则同扶余自进为首的百济军退回到倭国本土。

为了将百济流亡贵族吸收到倭国官阶体系之中,664年,中大兄对十九阶冠位进一步扩充,锦冠、青冠、黑冠继续分大小,但原来的所分的上下则改为上中下,建武冠分为大建、小建。如此十九阶就变成二十六阶,再根据百济流亡贵族原有的品级进行对等转换。

参与白江战役的诸位倭国将领们,有战死记录的仅有朴市秦造田来津一人,另外有4名回到倭国的倭军将领则有升官的记录:

河边臣百枝	677年被任命为民部卿,官位由小华下升为内小锦上。
守君大石	向唐军投诚,并随刘仁轨参加泰山封禅仪式,后回国,官位由大山上升为小锦。
间人造大盖	675年出现在祭祀广濑河曲大忌神的仪式上,官位已经是小锦中。
阿倍引田臣比罗夫	回国后任命为筑紫大宰帅。官位由大华下升为大锦上。

而被唐军俘虏的倭军普通士兵,一部分沦为大唐的官户,地位要比官奴婢略高一些。随着唐朝和日本关系的改善,他们辛苦劳役了三四十年之后,被允许回归阔别已久的故乡。有人甚至为了帮助同伴返乡,不惜半路自卖换取盘缠。

百济已经复国无望,百济难民开始像潮水一样涌入倭国,大唐欲乘胜追击攻打倭国的谣传尘嚣其上。于是中大兄命令百济遗民在北九州与濑户内沿岸修筑一系列山城,以保护筑紫大宰府乃至北九州地区的安全。让百济人负责建造城池，也可以防止其威胁到自身统治，不失为一石二鸟的权宜之计。

百济人修建的山城，自然是朝鲜式山城，用土垒或者石垣将山谷包裹起来，由于日本多土山，所以往往采用版筑的施工方法，分层捣实泥土建造城壁。而那些用石头包裹的山城又被称为"神笼石系山城"。此外，在太宰府还需要修建水城来抵御敌人入侵博多湾（福冈县太宰府市）。大宰府都府楼北面的四天王寺山，与南方的基山上则各建一座山城，用于储存粮食武器和士兵，遥相呼应。

时间紧迫，若唐军真攻打过来，这些施工中的山城能按时完工么？即使完工又能撑多久？这个问题恐怕没人能解释，中大兄只能与时间赛跑。

白江战役之后，东亚的局势又出现了一些新的变化，唐军守住百济，意味着消灭高句丽将再度提上议事日程。而新罗的态度却变得暧昧起来，与对唐朝采取阳奉阴违的方式不同，对倭国倒是变得眉来眼去。但为了共同的敌人高句丽，双方在保持相当的谨慎和克制，更不会贸然向倭国进军。

时隔不久，大唐在白江战役后第一批使者开始向倭国进发。这批使者是由大使朝散大夫上柱国郭务悰（cóng）率领的30多名大唐人和佐平祢军率领的100多名百济人组成的。而倭国方面负责接待的是筑紫大宰帅阿倍比罗夫。

筑紫大宰府将他们安置在别馆静候消息。5个月后，筑紫大宰府才懒洋洋地宣称，牒书只能代表百济镇将，不能代表大唐天子，拒绝让使者进京会见中大兄，只能口头传达使者的意思。这个时候，中臣镰足出面发挥协调作用，先是派遣了智祥和尚前去慰问，并在4天后设宴款待了郭务悰一行。又过了两个月，筑紫大宰府正式下达牒书，彻底断绝了与中大兄会见的可能性，郭务悰等人只得无功而返。

麟德二年（665年），大唐政府正在筹办规模盛大的泰山封禅仪式。另一方面，倭国拒绝郭务悰展开深入的外交活动的奏报，早已上达天听，于是这次专门敕命朝散大夫沂州司马上柱国刘德高，偕同中臣镰足的长子定惠和尚前往倭国，去完成尚未完成的外交任务。

刘德高一行人首先来到百济，连同郭务悰和祢军组成254人的外交使团，终于允许和中大兄会面了。刘德高在宴会上还见到了中大兄的儿子伊贺皇子（大友皇子），不过《日本书纪》对刘德高来访的会谈内容却予以回避。刘德高回国后没多久，定惠和尚竟然突然去世，这成为继王文度之后的又一诡异的猝死事件。以定惠和尚为纽带的这次倭唐外交的真相便无人知晓了。

此时唐朝设立在百济的熊津都督府，已经取代了百济国职权正常运转，倭国也只能承认其合法性，并与其展开外交互动。

中大兄此时已经动了迁都的念头，他把一部分聚居在九州地区的百济移民迁移到近江，修建了一座新都，名曰"大津宫"（今日本滋贺县大津市）。但是大量豪族和居民不愿意离开旧都，中大兄根本不留情面。在他离开之时，冈本宫周边的治安已经一片混乱。到处是疯狂的人们，到处都是火焰，日夜燃烧，他也毫不在意，与支持者们离开了这座地狱之都，来到大津宫。多少历史疑团，就此尘封于旧都遗址之中。

670年，郭务悰又一次代表熊津都督府访问日本，这一次的使团规模居然达到了2000人！当筑紫大宰府得知情况，便以担心军事威胁为由，将他们拦在筑紫，郭务悰等人再次开始其漫长的等待，日本内部发生了怎样的变化，无人知晓。一直等到671年三月，日本向郭务悰报告了中大兄去世的消息，郭务悰及其手下全部穿上丧服，举哀三遍，向东稽首，以示哀悼，并许诺要为中大兄建造阿弥陀像以示纪念，于五月返回熊津都督府。此后熊津都督府日渐衰颓，于676年撤出百济。

《逸周书·世俘》记载，纣王自焚之时，身上环绕着各种美玉，其中有一种玉名为"天智玉"，在火中不会销毁。到了奈良时代，中大兄的后裔淡海三船将其汉风谥号定为"天智天皇"，到底是赞美他如同"天智玉"一样美好呢？还是暗讽他不过是纣王一样的暴君呢？

制造"日本天皇"

根据《日本书纪》的记载，668年，中大兄结束了素服称制，正式登基。就在这一年，唐军终于攻灭了高句丽，逃往高句丽的扶余丰也被唐军抓获，流放岭南。对中大兄来说，过去的激荡岁月一去不返。

669年，中大兄派遣河内直鲸等人前往大唐，庆贺大唐平定高句丽，以示臣服。一行人于次年（670年）来到大唐，同时告知唐朝政府，倭国正式更名为"日本"。也就是说，中大兄很可能在登基称天皇的同时，就已经将国号改为"日本"。

至于为什么取"日本"这个名字，《新唐书·东夷传》是这么说的："使者自言，国近日所出，以为名。或云日本乃小国，为倭所并，故冒其号。"所谓"近日所出"，指的应该是化用"日出处天子"这个自称。所谓"日本乃小国，为倭所并，故冒其号"指的是另一个典故。《日本书纪》中记载有一个虾夷人建立的国家名为"日高见国"，虾夷之地多被倭国侵吞，"日高见国"也早已灭亡。中大兄在拟定"日本"这个国号之时，或许也借鉴了"日高见国"这个称呼。

过去一些学者不断质疑倭国改名日本的时间，随着百济人祢军墓志铭的发现，这个疑问得以解决。墓志铭上写道："于时日本余噍（jiào），据扶桑以逋（bū）诛；风谷遗甿（méng），负盘桃而阻固。"祢军死于仪凤三年（678年），在此之前，唯有670年有日本使者向中国宣布这个消息。墓志铭还写道："僭帝一旦称臣，仍领大首望数十人将入朝谒。"纵观当时的局势，敢于僭越称帝的，恐怕只有中大兄一人。既然是"僭帝"，应该是使用了只有大唐皇帝才有资格使用的称号，这个称号到底是什么呢？这个问题看似简单，实则复杂。

674年，也就是倭国公布改称"日本"的第四年，唐高宗改称"天皇"，武则天改称"天后"。那么中大兄有没有可能在此之前就号称"天皇"了呢？或者说中大兄之前的倭王是否已经号称天皇了呢？这是一个非常复杂的问题。

日本最早的史书《记纪》，都是元明天皇时代（707—715年）修纂的，此时日本君主已经称天皇很多年，对于前朝君主的称号全部追记为"天皇"，而

最早记录日本国号的墓志铭——祢军墓志铭。

裏　表

辛亥年七月中記乎獲居臣上祖名意富比垝其児多加利足尼

弖已加利獲居其児名乎已加披次獲居其児名多沙鬼獲居其児名半弖比

其児名加差披余其児名乎獲居臣世々為杖刀人首奉事来至今獲加多支鹵大王寺

在斯鬼宮時吾左治天下令作此百練利刀記吾奉事根原也

❤ 船首王后墓志铭。

❥ 埼玉稲荷山古坟铁剑。

惟船氏故王後首者是船中祖王智仁首児那沛故首之子也生於乎婆陁宮治天下天皇之世奉仕於等由羅宮治天下天皇之朝至於阿須迦宮治天下天皇之朝天皇照見知其才異仕有功勲勅賜官位大仁品為第

三及至於阿須迦天皇之末歳次辛丑十二月三日庚寅故戊辰年十二月殯葬於松岳山上共婦安理故能刀自合葬墓也即為安保万代之霊基牢固永劫之寶地也

根本不告诉读者倭王到底是什么时候改称"天皇"的。稻荷山古坟铁剑显示，钦明天皇在位时期是自称"大王"的。日本大阪府柏原市国分松岳山古坟中曾经发现了《船首王后墓志铭》，这块墓志铭的制作时间668年，恰好是中大兄登基之年，墓志铭明确将中大兄之前的几位天皇（敏达、推古、舒明）称为"天皇"，即使这几位天皇是追称，但中大兄登基后号称"天皇"是没有问题的。也就是说，中大兄在唐高宗自称天皇之前就已经号称"天皇"，加上他将国号首次改为"日本"，那么他显然就是日本历史上第一位"日本天皇"。

但是钦明天皇与中大兄之间的君主是什么时候开始称天皇的，证明起来就更麻烦了，虽然有一些传世的佛像上的铭文中出现了"天皇"字样，由于无法确认铭文是否是后添上的，证据的有效性就大打折扣。

从古日语的角度来分析又是一番状况。古代倭国男贵族多称"比古（ひこ，hiko）"，常用汉字"彦"标记；女性贵族多称"比卖（ひめ，hime）"，常用汉字"姬"或"媛"标记。再尊贵一些贵族称为"弥己等（みこと，mikoto）"，常用汉字"命"或"尊"标记。佛教传入之后，"须弥山"代表着世界中心的理论在倭国迅速传播。"须弥山"在梵语中读作"sumeru"，于是倭国人开始将"倭王居城"比作"须弥山城"，暗含"世界主宰"的意味，读作"须米良伎"、"须卖良伎"、"须卖漏岐"，转写成假名就是"すめらぎ（sumeragi）"或"すめろぎ（sumerogi）"。"すめらぎ"或"すめら（sumera）"后来用汉字"皇"来标记，其佛教内涵就被掩藏了下来。然后"すめら"再与"みこと（mikoto）"相组合，就是"すめらみこと（sumera mikoto）"，这个词就成为倭王的新称号，用汉字标记就是"皇命"，后来则改用"天皇"标记，倭国君主的汉字称号就逐渐由"大王"转变为"天皇"。《万叶集》中出现一个叫"中皇命"的人，过去注解都将此人解读为女性，但具体是指谁，众说纷纭。笔者倒是觉得"中皇命"实际上就是"中天皇"，也就是指称了天皇的中大兄。"中皇命"表明此时标记"すめらみこと"的汉字用法还不够固定，以至于后来的日本人自己都搞不清"中皇命"是何许人也。后来日本人又将"天皇"读作"てんおう（tenou）"，则改为汉语吴音"天王"的读法，讹变为"てんのう（tennou）"，才成为现在常见的读法。历史上日本人还尊称"天皇"为"みかど（mikado）"，汉字写作"帝"或"御门"，则是由"みこと"演变而来的。

中大兄号称"日本天皇"，如果展开了解释那就是"接近太阳的国度中的世界之王"，"天皇"这个名号被唐朝定义为"僭帝"之号，只有唐高宗才有资格使用这样的名头。唐玄宗时期，日本遣唐使递交国书中将日本天皇称为"主明乐美御德"，实际上是"すめらみこと"的音译，结果唐朝官员还以为这是日本国王的名字。"天皇"两个字如果直接在国书中写出来会引起外交争端的。

《藤原家传》中写道，中大兄称天皇之后，"朝廷无事，游览是好。人无菜色，家有余蓄。民咸称太平之代"。这一时期的日本基本可以两耳不闻窗外事，只需管理好自己就可以了。据说中大兄时期制定了一部律令，后世称为《近江令》，如果属实，那就是日本最早的法令典籍。不过目前没有实物佐证。

669年，中臣镰足去世，享年56岁。他死前被赐予"藤原氏"和大织冠官位（第一等），官职由内臣升为内大臣，故称为藤原内大臣镰足。中臣镰足去世之前，中大兄面前已经冒出了一个新的政敌，这个人名叫大海人，据说是中大兄的同母弟弟，但是否属实，尚有疑点。和钦明天皇一样，《日本书纪》掩藏了大海人的真实年龄。中大兄似乎对他十分忌惮，居然将自己的4个女儿全部嫁给了他。

中大兄死后，其子大友皇子登基，大海人则发动了"壬申之乱"推翻了大友皇子，成为新一任天皇，也就是后世所说的"天武天皇"，他与妻子持统天皇相继在位的数十年中，延续了中大兄的做法，没有派遣遣唐使。《飞鸟净御原令》颁布之后，以"日本天皇"为顶点的新官僚体系逐渐成型。为后人称道的新遣唐使时代也即将到来。

武家萌芽

古代日本军事体制的变迁

作者/肇英

大众对日本平安时代的第一印象，往往充斥着情爱、文艺，以及对平安贵族风雅生活、无常人事的想象。然而，真实历史中的平安京并不是与世隔绝的仙境，贵族世界也并非武侠小说中"江湖"般的诗意社会。

作为人，贵族们自然需要满足吃喝拉撒的基本需求；作为统治阶级，贵族们更需要满足骄奢淫逸的"高等"需求。那么，能够稳定供给他们所需的社会经济基础，以及由经济基础所决定的、相适应的诸般体制，当然都是必不可少的。而随着经济基础的变化，这成体系的诸般体制自然也不得不或被动、或主动地做出相应的调整。

军事制度作为政治上层建筑中诸般体制的一部分，虽然会受到各种各样因素的影响，但从根本上来看，还是由经济因素（譬如生产力和社会经济关系）所决定的。当我们要谈日本平安时代军事制度的时候，就不可能离开当时的经济制度；同时，要谈平安时代的经济制度，又无法不提及平安时代之前的日本经济制度。那么，我们干脆娓娓道来，以军事制度结合经济制度的视角，去整个地看一看8到11世纪古代日本军事体制变迁的大体脉络吧。

毛病一堆的军团兵士制

在中国隋、唐律令制的影响下，日本推行了一连串的国政改革，据说是始自大化二年（646年）的"大化改新"。但从实际来看，正式导入律令制很可能是自7世纪的60年代才开始的。

660年7月，朝鲜半岛三国之一的百济在唐、新罗联军的围攻下灭亡。之后倭国（日本）支援百济复国的种种努力，最终在663年10月白江口之战（白村江之战）的惨败中灰飞烟灭。半岛三国中实力最强的高句丽，则经历了唐帝国的三次大规模出兵（644—645年、661年、667—668年），终于在668年10月遭唐、新罗联军攻灭。白江口之战惨败后，倭国在朝鲜半岛的相关权益丧失殆尽，同唐帝国、新罗的对立进一步加深。如此紧张的国际形势下，倭国朝廷产生了空前的危机感。

为了应对唐帝国、新罗对日本列岛直接入侵的可能，中大兄皇子（天智天皇）为首的倭国朝廷在大宰府修筑了水城，在九州岛北部至濑户内海沿岸的西日本各地要冲修筑了朝鲜式山城等防御设施，并设置了烽火之类的预警措施。又在九州岛北部，以及壹岐岛、对马岛配置了守备力量"防人"。同时，倭国朝廷分别于665年、667年、669年，三次派出送唐客使或遣唐使，试图缓和与唐帝国的关系。然而，要想在拥有压倒性综合国力的唐帝国的威胁下保全自身，倭国这般国力贫弱、体制落后的国家是不可能做到的。因此，通过对政治体制、经济体制、军事体制等国家体制进行根本性的全面改革，以求迅速提高国力，也就显得迫在眉睫了。

初唐的强大，一定程度上来看，是建立在唐朝（继承自隋）律令制度基础之上的。仿效唐所实行的律令制来进行国政改革，在当时的日本看来是当然选择。随着天智朝（668—672年）制定的《近江令》（是否实际存在目前存疑），天武朝后期至持统初（681—689年）制定的《飞鸟净御原令》，直到大宝元年（701年）日本第一部完全意义的律令法典《大宝律令》——这些法令的相继颁布施行，意味着律令制在日本逐步得到了正式的确立。在此过程中，朝廷对旧有的中央、地方豪族，皇族，以及外来移民上层进行再编，建立了新的官僚体系。在全国范围内分别设置了新的地方行政单位"令制国"。这些"令制国"由中央派遣的四等官①（即"国司"）负责治理，不同于以往地方豪族

❯ 对军团兵士（步兵）的复原。

注①

　　四等官是日本从唐帝国导入的一种律令制下的官僚制度，将四等级的官员（即长官、次官、判官、主典）作为各官司的主要构成，但日本四等官的职掌与唐帝国有较大差异。国司四等官分别为守、介、（大·少）掾、（大·少）目。

"国造"治下的"国"、"县主"治下的"县"。而最关键的是，新的"公地公民制"作为律令制的基盘，取代了以往的"私地私民制"。

正式导入律令制之前，不论大王（天皇）、王族，抑或中央、地方的豪族，他们的土地，以及土地上的民众，都是由他们私人所有的。律令制确立后，至少在名义上，日本全土与全民便都归属当时日本的最高统治者天皇所有了。天皇很大程度上即是国家的人格化，"天皇所有"相当于"国家所有"，也就是说所谓"公有"了。由此出发，在日本全国订立了户籍制度，实行了新的土地制度（班田收授法），制定了相应的税赋制度（租、庸、调、杂徭），并编制了记录户口、土地关系、租税详情等文书（计账）。这一切，正是新的军事制度——"军团兵士制"赖以存在的基础。

每3名正丁中征发1人（也有说实际施行时一般1户征发1人）服兵役，称之为"兵士"。一般以数郡①范围内的200至1000名兵士，编成1个"军团"。每个令制国设置少则1个，多则7个军团。这样的军团兵士制，正式实行的具体时间史无明载。至早可能在日本第一次订立全国户籍的670年（庚午年籍），抑或在日本第二次订立全国户籍的690年（庚寅年籍）便已逐步推行，但更有可能是伴随着《大宝律令》的颁布才正式实行。然而这般建立、编成、保有大规模的军事力量，对于一个数十年前主要军力还得依靠豪族私兵的国家而言，步子迈得似乎有些太大了。说到底，这是被当时东亚地区巨大的军事压力给逼出来的。因此，军团兵士制打一开始就面临着不少问题：

第一，征发兵士的来源"正丁"，是指课口②中21~60岁（757年改为22~60岁）的健康男子。这样的兵役说白了，是建立在获得国家授予田地之上的义务。但获授田地之人中，首先有一部分就不属于课口，比如皇族、拥有从八位下以上位阶者、荫子荫孙、女性良人、16岁（757年改为17岁）以下及65岁以上男性良人、患有中度或重度残疾的男性良人，以及贱民③等。其次，课口中

注①
郡是令制国之下一级的行政区划，最初称为"评"，由皇室、豪族领地分割重编而成。

注②
课口指律令制下负担全部或一部分庸、调、杂徭的人口。

注③
贱民，当时指陵户、官户、公奴婢、家人、私奴婢，即"五色贱"。

除去中男①、次丁②，以及封户③、杂色人④之外，仍有一些人是被免除兵役的，比如：（从八位下以上官员以外的）官吏、有勋者、医师等。也就是说，军团兵士制的兵役负担是集中在所谓"公民"⑤，或者更准确地说——"班田农民"身上的。总体规模约20万的军团兵士常备军，即便对于8世纪日本约500~600万的总人口而言，也是相当沉重的兵役负担。何况真正承受兵役负担的班田农民只占总人口的一部分（虽然当时是占一大部分）。

第二，军团兵士的粮食、武器、装备、用具，除了公用的驮马，以及禁止民众私有的军乐器、弩等之外，全部都需要兵士自备，或自费集中制造、购买。这些对于不富裕的（亦即大多数的）班田农民而言，是一笔高昂的开支。当班田农民家庭被沉重的税赋压得喘不过气来的时候，服兵役带来的劳动力损失与大额支出，更会成为压垮他们的最后一根稻草——可谓"一人当兵、全家灭亡"。

第三，轮替征发的兵士，理论上的服役情况是这样的——编入所属的当地军团，分番交替⑥完成训练、维修、警备、押运、追捕等任务，服役时间为60天；或被选拔成为赴京都守备宫城的"卫士"，服役时间为1年；或被派往九州北部边疆充当"防人"，服役时间为3年；或如对外出征、对内讨伐等大规模军事行动，服役时间不定。总体而言，一名兵士一生中要求服役至少满3年。然而实际执行时，由于常有兵士死亡或逃跑造成缺额，又常有主管官员出于私人目的役使兵士（比如役使兵士为主管官员开垦荒地），因此兵士的单次服役时间

注①
中男指课口中17~20岁男性良人，757年改为18~21岁男性良人。

注②
次丁指课口中61~65岁的，或患有轻度残疾的男性良人。

注③
封户指封给皇族、官员、寺庙、神社，向他们提供租的一半，以及全部庸、调的良人。

注④
杂色人，即品部和杂户，配属于官司，向国家提供手工业或技术服务的集团。

注⑤
公民，除皇族、官人、杂色人、封户以外的良人。

注⑥
分番交替，即譬如一个1000人的军团，分成10番，每番100人，交替训练、执勤等。

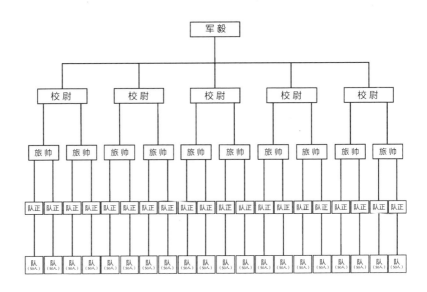

和一生服役时间往往都会有相当程度的延长。尤其是九州地区的防人和东北地区的镇兵①，长时期内都只由东国②的兵士派充，服役地路途遥远、服役期时间漫长，使东国的班田农民苦不堪言。

在有着这些问题的军事制度之下，兵士们普遍缺乏训练、装备不足、士气低落、军事素养差。因此，军团兵士制在开始实行没多久的8世纪前期，就已经发挥不出"应有"的战斗力了，仅仅维持而已。这个时期，朝廷为了解决战力不足问题，采取了募集志愿兵，鼓励义勇军，收编使用俘囚③等多种方式，试图来提高军队的战斗力。其中有一种方式，后来成为一定程度上取代军团兵士制的新军事制度，那就是"健儿"。

注①
镇守府是日本古代设置在陆奥国针对虾夷人的军事机关，镇兵即配属给镇守府的兵力。

注②
东国在此处指远江、骏河、甲斐、信浓、伊豆、相模、武藏、上野、下野、上总、下总、安房、常陆这13个令制国。

注③
俘囚，指因被俘或归顺而受朝廷支配的虾夷人。

精兵减员为哪般？

所谓"健儿"，乃是由郡司①子弟和有力农民（班田农民中的少数富裕阶层）之中，20岁以上、40岁以下的弓马娴熟者应征组成的部队。与预想中用于步兵大规模集团作战的军团不同，是以少数精锐方针编成的。在8世纪前期创设后，经过停废和恢复，至8世纪末的延历十一年（792年）6月，终于在除东北地区的陆奥、出羽两国，北陆地区的佐渡国，以及九州地区的西海道诸国②以外的地方，全面废止军团兵士制，以健儿制取而代之。

相较一国动辄数千名的军团兵士，健儿的员额要少得多。实行健儿制的诸令制国中，员额最多的如近江、常陆，也只各设置了200名，最少的如和泉，则仅仅设置了20名。同时，即便仍然维持军团兵士制的地方，军团的规模亦在一步一步地缩小。造成这种"精兵减员"变化的直接原因，要从两方面去看——一是国际关系，一是生产关系。

首先，推行军团兵士制的出发点，便是预计将会与唐帝国、新罗这样的外敌，爆发以步兵大规模集团对抗为主要作战方式的战争。随着日唐关系的逐渐

天长元年（824年）至明治元年（1868年）的日本令制国。

注①
郡司是指律令制下治理郡的四等官——大领、少领、主政、主帐，从该郡的地方豪族中选任，任期终身。

注②
西海道诸国，这时包括筑前、筑后、丰前、丰后、肥前、肥后、日向、大隅、萨摩、多祢（824年并入大隅）、壹岐、对马12个令制国。

好转，对唐作战的可能性锐减。然而日本同关系好转地更早、更快、更大幅度的新罗之间，却长期隐隐存在着军事冲突的可能。这源自于日罗之间互相认知的矛盾。

670年，曾经的亲密盟友——新罗和唐帝国之间爆发战争。虽然新罗一直维持着与唐帝国的朝贡册封关系，使用唐帝国的年号，并积极从唐帝国导入律令制度。但即便如此，在唐罗战争结束（676年）之后近半个世纪的时间里，两国的关系依然比较紧张。日本朝廷自天武朝（673—686年）开始执行的亲新罗外交方针，正是出于两个与唐帝国关系不佳的弱国"同病相怜"的现实考量。可是，"同病相怜"并不意味着"对等"（至少日方不这么认为）。随着律令国家体制的正式确立，日本在唐帝国的影响下同时萌发了以"小中华帝国"自居的意识。同新罗之间的外交关系，也就被日本朝廷有意识地向宗主国与从属国的关系上推进起来。而对业已统一朝鲜半岛的新罗来说，一个甚至某种程度上仍在借助半岛获取先进技术、文化的相对后进国家，居然以"小中华帝国"自居，妄图成为自己的宗主国，这是绝对不可接受的。当然，不可接受归不可接受，在国际政治环境迫使之下，暂时地虚与委蛇，答应一些看似忍辱负重，实则无伤大雅的"宗主国"要求，与此亦并不矛盾。但待到形势变化之时，新罗也就自然而然地对日本派来的遣新罗使"不恭"、"不见"、"不纳"起来了。这些导致了后来藤原仲麻吕主导的"新罗征讨计划"。

8世纪30年代，新罗与唐帝国的关系得到了大幅度的改善。东北亚形成了新罗与唐帝国靠拢、日本与渤海接近的新局面。对于"属国"新罗的不服从，日本必然是耿耿于怀的，天平九年（737年）朝堂中"新罗征讨论"的甚嚣尘上就是直接的反映。但是，唐帝国对新罗的支援又是不能不顾忌的，因此对新罗的惩罚需要等待时机，这一等就等到了天平宝字二年（758年）。这一年，唐帝国陷入安史之乱的消息，经遣渤海使小野田守传回了日本国内。终于等到机会的日本朝廷，在主政者藤原仲麻吕（藤原惠美押胜）的主导下，正式准备征讨新罗。到天平宝字五年（761年），设置东海、西海、南海三道节度使，编成征讨军，动员了军团兵士40700人、水手17360人、大小船只394艘。然而最终结果是，该计划因藤原仲麻吕在政治斗争中的失败而流产。之后，日本朝廷更是基本放弃了直接出兵新罗的念头。须以步兵大规模集团作战对抗敌人的现实需求不复存在，这便是国际关系上促使日本军事制度变化的直接原因。

其次，则是最根本性的原因——生产关系的变化。日本在律令国家体制下所推行的班田收授法，参考了隋、唐律令制度下推行的均田制，是一种国有土地所有制。作为军团兵士制赖以存在的基础，其全面正式实行的时间至晚不会晚于《大宝律令》制定后不久。

班田收授针对的田地，包括口分田、位田、职分田（职田和公廨田）、赐田、功田。其中最主要的，是授予公民和贱民的口分田。具体而言，口分田的收授一般每6年进行一次。在进行之前首先要完成户籍调查，再由各地的国司根据户籍调查的结果做成相应的班田账簿，然后据此操作。一般满6岁的男性公民授予2段[①]，满6岁的女性公民授予1段120步。贱民中的陵户、官户、公奴婢获授的口分田面积与公民相同，家人、私奴婢则为公民的三分之一，即男240步、女160步。口分田受田者对所受田地有终生使用权，死后则归还国家。当然，授予贱民的口分田，与其说是给他们的，不如说是给他们的所有者的。特别是没有纳税义务的私有奴婢（家人、私奴婢），国家授予他们田地，其实便是对他们所有者的一种经济上的优待。

对于维持军团兵士制而言，最核心的要点就是国家必须利用编户、班田等手段对民众进行直接的人身支配，掌握束缚在国有土地之上的班田农民，同时通过班田收授的正常运转来保证班田农民有堪以服兵役的财力。然而，班田收授法刚开始实行没多久，就已经面临了一个大问题——新开垦田地的归属。理论上，律令国家体制下的原则是"公地公民"，日本律令制的基盘当然也正在于此。如果说，朝廷在功田[②]之上对该原则的些许破坏，还可以视作无关宏旨的特例，那么朝廷在新开垦田地之上的妥协，就完全无法等闲视之了。

随着日本生产力的不断发展，愈来愈多的新田被开垦出来。这些新开垦的田地应该属于谁呢？在律令制度之下，毫无疑问应该上缴国家，通过班田收授来重新进行分配。然而，从个人利益的角度出发，绝大多数开垦者都会选择将

注①

段，为日本当时的一种面积单位。1/10町=1段=360步。因应土地分割方法的不同，1段或约等于1098.72平方米，或约等于1188.1平方米。

注②

功田，分下功、中功、上功、大功四等，其中下功功田允许传子，中功、上功功田则分别允许传孙、传曾孙，大功功田更是允许永久世袭领有。

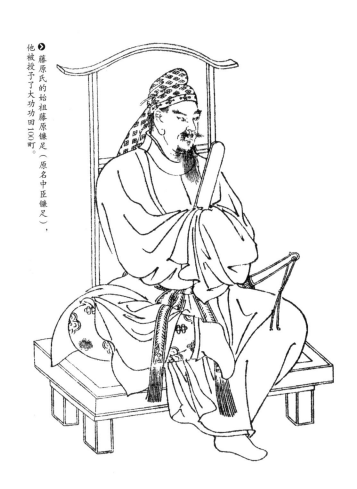

藤原氏的始祖藤原镰足（原名中臣镰足），他被授予了大功功田100町。

新开垦田地尽量隐瞒起来。因为这样不仅不需要上缴新田，而且还不用交纳新田的赋税。于是，被隐瞒起来的新田愈来愈多，以至人们抛荒口分田，专注于耕种能带来更多收入的隐田。开垦新田需要花费成本，要想让隐田不被查处，更需要经济力量与政治地位来做保证，所以开垦新田越来越以富人为主，富人也因此越来越富。这些富人要么是通过经营高利贷（私出举）、大面积开垦新田致富的有力农民，要么是地方官员以及他们的子弟。朝廷当然不愿意坐视税收的减少。然而对隐田严厉查处的实际效果并不明显。为了缓和这一矛盾，维持住律令制，朝廷最终选择了妥协。第一次妥协，便是养老七年（723年）颁布的《养老七年格》，俗称"三世一身法"。

"三世一身法"规定：如果新建灌溉设施，并开垦出田地，允许开垦者本人、子、孙三代（三世）所有，三代以后归公；如果是利用现有灌溉设施开垦出的田地，允许开垦者本人（一身）持有，本人死后归公。该法令颁布实施之后，的确立刻在相当程度上弥补了政府的财政缺口，缓解了因日本人口增长导致的粮食不足。但是很快，新的问题接踵而来。持有新田者开始在新田归公前蓄意抛荒，然后通过重新开垦，试图再次获得新田所有权。要知道，部分承认土地私有的先河一开，人们怎么会就此满足于"三代一身"地拥有土地呢？由此，朝廷不得不在天平十五年（743年）颁布《垦田永年私财法》，进行更彻底的妥协。

《垦田永年私财法》规定：新开垦田地永为私有财产，但占有荒地者必须先向国司提交申请，获准后方可进行开垦。获准的前提是开荒垦田不得妨害百姓利益。另外，申请获准后3年仍未进行开垦的，则允许他人对该土地提出申请。抽象的"不得妨害百姓利益"，当然常常沦为一句空言。很多国司由于掌握了"开垦审批权"，而迅速成为合法的大土地所有者。他们与皇族，中央贵族、郡、乡司官员，寺院、神社，以及有力农民一起，争相驱使私有奴婢和服役的班田农民大规模开垦新田，并占之。虽然朝廷同时规定了各级皇族、官员，各寺院、神社，以及庶人具体的垦田上限，意图把土地私有控制在一个可控的范围之内。然而私有制的闸门一经打开，大规模土地兼并势必无法避免。之前或因班田农民破产逃亡，或因蓄意抛荒而产生的大量荒芜口分田，也在此过程中流转到了富人们的手中。到了8世纪后期，国家手中可以用来收授的土地已经少了许多，沉重的税赋却愈发集中于班田农民身上。国家严酷的剥削致使广大班田农民纷纷破产，他们不得不选择伪籍[①]，抑或逃亡他乡。与此同时，地方官员的贪腐舞弊行为却愈演愈烈。藉此，富人们利用班田农民的破产、逃亡，抑或发生自然灾害的机会，大肆侵占田土、财产。

为了应对激烈变化的国内经济、社会状况，平安时代的开创者桓武天皇（781—806年在位）采取了一系列的措施：废止授予贱民口分田；将班田收授从6年一班改为12年一班；将官稻借贷（公出举）的利率由50%下调为30%；将

注①

伪籍，即伪造户籍，减少户籍中的课口。比如把性别由男性改为女性，将年长者的年龄改大，不登记新生儿等。

杂徭的服役期从每年60天缩短为每年30天；数次减免税赋；禁止地方官员侵占百姓的土地；禁止地方官员在土地和税收上徇私舞弊……试图遏制住班田收授制的崩坏势头。然而班田收授法事实上已经难以为继。自延历二十年（801年）朝廷将班田收授改为12年一班起，直到延喜二年（902年）最后一次班田收授后的完全停止，坚持了12次。看似频繁，实则普遍都是或只针对特定区域，或施行特殊规则的小规模班田。而民众逃亡、伪籍等情况，在进入9世纪之后也愈发严重。8世纪末时仍然有一定效果的检括、追捕等严厉手段，再也无法阻止国家所掌握的课口大量减少。譬如备中国下道郡迩磨乡，在天平神护年间（765—767年）尚有课口1900余人在籍；到了贞观（859—877年）初，课口数直线下降，仅有70余人在籍；再到宽平五年（893年），课口只剩区区9人；最后到延喜十一年（911年），课口干脆一个不剩了。班田收授法无法正常运转，政府掌握的户籍人口不断流失，国家财政必然是要崩溃的。朝廷将如何应对？要回答这个问题，则得从庄园说起了。

私有化大潮来袭

班田收授法之下，有一些不作为班田收授对象的例外，其中的典型便是寺田和神田。寺田、神田，正如字面所示，乃由寺院、神社所有，是敬奉神佛、维持寺社运营的固定经济来源，由封户（寺封户、神封户）负责耕种。律令国家体制在日本确立后，规定免除寺田、神田的租税，且禁止买卖寺田、神田，禁止个人向寺社捐赠田地。然而，这些规定并不能阻止出家人对土地、财产的渴求。尤其是《垦田永年私财法》颁布后，寺院（特别是大寺院）成为垦田、兼并的急先锋。为了抑制此种趋势，朝廷于天平十八年（746年）发布严厉的禁令，禁止寺院兼并百姓土地。可刚没过几年的天平二十一年（749年），朝廷便又打了自己的脸。该年，圣武天皇同母亲藤原宫子、皇后藤原光明子一起出家，并事实上承认了寺院兼并土地的合法性。虽然朝廷接着便对寺院领有垦田的上限作出了规定，但却没有对寺院领有垦田超限的行为，作出任何具体处理措施上的规定。由此，在朝廷几乎公然的鼓励之下，寺院对田土的欲望越发膨胀。例如领有垦田上限高达4000町（等于20000名男性公民的受田面积）的东大

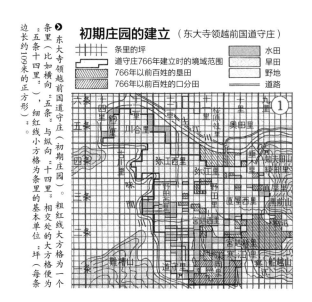

初期庄园的建立（东大寺领越前国道守庄）

图例：
- 条里的坪
- 道守庄766年建立时的境域范围
- 766年以前百姓的垦田
- 766年以前百姓的口分田
- 水田
- 旱田
- 野地
- 道路

东大寺领越前国道守庄（初期庄园）。粗红线大方格为一个条里（比如横向：五条；与纵向：十四里；相交处的大方格便为：五条十四里：）；细红线小方格为条里的基本单位：坪（每条边长约109米的正方形）：。

寺，就立刻派出僧人至越前、越中等处活动，占有了大片土地，建立起了一批庄园。

这批庄园在类型上属于"初期庄园"，即8到9世纪，中央贵族、寺院、神社通过开垦新田，抑或通过购买、交换、获赠，以及接受寄进（类似投献）等方式获得垦田而建立的庄园，故而又称"垦田地系庄园"。该类型的庄园一般都必须向国家交纳租税，庄民则要被课以临时杂役。国衙的官吏有权进入庄园检田、收租、征调劳动力，以及行使司法、警察权。其中寺社名下的初期庄园，往往能够通过主张"寺院、神社领有的垦田，应该算在免税的寺田、神田范畴内"，来获得证明"不输权（免除部分或全部租税的权利）"的"官省符①"。但寺社的初期庄园中有相当一部分，即便拥有"不输"如此有利的条件，也依然同其他许多初期庄园一样，没有庄民，而是借助国家公权力来驱使周边的班田农民作为耕作劳动力，因此强烈依存于律令国家体制。当进入9世纪后，随着户籍、班田等律令制度迅速的形骸化，这些庄园难以确保足够的劳动力来源，自然也跟着快速衰落了。

注①

官省符，即太政官发出的命令文书（太政官符），以及基于太政官的指令而由民部省发出的命令文书（民部省符）。

另一部分初期庄园，则走上了截然不同的道路。他们的主人，或者将庄园内的田地交给"富豪之辈^①"来承包，或者直接将庄园交给"富豪之辈"来经营。同时，通过他们将失地、逃亡的班田农民，吸引至庄园内，转化成庄民。虽则此时的庄园，还无法对领内的土地、人口进行完全一元化的掌握。但相比依存于律令国家体制，结果陪着律令国家体制一起完蛋的那些，这一部分初期庄园至少实现了经营安定，让它们有机会发展成更进一步（甚至几步）的形态。同样的，皇室与政府的经济基础，也经历了类似的变化过程。

律令国家体制下，皇室本来有着相当稳定的经济来源。然而由于国家财政的逐渐崩溃，覆巢之下的皇室也必须"自力更生"起来了。天皇以发布敕旨来占有的形式，将大片的荒田、野地列为皇室私有，然后交给国司开垦、经营。经营所需的种子、水利灌溉设施等都由国家提供，开垦成功后，则享有不输权，此类田地即"敕旨田"。敕旨田早自桓武天皇时便已开始设置，但真正大量设置却是在天长、承和年间（824—834年、834—848年）。这一时期的淳和、仁明两位天皇的宫廷，在敕旨田收入的支撑下，得以大力发展文化与学术，并确立了一系列的宫廷仪式。整个9世纪，天皇们设置的敕旨田，面积至少超过6000町。另外，在皇室的其他成员中，也于9世纪产生了一批大土地所有者。其中突出的形式，便是通过"亲王·内亲王赐田"（尤其是在仁明天皇手中）。9世纪，天皇向亲王、内亲王赐田共计50次，其中28次发生在仁明天皇的承和年间。皇室成员们就此纷纷在自己获赐的土地，或者自行开垦的新田上建立起初期庄园。

不过，对于皇室经济基础增强的这一趋势，在权臣们看来无疑是应该抑制的。以人臣身份担任摄政的第一人——藤原良房开创了藤原北家的"摄关政治"之后，在他的干预下，敕旨田、针对皇族的赐田就急剧减少了。到了藤原时平掌握朝政，发布"延喜庄园整理令"的延喜二年（902年），敕旨田的新设干脆就此被禁止了。

律令国家体制下的日本租税制度当然也是建立在"公地公民"的基础之上

注①

富豪之辈，即或雇佣，或通过债务关系控制失地农民、逃亡农民来开垦、耕作田地，以及经营高利贷，由此发家致富，积累了粮食、绢布、种子、农具、牛马、奴婢等大量私有财产的富人。他们中包括地方豪族，有力农民，移居地方或土著地方的中下级官员及其子弟等。

的。在这一基础明显不稳之后，政府收入日渐不足，自然需要寻找新的收入来源。9世纪初，朝廷选择的方法是设置"公营田"。弘仁十四年（823年），赴任大宰府的大宰大贰兼参议小野岑守，面对的是大宰府管内连年歉收、疫病流行，官府财政收入不足，百姓穷困潦倒的局面。于是，他出于获取财源，以及救济民众的目的，提出设置公营田的建议，受朝廷采纳。设置公营田，至少在弘仁四年（813年）于石见国便有先例。而这次在大宰府管内9个令制国设置的公营田，更是规模空前。朝廷决定在4年时间里，将大宰府管内9个令制国的乘田（班田剩余的田地）76587町，以及口分田中的一部分（12095町），设置为公营田。具体而言，以5人耕作1町公营田的比例，每年动员6万余百姓进行耕作。参与的百姓每人耕作30天，5人1町，每町的耕作时间计150天。

结果，平均每年去掉交纳给中央的庸、调，再去掉参与百姓的餐费、报酬，沟、池、官舍等的修理维护费用之类的成本，留给大宰府以及九国国衙的收入，大约有108万束[①]左右。这相较大宰府管内每年约50万束的正税额，整整翻了个倍。不过，比官府增加收入意义更大的，是两方面的变化。一是民众服役的变化——当时民众服役从来基本都是无偿的，这次却向参与服役的百姓提供了餐费和报酬。实际来看，与其说这些百姓是在服役，不如说他们是在受官府的雇佣。也就是说，随着国家对个人的支配越来越难以保证，政府需要找到新的手段获取劳动力耕作国有土地，来与私田竞争。另一则是庸、调征收上的变化——通过公营田，改变了原来直接向个人征收庸、调的做法，以公营田的产出借助交易等手段获取庸、调。这意味着日本的租税制度，有了从以人头税为主而向以地税为主过渡的趋势。朝廷尝到了甜头，便不断在全国各地设置公营田，或类似公营田的国家直营田地。可是，由于公营田的经营仍然需要借助律令国家体制下的国家公权力，因此同前面提到的一部分初期庄园一样，难以长久维持。朝廷不得不继续尝试，尝试的结果之一便是"元庆官田"。

随着户籍制、班田制等的形骸化，律令制度下的税收体系也日渐失效。弘仁二年（811年）尚颇有盈余的官库，在进入9世纪下半叶后，由于欠税、逃税

注①

束，日本古代的稻穗计量单位。1束稻穗，脱粒后约可得到1斗稻谷，加工成精米的话则约为5升（当时的5升精米折算重量约有现在的3公斤）。

情况严重，已经入不敷出。为了支付中央官员的俸禄，朝廷开始动用各地用于官稻借贷的本稻，以及用于赈灾的不动谷。然而，此时的不动谷除了要用以应对饥荒和自然灾害，同时还是大规模军事行动，以及大规模营造的经费补充来源。如果不设法避免不动谷数量的锐减，可能会导致统治基础的严重动摇。由此，元庆三年十二月（880年1月），时任民部卿兼中纳言的藤原冬绪提议在畿内的5个令制国设置官田，利用官田收益支付官员俸禄，是为"元庆官田"。具体而言，大和国1200町，山城、河内、摄津三国各800町，和泉国400町，共计设置4000町官田。经营方式则既有类似公营田的，也有包租形式的。名义上，国司在宫内省的监督下作为经营负责人；实际上，负责经营的则是"惣监"和"正长"。由于官田的地租负担较轻，发觉有利可图的富豪之辈纷纷谋求担任惣监、正长。就这样，依然在政府控制中的土地也开始渐渐由富豪之辈实际经营了起来。不过，对于在9世纪全面登上历史舞台的他们而言，生活中不可能都是财富增殖的好日子，"麻烦"也一个接一个地出现了。

首当其冲的便是"完税问题"。在8世纪末9世纪初的时候，富豪之辈面对仍然以个人为课税对象的律令国家税收体系，有许多空子可以钻，逃税因而成为他们财富增殖的一大手段。然而好景不长，到了9世纪20年代左右，越来越多的朝中有识之士开始明确意识到课税对象必须向土地转变，因而着手推动改革。之后，逃税对于富豪之辈，变得日益困难。原来可以钻的空子，由于课税对象的改变而不再起作用。纵使当事人在官府动手征税期间隐遁、躲藏起来，可田地、家宅等不动产又要如何隐遁、躲藏呢？跑得了和尚跑不了庙的情形下，即便官府找不到人，一样可以通过查封、没收财产来达成征税目的。而更要命的是，"国司请负制"在9世纪末的宽平年间（889—898年）渐次推行开来。

所谓"国司请负制"，是朝廷为了解决租税收入难以确保的现实问题，而推行的新制度。简而言之，就是在国司无论如何都必须确保向朝廷上交一定数额租税的前提之下（即包税），朝廷相应地向国司大幅度下放征税权和军事、警察权。由于9世纪中叶起，"受领[1]"成为国司的最主要负责人，因此国司请

注①

受领，即实际赴任的国司四等官中官职最高的，担负主要责任之人。譬如长官（守）如不赴任（即"遥任"），则次官（介）即为受领；又譬如同时任命两名长官的情况下，守如不赴任，权守即为受领，以此类推。除受领以外的国司四等官，则统称"任用"。

负制使得受领的权限进一步强化，可以采取强力手段征收租税。然而，使用强力手段必然是需要武装力量做后盾的，行使军事、警察权，更是直接需要通过武装力量的。那么受领手中的武装力量到底是些什么人呢？这就又要从军事制度的层面来说了。

国衙军制酝酿期

　　9世纪初，随着38年战争（774—811年的虾夷征服战争）的终结，日本在东北边疆地区，已经不再需要保有大规模常备军了。虽然在出羽、陆奥两国尚继续维持着较小规模的军团，但那只是出于震慑、防备虾夷的目的。而在九州边疆地区，仍然保有着的各个军团，也将在两年后的弘仁四年（813年）大幅缩减。日本仿佛应该就此进入一个相对和平安定的时期了。

　　日本朝廷自7世纪前期开始到9世纪初，已同虾夷断断续续打了近200年，终于大致将这些"不服王化"的"化外之民"征服。因此也就接收了大量或归顺或俘虏的虾夷男女，即"俘囚（夷俘）"。对于集中在东北地区，当地官府难以统一支配、管理的俘囚，朝廷自8世纪开始，特别是在38年战争期间，进行了

延历二十一年（802年），虾夷军事领袖阿弖流为、母礼被俘。

大规模的强制移民，试图将这些"化外之民"融入日本既有的统治体系。俘囚们被移配至遍布全日本的44个令制国中，交由国司中介以上的官员（基本就是受领）专门负责，进行优恤和教化。对俘囚的强制移民，除了期望能够成功将他们融合、同化之外，还有一个重要出发点，那便是军事上的考量。

虾夷男子有骑马狩猎的习惯，普遍擅长骑射，往往还拥有独特的疾驰斩击技巧，性格也大多勇猛果敢。如果能够得到他们的效忠，无疑能使之成为官府手中优秀的军事力量。大同元年（806年），朝廷明白地透露出了"移配俘囚"一事上的军事意图——即让俘囚们居住在"要害之地"，是要"以备不虞"的。朝廷此时想定的俘囚在军事上的用途，主要包括守卫平安京，警戒新罗，以及镇压反乱俘囚。最后一项预想，竟然很快就实现了。

弘仁四年（813年）出云国发生"荒橿（jiāng）之乱"，造反作乱的出云俘囚正是被同样居住在出云的俘囚们平定的。事实上，面对9世纪日本所面临的四大类军事问题——新罗海贼、俘囚反乱、东国群盗、西国海贼，俘囚作为军事力量发挥了很大的作用。也就是说，当时受领手中的主要武装力量之一，便是俘囚。这亦是受领们愿意向俘囚提供如米、盐、燃料、田地、狩猎权、免除庸调等优厚待遇，并每月慰问，每季宴请的最大动因。

所谓"东国群盗、西国海贼"，或简称"群盗海贼"，本质上大体是一回事儿。虽然其中的一部分的确是流离失所、走投无路的各类破产民众铤而走险组成的。但群盗海贼中的另一部分，却是富豪之辈反对受领的一种表现形式。9世纪中期开始，令制国的行政责任，愈来愈集中于受领一人。受领因此以陪同赴任的子弟、郎党（从者）为核心，辅以少量忠诚可用的俘囚，编成自己所能掌握的小规模武装力量，来帮助执行政务。如此压力之下，富豪之辈不仅需要按时按额（甚至超额）缴税，还需要承担向中央运送地方庸、调、封物等进纳财物的义务。习惯拖欠、逃避、拒纳的税赋，长途运输进纳财物的成本，以及万一途中进纳财物发生缺损时的赔偿责任——绝大多数富豪之辈都不愿意接受自己的经济利益这般大幅受损。于是，他们从两方面着手，试图同受领对抗。

一方面，富豪之辈借助向中央运送进纳财物的机会，巴结中央贵族，向他们寄进田地和庄园，结成紧密的经济关系，并要求成为他们的家臣、从者。从而借助中央贵族的政治势力，达到对抗受领、免除税赋的目的。另一方面，他们开始有意识地组织私人武装，平时作为自己的保镖，同时也能用来掠夺他人的进纳财物，弥补自己的经济损失，必要时甚至可以用来袭击受领，以期"一举解决"。这种趋势在东、西日本不同的地理条件之下，便产生了东国多有骑马的"群盗"，西国多有乘舟的"海贼"这样不同的形式。

面对如此的形势发展，受领发觉手中可用的手段有些捉襟见肘了。以子弟、郎党为核心的武装力量，规模一般很小，通常只有20~30人左右。而国衙支配下的正规军事力量"健儿"不仅同样人数有限，且早在延历十四年（795年）就已经将每年服役时间缩短至30天了，外加调遣手续烦琐，难以有效应对突发的军事、治安问题。而反观群盗、海贼，他们的人数不仅更多，而且善于利用具有高机动性的舟、马，使用"夜间突然袭击，一击即退"等游击战术来进行作战。同时，因为国司权限集中于受领，被剥夺权力的其他国司（即"任用"）严重不满之下，往往与富豪之辈合作，对受领进行掣肘、抵抗，甚至直接武力对抗。譬如元庆七年（883年），群盗百余人在夜间包围筑后国受领居住的馆舍，射杀筑后守都御酉，掠夺馆舍内的财物后逃散。事后查明，该事件的主谋乃是筑后掾藤原近成，参与者包括筑后国内的一些富豪之辈以及筑后少目建部贞道，亲自指挥并参与袭击的则是富豪之辈之一的前筑后掾藤原武冈。

同一时期，另一大类的军事问题"俘囚反乱"亦开始频繁发生。俘囚的生活习惯与文化风俗，同朝廷治下的"皇民"迥然不同，因此依然被视作具有"野性"的蛮夷看待。在律令国家的皇民教化之下，带有"小中华"意识的民众具有相当高的自我优越感及针对蛮夷的差别意识。与此同时，俘囚享受的优厚待遇，又进一步制造了隔阂。俘囚与皇民之间的对立，本来对于日本统治阶级而言是一件大好事。因为这正意味着俘囚作为官府佣兵的高度可靠性。然而，这高度可靠性的最大前提"优厚待遇"，却从9世纪中期开始，由于政府财政情况的日益恶化，而不可能继续维持下去了。当然，俘囚之中也有通过开垦田地、经营高利贷等而跻身富豪之辈的人。但大多数俘囚，还是相当依赖于官府配给的食品和生活用品。随着欠、逃税情况的继续，甚至加重，国衙的财政恶化程度也就日渐加深。受领们不得不削减，甚至停止给俘囚发放配给。俘囚在现实生存压力的压迫下，不断累积着不满情绪。当不满情绪累积到一定程度之时，俘囚反乱就接连爆发了。其中规模较大的几次，包括弘仁四年（813年）出云国的"荒橿之乱"，承和十五年（848年）上总国的"俘囚丸子廻（huí）毛之乱"，贞观十七年（875年）的"下总俘囚之乱"，元庆二年（878

年）出羽国的"元庆之乱"，元庆七年（883年）的"上总俘囚之乱"。为了更有效地应对俘囚反乱以及群盗海贼等问题，9世纪后期，朝廷在军令程序上进行了改革。

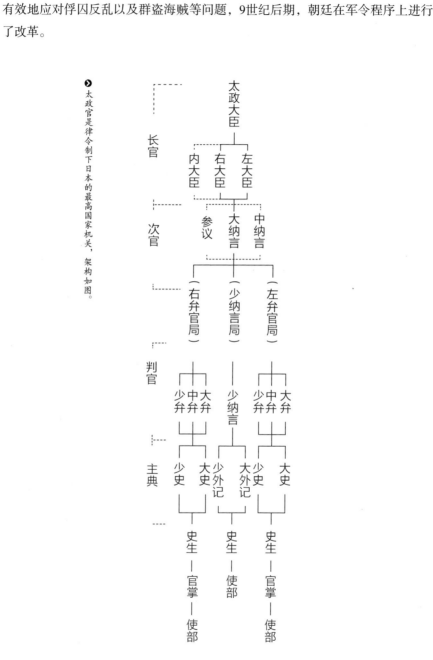

❯ 太政官是律令制下日本的最高国家机关，架构如图。

律令国家体制下，国司治下发生谋杀、抢劫等刑事案件时，在派出非武装的"人夫"进行追捕、缉拿的同时，需要上报太政官，得到下发的允许差发人夫的太政官符，才算合乎程序。而当治下发生谋反、叛乱等紧急事态之时，在国司发兵追讨的同时，需要立刻"驰驿申奏"，向天皇申请发兵的许可，得到天皇下发的"发兵敕符"，才算合乎程序（即"临时发兵"）。一旦得不到天皇的认可，那国司出于自我判断的发兵行为就是一种严重的违法行为。这意味着律令国家体制下，天皇拥有的最高军事指挥权的权威性与唯一性。进入9世纪后，受领们也依然采取这样的程序镇压群盗海贼与俘囚反乱。然而随着9世纪下半叶摄关政治的开始，天皇权威的下降，以及更关键的——各类军事问题的频发，使得朝廷决意简化"临时发兵"的程序。简化后，不再需要天皇的发兵敕符，而只需要太政官下发"追捕官符"，即可合乎程序。这便是不久后日本新的军事制度"国衙军制"形成的前提条件之一。

9世纪末10世纪初，正是日本的国家体制从律令国家体制转向王朝国家体制的转型期。宽平、延喜年间（889—898年、901—923年）的国政改革，虽然主政者宇多天皇·菅原道真、醍醐天皇·藤原时平，主观上或多或少都有着为律令制度续命的想法。然而客观上来看，"宽平·延喜国政改革"中的相当一部分措施，恰恰增强了国家体制转型的基础与动力，促进了向王朝国家体制的转换。正如前面提到的，富豪之辈通过加强与中央贵族的联系，成功对抗了受领，严重阻挠了国衙对管内的统治，并使得中央财政急剧恶化。为了解决这一严峻问题而实施的一系列改革措施，便是"宽平·延喜国政改革"的主要内容之一。

第一是正式确立国司请负制，并通过改革国衙机构来强化受领权限。即根据具体职能，设立田所、税所、调所、船所、公文所、检非违所等执行政务的机构，由受领的子弟、郎党负责执掌。之下由国内堪用的富豪之辈作为在厅官人辅佐、分担政务。而受领以外的其他国司，则被彻底边缘化，国司四等官制事实上即告解体。由此，受领成为令制国内当之无愧之首，部分富豪之辈也得以进入国衙支配体系内。9世纪以来，因受领与富豪之辈之间的对立、受领与任用之间的对立，而造成的国内支配不稳定，得到了一定程度的缓解。

第二是改革土地、税收制度。比如将各地国衙管辖下的公田（口分田和乘田），以"名"为单位进行分割、再编，成为"名田"。接着，建立以"名"作为课税单位的负名（承包）体制。或大或小的一块块名田，分别由一个或几个国内富豪之辈承包，组织耕作，进行经营，并担负起向国衙上交租税，提供劳役的义务。这样的富豪之辈，又被称为"田堵"。这样的体制，就被称为"田堵负名制"。又如延喜二年（902年），日本历史上第一次"庄园整理令"发布，具体内容是：废止宽平九年（897年）以后开垦的敕旨田；禁止民众向权门势家[1]以及寺院、神社寄进田地、宅舍、庄园；禁止权门势家、寺院、神社在没有获得允许的情况下占据未开发的山野；土地所有者必须提交权利文书之类的证明，来明确土地所有关系，不提交者或无法证明者的土地将被没收；免税田地仅限于得到不输权认可的"免田"，先前向权门势家、寺院、神社寄进的田地、庄园如果没有获得官省符，那么依旧需要纳税……由此，全国的土地关系得到了一定程度的明确，律令国家体制下以个人为课税对象的税收体系也正式转变为王朝国家体制下以土地为课税对象的税收体系。

第三是对中央财政运作体系进行了一些改革。过去各国的富豪之辈将庸、调等进纳财物运送至中央后，是统一交付给大藏省的。之后，大藏省再具体分配给各级官司。改革后，各国的进纳财物都由受领负责运送至中央，存放在京内外的受领宅邸或仓库中，由受领的驻京代表进行管理，各级官司凭官方文书随时提取。由此，受领成为中央财政运作体系的一部分，富豪之辈则不再直接与中央财政运作体系发生联系。这样的改革对苦于向中央运输进纳财物的富豪之辈而言自然是好事，但却使那些能够在此过程中得利的富豪之辈利益受损。

第四则是一些试图切断富豪之辈与中央贵族之间关系的尝试。比如禁止富豪之辈成为中央贵族的家臣、从者，并强调即便是已经成为中央贵族家臣、从者的富豪之辈，也不能因此获得免税权；授予受领跨（令制）国追捕居住在该受领管内的欠、逃税者，并予以处罚的权力等。由此，明确否定了谋取到中央贵族家臣、从者，抑或舍人、兵卫、使部等诸官司役人身份的富豪之辈可以有免税特权。受领们再遭遇到类似昌泰四年（901年），居住在播磨国的卫府舍人集体抗税的事件时，就有了明确的处理依据。

这些改革措施造成了富豪之辈之间的差别、分裂进一步加大。一部分富豪之辈得以或作为在厅官人，成为国衙支配体系内的上层；或作为田堵，在合法得

日本·军鉴

148

注①
权门势家，此处实指"院宫王臣家"，即皇族与位阶在五位以上的官员（贵族）。

利的同时，与国衙结成了较为紧密的经济关系。但更多富豪之辈的利益却因此大为受损，于是在全国范围内以群盗、海贼的形式，掀起了大规模的骚乱。其中的典型例子之一，便是8世纪末9世纪初发生的"宽平·延喜东国之乱"。

随着富豪之辈向中央（平安京）运送进纳财物的情况普遍化，对运输业者和路途中保镖的需求也日益高涨。因此在多马的东国，产生了以马驮方式运输物资，并负责途中保卫的俘囚商业集团。这种商业集团被称作"僦马"。由于凡是富豪之辈都得运送财物去遥远的平安京，这门生意变得十分火爆。本来作为消费者一方的富豪之辈中，有不少人自己也纷纷做起了这门生意。与此同时，僦马这样的集团也越来越呈现出多面性。譬如有机会的话，便会去袭击其他的僦马，以

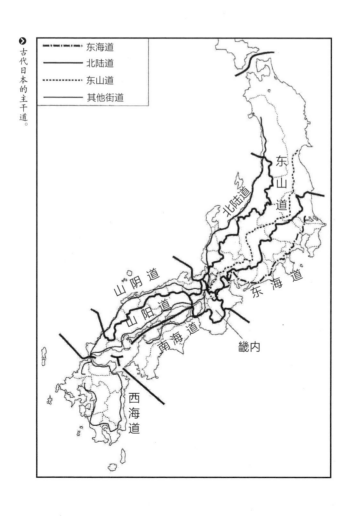

◆ 古代日本的主干道。

东海道
北陆道
东山道
其他街道

东山道
北陆道
山阴道
山阳道
东海道
南海道
畿内
西海道

抢夺物资和马匹；或者袭击马场，把从东海道抢来的马匹带至东山道卖出，抑或从东山道抢来的马匹带至东海道卖出。由此，他们获得了丰厚的利润。待到"宽平·延喜国政改革"开始实施后，被断了财路的一支支俴马，普遍完全发展成了群盗集团"俴马之党"，在物部氏永之类首领的率领下，于东国大肆活动，打家劫舍，发泄着对官府的愤恨。然而，宽平、延喜年间，东国的动乱远不止"俴马之党"一类。另外许多蜂起的群盗，更是把矛头直接指向了国衙。动乱范围也很快扩大，甚至连平安京都开始有群盗大闹起来。

延喜二年（902年）9月，骏河国富士郡的官舍被群盗付之一炬；延喜四年（904年）3月，安艺国守伴忠行在平安京遭群盗射杀；延喜五年（905年）10月，飞骚国守藤原辰忠与妻子一起被"凶党"杀害；延喜十五年（915年），上野国富豪之辈上毛野基宗、上毛野贞并与上野大掾藤原连江一同掀起反受领斗争，成功杀死了上野介（受领）藤原厚载，日后平定了平将门之乱的邻国下野在厅官人藤原秀乡也牵连其中；延喜十九年（919年），前武藏权介源仕掠夺财物、焚烧官舍，最终袭击国府，直接攻击武藏国守高向利春……如此目不暇接的混乱局面下，各地官府当然要用兵大肆镇压。在这个过程中，新的军事制度"国衙军制"也就此确立了起来。

承平南海贼与藤原纯友之乱

国衙军制，顾名思义是围绕国衙以及国衙的负责人受领运作的军事制度。它形成、确立以及正常运作的先决条件或者说核心要素至少有以下几点：

一是上文提到过的，"临时发兵"程序得到简化。

二是受领权限的大幅度扩张，再加上以受领为一国唯一负责人的国衙支配体系的确立。

三是国内郡司、移住官员、有力农民等富豪之辈所形成的田堵负名阶层，被纳入了国衙支配之下。其中的部分佼佼者，甚至已在逐渐转化成私营田领主。同昔日富豪之辈们中的典型相比，10世纪前期的私营田领主，无论在经济实力，还是军事实力上都得到了质的飞跃。因此有能力为国衙军制提供保质保量的兵源。

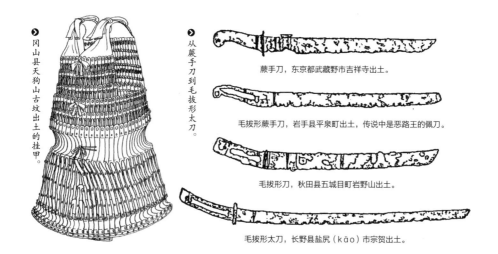

◀ 冈山县天狗山古坟出土的挂甲。

◀ 从蕨手刀到毛拔形太刀。

蕨手刀，东京都武藏野市吉祥寺出土。

毛拔形蕨手刀，岩手县平泉町出土，传说中是恶路王的佩刀。

毛拔形刀，秋田县五城目町岩野山出土。

毛拔形太刀，长野县盐尻（kāo）市宗贺出土。

四是军事技术与战术的巨大转变。8世纪律令军事制度下的基本战术是以"阵法"为代表的步兵集团战术，代表性的武器装备则是直刀和短甲、挂甲等。10世纪新军事制度下的基本战术则是学习自俘囚的，经过在9世纪不断镇压群盗、海贼，平定俘囚反乱中锻炼出来的骑兵个人战术（即"一骑打"）。代表性的武器装备也变成了由虾夷常用武器蕨手刀发展而来的毛拔形太刀，以及由挂甲发展而来的，带有日本国风文化独特"烙印"的铠甲——大铠。

五是朝廷任命国司、郡司、在厅官人中擅长武艺又具有军事威望者，兼任"押领使（或警固使，或追捕使）"，负责地方军事事务，对国内兵力进行再编成，统一指挥。

国衙军制在东国得到确立后，就比较好地发挥了作用。填补了宽平九年（897年）朝廷将全国未融入主流社会的俘囚送还陆奥、出羽两国原居住地之后，所造成的各地方军事力量空虚[1]。"宽平·延喜东国之乱"因而渐渐被平定了下去。差不多同时，畿内地区的群盗蜂起，东北地区的俘囚反乱，九州地区的新罗海贼也一时沉静了下去。然而平安时代的日子通常都是不平安的。暂时

注①

9世纪，日本各地对于作为主要军事力量之一的俘囚相当仰赖。譬如九州地区防备新罗的"防人"，此时已有很大比例由俘囚担任；又譬如，虽则元庆二年（878年）的出羽俘囚反乱（"元庆之乱"）是依靠出羽权守藤原保则的怀柔政策平息的，但作为藤原保则武力后盾的军事力量中，则有近一半是由陆奥以及东国地区俘囚所组成的"俘囚军"。

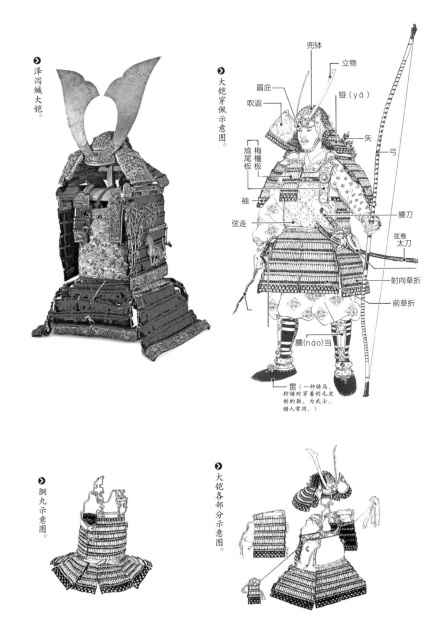

❷ 泽泻縅大铠。

❷ 大铠穿佩示意图。

兜钵
立物
眉庇
铔（yā）
吹返
矢
鸠尾板
梅檀板
弓
袖
弦走
腰刀
弦卷
太刀
射向草折
前草折
臑（nào）当

贯（一种骑马、
狩猎时穿着的毛皮
制的鞋，为武士、
猎人常用。）

❷ 胴丸示意图。

❷ 大铠各部分示意图。

的宁静，不过是暴风雨前的宁静。规模史无前例的"承平·天庆之乱"已经近在眼前了。

"承平·天庆之乱"乃是承平、天庆年间（931—938年、938—947年），关东地区发生的"平将门之乱"与濑户内海地区发生的"藤原纯友之乱"的总称。虽然两起叛乱具体都发生在天庆初，但实际上，都是承平年间一连串动乱的延续和最终总爆发。比如藤原纯友之乱就得从"承平南海贼"说起。

9世纪的西日本沿海，海贼问题相当突出。外部——8世纪末到9世纪，由于朝鲜半岛上的新罗王朝面临频繁的饥荒以及地方势力叛乱，政局动荡不安，社会民不聊生，开始处于风雨飘摇中。在天灾人祸之下，大量新罗人抛弃故土，沦为海盗，做起了海上的"无本生意"。西日本沿海，正是首当其冲的"重灾区"。内部——濑户内海的海贼古已有之。9世纪，富豪之辈同渔民结合而成的半海贼半商业集团，在濑户内海成为主流。一方面，他们作为抗击新罗海贼的义勇军，博取朝廷的恩赏；另一方面，他们如同东国的"俘马"一般，兼营运输业和"抢劫业"，利用地方向中央进纳财物的机会，不断累着财富。待到宽平、延喜年间，国政改革逐步实施，西国海贼自然也跟东国的俘马之党一般，在重压之下呈现出"一齐蜂起"的状态。然而，西国海贼的生命力要远比东国那些俘马之党更加顽强。在镇压之下虽也会暂时沉静，但稍有风吹草动，便又会"死灰复燃"。其中最大规模的，便是承平年间的"承平南海贼"蜂起。

9世纪末10世纪初濑户内海的海贼问题难以解决，当然是有诸多原因的。但其中有一个相当主要的原因，便是"卫府舍人问题"。在当初地方上一些富豪之辈同中央贵族加强联系，谋求成为他们的家臣、从者之时，另一些富豪之辈选择的，则是谋取诸官司役人，特别是卫府舍人（近卫、兵卫）的身份。卫府舍人具有免除课役、领取"大粮米（作为酬劳支给的粮食）"，以及自由在平安京与地方之间往来的特权，又有成为下级官员的可能，同时还有只受本府管辖的好处[①]。再加上卫府舍人的任用权实际掌握在本府手中，所以只要通过行贿、甚至捐输（购买职位），就可以比较容易地获得该身份。于是，畿内、濑

注①

律令制度下，近卫、兵卫只受本府（左右近卫府、左右兵卫府）管辖，地方官府的行政权力对其一般无能为力。因此成为卫府舍人，可以在法律层面受到保护。

户内海沿岸诸国的富豪之辈中有许多人谋取了卫府舍人的身份，却继续住在老家，不承担义务，只享受权利。定员1400名的卫府舍人，当时膨胀到了5000人左右。横行无忌的西国海贼、畿内群盗中，有相当部分就是这些拥有卫府舍人身份的富豪之辈。然而好景不长，国政改革不仅（如前文所提到的）对作为富豪之辈的卫府舍人造成了很大负面影响，同时也对作为卫府舍人的富豪之辈造成了很大负面影响，那是因为——要裁员了。

　　宽平、延喜年间，在国家的礼仪、仪式层面也进行了改革。原来律令国家壮大的国家仪式，被以内里为舞台的小规模宫廷仪式所取代，所以作为律令国家仪仗主要组成部分的卫府舍人，有了大幅缩减员额的必要。同时，"近卫"

❯藤原纯友的根据地——日振岛，此为1975年拍摄的航空照片。

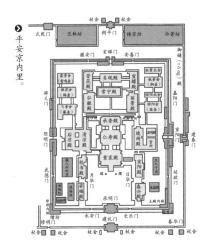

❯平安京内里。

❯平安京大内里。

宿卫内里的使命，也被新设的，归藏人所管辖的泷口武者所取代。朝廷借此机会，大量裁汰对国衙支配有严重妨碍的富豪之辈卫府舍人，于是造成了这一既得利益者群体的大规模反弹。

面对濑户内海的纷乱，朝廷几次派遣"追捕海贼使"，并在濑户内海沿岸各相关国设置类似东国押领使的"警固使"。然而，分成30余个集团的"南海贼"至少有2500余人，遍布各处。他们频频暴力袭击濑户内海过往船只和沿岸各国的国衙正仓，抢夺公私财物和不动谷，杀伤人命，阻隔交通，难以平定。直到承平六年（936年）6月，南海贼们忽然被该年三月就任伊予国警固使的前伊予掾藤原纯友说服，向官府集体投降。

藤原纯友何以能够说服海贼们投降？这至少有两方面的因素：

一方面，经过国政改革，富豪之辈卫府舍人的各项经济利益都受到了很大损失。这种情况下，负责平定南海贼的追捕南海道使、伊予守纪淑人和伊予国警固使藤原纯友，开出"将南海贼纳入田堵负名体系，分给田地让他们承包，使他们在经济上获得一定补偿"的条件，恐怕无法叫海贼们不心动。

另一方面，藤原纯友跟随赴任伊予守的藤原元名（纯友父亲良范的从兄弟）来到伊予担任国司后，就此留在伊予发展势力，同土著的富豪之辈们关系逐渐紧密，累积了较大的实力和威望[①]。因此在"说服南海贼"一事中，才能够得到南海贼们的信任，并发挥影响力。同样，作为纯友的部下兼朋友，藤原文元、藤原三辰这些伊予、赞岐、播磨、备前等南海贼（富豪之辈兼卫府舍人）出身国的田堵负名阶层，也对说服进程起到了推动作用。

可在上报朝廷之时，纪淑人却将功劳独揽于己，导致藤原纯友同其部下们并没有受到什么封赏。藤原纯友为此进行的申诉，也没有被朝廷接受。这就为几年后藤原纯友之乱的爆发埋下了祸根。再者，由于濑户内海沿岸诸国，实际上并没有完全将海贼化的富豪之辈们纳入田堵负名体系的空间（甚至多数纳入都难以实现）。于是许多海贼在藤原纯友旗下重新集聚起来，继续活动。这段时期，纯友整合了各个海贼集团，某种程度上完成了最初期的武士集团化。

注①

另有一说，认为藤原纯友出身于伊予的主要豪族越智氏，是在藤原良范早先担任伊予国司期间过继给其的养子。如果该说属实，纯友留在伊予后得以迅速发展势力，就显得更加顺理成章了。

天庆二年十二月（940年1月），纯友的部下，备前田堵、海贼头目藤原文元，播磨田堵三善文公率众袭击了摄津国须岐驿，将途经此地的备前介藤原子高、播磨介岛田惟干擒杀。这个中缘由，除了两名受领都负有镇压海贼的责任之外，或许也跟田堵负名阶层同受领之间的矛盾有关系。

惊愕的朝廷，同时却又因为平将门在关东起兵谋反、自称"新皇"，而一时难以兼顾此事。于是一边任命小野好古为追捕山阳道使，应对海贼；一边以酬奖纯友过往劳绩的名义，授予从五位下的位阶，以示怀柔。

接受位阶的纯友，却并没有接受怀柔。天庆三年（940年）一至二月，纯友方在山阳方面，频频袭击备前、备中、备后等地；在四国方面，则击破赞岐介藤原国风的部队，占领赞岐国府，并袭击阿波、淡路，从淡路国的兵器库里夺取了兵器。与此同时，畿内地区的群盗受纯友反乱行为的鼓舞，开始蠢蠢欲动。京内京外由是频频遭人纵火。东海地区尾张、骏河等国也再度闹起了"群贼"、"凶党"。

然而二月底，平将门兵败授首，平将门之乱在追讨军尚未赶到前，就被藤原秀乡、平贞盛、藤原为宪等人平定的消息传来。纯友一方的情绪普遍受到动摇，主力暂时退回了位于伊予南部的根据地日振岛。

六月，朝廷发出追捕官符，并逼迫纯友在"交出藤原文元等人、认罪降服"与"作为朝敌被讨伐"之间二选一。八月，政府军将纯友方的海贼从备前、备中、备后等山阳地区成功驱离。针对拒绝降伏的纯友势力，朝廷任命小野好古为追捕山阳南海两道凶贼使，集结兵力、收集船只，准备渡海进攻赞岐。结果却被与藤原文元、三辰等人合兵一处的纯友先发制人，备前、备后两国的兵船被烧毁100余艘。此后几个月，纯友神出鬼没地袭击了安艺、长门、周防、土佐等国，掠夺租税贡物，并烧毁了位于周防的铸钱司。官府一筹莫展。

然而次年（941年）一月，情势忽然发生了变化，纯友的部下藤原恒利向政府军投降，并作为先导引导政府军攻入了纯友控制下的赞岐。交战的结果，藤原三辰战败被捕，遭到处决，政府军夺回赞岐。紧接着二月，纯友方在伊予也遭遇了军事失败，政府军攻破纯友的根据地日振岛，纯友的队伍西逃至九州。由是，伊予国亦被朝廷收复。

纯友方的部队来到九州地区后，同一部分对朝廷心怀不满的势力合流，完成了再编。五月，在九州丰后、日向的地方势力佐伯是基、桑原生行等的支持下，于博多湾登陆，攻占大宰府。接着，把朝廷在大宰府内积累的财富抢掠一空，官厅付之一炬后，纯友方在博多湾迎击了政府军的海路部队①。在追捕山阳南海两道凶贼使主典大藏春实、伊予国警固使橘远保、降人藤原恒利的猛攻下，纯友方彻底崩溃，失去了800余艘船只，幸存者四散败走。此时，被朝廷任命为征西大将军，准备统带各地大军征讨纯友的参议、右卫门督、修理大夫兼备前守藤原忠文，还尚未出发。

坐小舟逃回伊予的纯友，于六月下旬连同儿子重太丸一起被橘远保抓获、斩首。三善文公九月中旬在播磨，藤原文元和弟弟文用十月中旬在但马，也都遭遇了同样的命运。至此，藤原纯友之乱，或者说整个"承平·天庆之乱"便告终结了。

武士的时代还有多远？

"承平·天庆之乱"在日本历史上的意义重大。

一方面，它是9世纪末10世纪初富豪之辈们同朝廷之间长期斗争，以及自身分化的阶段性结果。一部分富豪之辈，可谓幸运儿、佼佼者。他们成功地转变为田堵负名阶层、私营田领主、在厅官人、地方武者等中的一员（具有其中一种身份或者同时具有几种身份），有了在未来11、12世纪成为开发领主、在地领主等武士阶层一员的可能。另一部分富豪之辈，则在竞争中遭到淘汰。或者死于非命，或者在上位者的兼并，抑或国衙的横征暴敛之中破产，失去经济基础。

一方面，天庆之乱又是日本史上第一次大规模的武士叛乱，以及武士同侪之间的交锋。意味着最初期的武士不论作为个体，还是作为一个个小的集团，都开始登上历史舞台了。

随着反乱遭到镇压，朝廷吸取藤原纯友的教训，对有功之人厚加封赏，例如：

注①
五月下旬，政府军在九州登陆之后，分兵两路进攻。陆路由小野好古直接指挥，海路由好古的女婿大藏春实率领。

藤原秀乡以武勇闻名，留下了为龙神射杀巨大蜈蚣的传说。

新形三十六怪撰

藤原秀郷龍宮城蜈蚣拔尉工ヲ図

楠木正成。他可能是橘远保的后代，远保出身于越智氏的分家——伊予橘氏。

盡忠報國　先師公爵大山巖題

　　藤原秀乡，平将门之乱平定前为下野掾兼下野国押领使，平定后因功跃升为从四位下、下野守；

　　平贞盛，平将门之乱平定前为常陆大掾，平定后因功跃升为从五位下、右马助；

　　源经基，藤原纯友之乱平定前为从五位下、追捕山阳南海两道凶贼使次官，平定后因功升任大宰少贰（大宰府次官）；

　　大藏春实，藤原纯友之乱平定前为右卫门志、追捕山阳南海两道凶贼使主典，平定后因功跃升为从五位下、对马守、大宰大监（大宰府判官）；

　　橘远保，藤原纯友之乱平定前为远江掾兼伊予国押领使，平定后因功升任美浓介。

　　以上几人，便是诸多"承平天庆勋功者"中的一部分。他们如同"宽平延喜勋功者（藤原利仁、平高望等人）"一样，日后繁衍出了大量的武士家系。他们中的多数原先都是在京中没落了的中下级贵族。移住地方之后，经过多方经营，与土著的地方势力相结合，却一变而成功转身为同时具有私营田领主、在厅官人、最初期武士几面的"风云儿"。

在大乱中，虽然叛乱方的主角可算是最初期的武士集团，但平定叛乱的主角同样是最初期的武士集团。"武士"这一新兴群体的势力不但没有因此遭到削弱，反而在客观上进行了一场优胜劣汰。像源经基、平贞盛、藤原秀乡这样站在朝廷一边的武士集团，从此得到了更进一步的、广阔的发展空间。

随着"承平·天庆之乱"平定的过程，国衙军制不仅在东国，也在西国正式确立了。各国的押领使、警固使、追捕使，在受领的命令下对国内由田堵负名阶层、私营田领主、在厅官人等构成的"地方武者"、"国内武勇辈"进行动员，编成部队，讨伐"凶党"、"群盗"、"海贼"。拒绝接受动员，即"不参"的地方武者，则会被视为与凶党同罪。当作战胜利后，根据随追捕官符而获得的军事行动合法性[①]，朝廷与国衙会给出同功劳相应的恩赏——朝廷给与的恩赏一般是叙位、授官等；国衙给予的，则一般是讨伐对象的一部分田地等被没收的财产。

进入10世纪以后，由于朝廷评定受领政绩的主要标准，越来越集中于受领向朝廷上交租税贡物的具体情况，而不太关心受领在征税过程中所使用的手段，以及受领本人的清廉程度。因此，受领们为了自身的利益任意调节税率，强行征税，将公田私有化，甚至强行兼并私田等各种"苛政"、"暴行"，也就愈来愈普遍化、严重化了。因这些问题，私营田领主、田堵负名阶层与受领之间，产生了激烈的矛盾。他们温和的抵抗手段，就比如拒绝交税、越级上访、蓄意抛荒公田等；不温和的抵抗手段，那就是同国衙进行直接的、规模大小不一的武力冲突了。这样的武力冲突日益频繁，但抵抗通常都会在国衙军制的有效运转之下被扑灭。可是同时，国衙军制下的一国军事力量，也在渐渐脱离受领的控制。

本来每一名新任的受领，上任后为了了解自己管内武装力量服（军）役的情况，都会通过在厅官人的调查，以及"国内武勇辈"的自我申报，来进行"交名

注①

相应的，倘若这场作战最终没有得到太政官下发的追捕官符，那便会被认定为"私战"。除非指挥官愿意自己掏腰包（譬如11世纪80年代"后三年之役"结束后的源义家），否则便没有恩赏。

注进"。由此，受领便完成了对管内武装力量的大体掌握。然而，随着"官司请负制"在日本的全面推行，上下诸官司都开始由相应的主管官员承包起来了。军事上亦是如此。各国的军事事务往往被诸如"宽平延喜·承平天庆勋功者"的子孙后代所形成的，专门从事军事的家族（即军事贵族）所包揽。经过频繁的军事行动，军事贵族建立了较高的威望，同地方武者的关系愈发紧密。受领们（如果他本身不是军事贵族中的一员）渐渐发现，要是想撇开承包军事的追捕使，再想让国内军事事务正常运作，恐怕只会越来越难以做到了。

当时间进入11世纪中叶，受领们借助朝廷在11世纪中后期频繁发布的庄园整理令，以及实施"一国平均役①"等的契机，进一步在地方行政上加强了自己的权力。无力向朝廷取得"不输"、"不入②"特权的庄园主（开发领主）们，便纷纷愿意放弃一部分利益，将自己的庄园寄给中央贵族和寺院、神社，自己则成为"庄官"。当这些中央贵族和寺社自忖无法保证获得足够的特权之时，他们就会将这些庄园再次寄进给皇室、摄关家、大寺社等更有势力的上位者，以争取让庄园得到足够的特权。这种建立在连环寄进的"庄官"、"领家"、"本家"三层关系之上的庄园，即"寄进型庄园（寄进地系庄园）"，是为后期庄园的主要形式。

为了应对在寄进型庄园泛滥的情况下，朝廷收入锐减的趋势，朝廷在国衙控制的土地"公领（国衙领）"之上推行了"知行国制"——公领也被以类似"庄官"、"领家"、"本家"的"郡司·乡司·保司"、"国司"、"知行国主"三层关系所重编。一边是庄园，一边是公领，两边都试图在自己控制的领域内进行一元化的尝试。就这样，各国国内的主要矛盾，从田堵负名阶层与受领之间的斗争，转变为了庄园与公领之间的斗争。受领们为了更有效地对抗各座庄园，便将有足够军事应对能力的田堵负名阶层、私营田领主委任为肩负公领经营和维持治安任务的郡司、乡司、保司。这些拥有受领交付的各项权力

注①
　　一国平均役，这里指11、12世纪朝廷下旨以某一国为单位，不论庄园、公领，一概进行临时赋税、课役的制度。

注②
　　"不入权"是指能够拒绝国衙及其下属机构、人员，进入庄园行使征税、警察、司法等外部权力中的一项、几项或全部的一种特权。

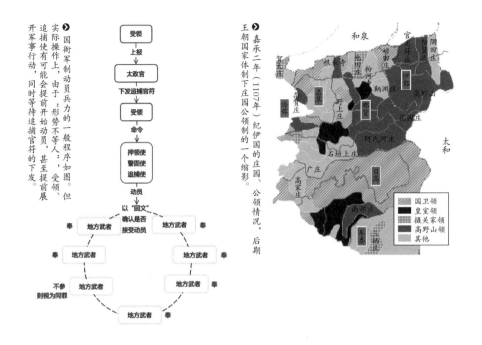

国衙军制动员兵力的一般程序如图。但实际操作上，由于：形势不等人；，受领、追捕使有可能会提前开始动员，甚至提前展开军事行动，同时等待追捕官符的下发。

嘉承二年（1107年）纪伊国的庄园、公领情况，后期王朝国家体制下庄园公领制的一个缩影。

的国内武士（地方武者），由此同成为庄官的国内武士们一起慢慢成长为在地领主。然后，通过亲缘、婚姻关系等，继续结成大大小小的武士团，在国内展开全方位的竞争。而原来承包了一国军事的追捕使，也渐渐由特定的军事贵族家系世袭，转化为一国之内多数（甚至全部）"国内武士"的领导者，即"一国栋梁"。此时，国衙军制的形式，表面上可能仍然存在，但本质已经完全改变。大大小小的武士团领袖，以及"一国栋梁"结成主从关系的国内武士，已经不再像当初的"地方武者"、"国内武勇辈"那样直接、间接听从于受领的命令，而是只在拥有追讨使、追捕使等名义的"一国栋梁"的指挥下展开军事行动了。

由此，属于武士的时代即将到来。

迷失的路口

大正陆军改革与军国主义路径

作者/萧西之水

随着1914年一战爆发，欧洲各大强国全部席卷进这场人类灾难，但相比之下，日本身处远东地区，条件得天独厚，也因此过了几个好年。

◆ 日军绘制的青岛要塞概览。

楔子：一次大战下的日本动态

随着1914年一战爆发，欧洲各大强国全部席卷进这场人类灾难，但相比之下，日本身处远东地区，条件得天独厚，也因此过了几个好年。

1914年8月15日，日本政府基于日英同盟与英国请求，要求德国将胶州湾租界地全部交还给中国，并由日本军队暂管，遭拒后在8月23日对德宣战；9月2日，日本先遣队从山东龙口登陆，紧接着9月11日第18师团2.9万人登陆；10月31日，日英联军进攻德属青岛要塞，经过数日激战，德军不到4000人的军队无法长久抵抗，日军最终于11月7日攻克青岛港。

虽然激战青岛仅仅用了8天时间，但无论武器装备还是战略战术，日本水平都大体处于在日俄战争旅顺战役的延长线上，主要战术某种意义上依旧秉承普法战争以来"两阶段决战论"，即在战役伊始将炮兵集中，形成火力压制、摧毁敌军目标，具体到本次战役中还投入了陆军飞机和海军飞机轰炸，再以炮兵掩护步兵突击。

之所以旅顺战役打了半年多（1904年8月—1905年1月）而青岛战役只用了区区数日，一大重要原因便是指挥官神尾光臣中将吸取旅顺战役的教训，不仅集结更多重炮，还顶住了来自国内的重压，用了近2个月时间做炮击准备并构筑进攻壕沟，乃至于国内媒体揶揄此战为"神尾慎重作战"。其实从消耗炮弹量来看，青岛战役日均消耗量反而要更小：青岛战役期间（66天），日军一共发

射了43019发炮弹（日均652发），总重量1601吨（日均24吨）；而旅顺战役期间（148天），日军一共发射了210511发炮弹（日均1422发），总重量4000吨左右（日均27吨）。但由于充分进行火力准备，反而收效奇佳。

与青岛战役同时进行的还有南洋诸岛作战。1914年10月，日本海军第一舰队在山屋他人中将率领下，先后占领德属新几内亚的马绍尔群岛、马里亚纳群岛（关岛除外）、加罗林群岛，由于同一时期澳大利亚海军也进攻德属新几内亚，德国远东舰队由于实力不济而被迫离开。这些岛屿也在日后托管给日本，形成"南洋诸岛"，这也成为二战时期中太平洋作战路线。

当然，更不能忘了臭名昭著的"对华二十一条要求"：1915年，日本逼迫袁世凯政府签订"二十一条"，不仅继承了德国在山东省的利权与租借地，也延长关东州、南满铁路的权益期限，使得中国东北部沿海几乎为日本独霸。这一点不仅在日后成为三次山东出兵（1928年）始源，也为日本进一步向中国东北地区扩张打下了基础。

1914—1915年数度军事与外交胜利让欧洲各国颇为眼红，他们自己在欧洲前线浴血奋战，却将远东后方完全让予日本，自然分外不满，便要求日本出兵欧洲协助战争。然而日本外务大臣加藤高明却很高明，面对英法俄三国数度邀请，日本以"日本采取全民皆兵的兵役制度，不参与与国家利益没有直接关系的远征行动"为由而拒绝，仅担负过一些护航任务。

应该说，日本一战作用完全是事不关己、高高挂起，目的自然是修养国力，靠"大战景气"发战争横财，于是大正年间第一个流行语也随之诞生：
"成金"。

所谓"成金"，是日本将棋的衍生概念。"成"有"成为"之意，"金"
指将棋"金将"，常伴在"王将"（玉将）身旁。在游戏过程中，一旦"步
兵"、"香车"、"桂马"、"银将"等棋子进入敌阵第1列-第3列，便可翻

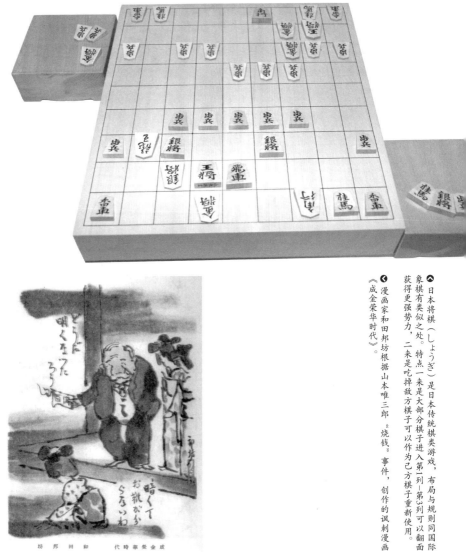

坊邦田和　代時華荣金成

◄ 漫画家和田邦坊根据山本唯三郎；烧钱；事件，创作的讽刺漫画
《成金荣华时代》。

◄ 日本将棋（しょうぎ）是日本传统棋类游戏，布局与规则同国际象棋有类似之处。特点一来是大部分棋子进入第一列-第3列可以翻面获得更强势力，二来是吃掉敌方棋子可以作为己方棋子重新使用。

面变为"成步"（と）、"成香"、"成桂"、"成银"四种棋子，并与"金将"地位相当，四种变化在民间统称"成金"。正因如此，"成金"也衍生出"暴发户"之意，2013年12月，当日本偶像明星樱井翔在综艺节目上为日本人解释中国流行语"土豪"之时，也借用"成金"一词来作说明。

一战时期，新晋富商内田信也（1880—1971年）在1914年凭借一艘破船、不到2万日元资本金起家，两年就挣出了16艘船，并占据日本国际海运市场份额的60%，1919年公司资产更是达到7000万日元；海运巨贾山下龟三郎（1867—1944年）每年净利润有2900万日元，而当时日本首相年薪也只有1万日元，他一个人相当于当了2900个首相。

最值得一提的还是山本唯三郎（1873—1927年）。据说一天晚上在饭馆吃完饭，看到艺妓找鞋子却找不到，他突然掏出一张百元大钞（当时最大面值）点火照明，艺妓惊诧不已，他却不慌不忙："别着急，这种东西要多少都有，都可以擦鼻子用！"于是又从包里掏出一张百元大钞擦鼻子，旁人看得目瞪口呆。

民间富商频出，也象征着国家经济形势走好：1914—1918年，日本官方黄金储备上升近5倍；日本靠着大量海外贸易形成贸易顺差，不仅甩去日俄战争以来11亿日元的欠债，转而获得28亿日元的债权；进出口总额上升3倍多；钢铁、开矿、商船、纺织等轻重工业都获得巨大发展。

不过，战争不能永远持续，当大战经济泡沫刚一过去，山本唯三郎的公司就土崩瓦解，他本人也活得很惨，最终于1927年（54岁）突发胃痉挛而死。同样，日本帝国也迎来了一个极为萧条的时代，首当其冲受到诘问的，就是昔日红极一时的帝国陆军。

"后一战"时代：陆军窘境，动员国家

蠢动：西伯利亚出兵之败

1917年十月革命爆发，紧接着新生苏维埃政权开始与德国谈判，然而德国条件却极为苛刻，要求割让波兰、立陶宛、拉脱维亚乃至白俄罗斯、乌克兰西部，相当于让出从波罗的海到黑海这一片陆地的控制权。1918年3月3日，《布列斯特-立陶夫斯克条约》签署，苏维埃政权割让126万平方公里土地以换取和平（一战结束后苏维埃政权毁约），一战行将结束之际，德国终于结束东线作战，转而与英法决战于西部。

但英法显然不愿意给德国这么大便宜，便开始在远东寻找盟友以限制乃至消灭苏维埃政权。这时候首先出动的却是中华民国段祺瑞政府，军舰"海容"整装待发前往海参崴"护侨"。这对日本无疑是一种刺激，因为当时日本正希望建立中日共同防卫体系，以确立自己在满洲的特权，中国先发制人，确实打了日本一个措手不及。

惊讶之余，日本急忙筹备出兵事宜。好在中国当时为第一次护法战争所绊，效率不高，日本人得以从容制订方案，最终于1918年7月宣布出兵西伯利亚，派遣陆军第3、第7、第12师团5万人组成"浦盐斯德（符拉迪沃斯托克）派遣队"出海，名义上为支援捷克斯洛伐克军团独立活动，实际上却是为防止"过激派"布尔什维克染红俄罗斯江山而前往西伯利亚土地。同时，英、美、法、意、中等协约国部队也纷纷参与进来，以日军为主力（占据总兵力80%左右）占领远东，好似"八国联军进海参崴"。

协约国最初战略是扶持白军政权（西伯利亚共和国-临时全俄罗斯政府）高尔察克，推动白军西征俄罗斯中央区，与英法军队会师莫斯科、圣彼得堡。因此日军初期战略也相对明晰，就是尽可能稳住外兴安岭到贝加尔湖一带，因而从9月5日—9月18日，日军在一连串军事行动中占领了滨海州、阿穆尔州、外贝加尔州三地主要俄国领土。

但1918年11月一战结束后，进攻俄罗斯失去大义名分。1919年4月—6月红白两军交战却又以高尔察克惨败而收场，令协约国大失所望，逐步撤走部队，最终只剩下日本一支军队固守。日军见没有大仗可打，便逐步撤回辎重武器。

这段时间，日本军队的主要麻烦出在三州敌后战场上。随着苏维埃思想不断渗透，当地居民对日本所扶傀儡政权非常不满，明里对日本军队毕恭毕敬，暗地里却支持红军游击队渗透。针对游击队势力，日军方针与后来在中国施行的差不多，就是全力清剿游击队，定期屠杀赤色乡村。1919年2月25日，在进入阿穆尔州布拉戈维申斯克郊外的伊瓦诺夫卡村清剿游击队过程中，日本第12师团第72连队第3大队长田中胜辅与全大队全部战死沙场；3月22日，为了报复，日军将近400名村民、无论男女老幼全部杀死。

大规模屠杀不仅败坏军纪，也降低了日军风评，更促使红军游击队进一步反扑。1920年3—5月，在当地中国军舰与中国侨民倒戈配合下，苏联游击队占领日军驻守尼古拉耶夫斯克。日军第14师团步兵第2连队第3大队200余人认为红军严重侮辱了他们，便掀起反攻，却激起更大规模的屠戮，最终有731名日本军民被杀死，日本领事全家不幸遇难，是为"尼港事件"。这起事件之后，日本找到了借口进军萨哈林岛北部，但长州阀陆军大臣田中义一却被迫辞职。

一连串事件暴露出很多问题：一战结束之后，日军在当地缺乏统一指挥与领导，对当地实际情况也缺乏了解与对策，情报收集基本上是出兵以后才逐步展开。日军不仅没有意识到总体战时代来临，也对游击队这种新战斗形式缺乏了解。军队管理体系与后勤补给体系、军队动员体系颇显陈旧，广受诟病。

随着俄国内战走向终结，协约国也不得不承认苏联这个新兴共产主义国家

⚫ 俄国十月革命。1917年11月7日，俄国经历二月革命之后的又一场变革，由列宁、托洛茨基领导布尔什维克党人推翻俄国临时政府，占领圣彼得堡冬宫，建立苏维埃政权。经历1917—1922年内战之后，苏维埃政权击败白军，统一俄罗斯并建立苏联。

❯ 尼港事件之后日本领事馆成为废墟。

出现，日军在远东赖着不走更是让美国颇为不满，怀疑日本是否要借机独霸满洲。于是1922年10月，日军灰溜溜地从西伯利亚回来，这张"西伯利出兵"试卷上写着投入4.5亿日元巨款、死去士兵3000余人，却什么也没得到，自然受到日本国内各方势力痛斥。

这些日本军人不知道，就在他们苦熬俄罗斯严寒之时，另一拨人也在为日本陆军思考出路：1921年10月27日，在德国南部度假胜地巴登巴登，3个日本陆军士官学校第16期同年友人聚在一起。他们就是驻瑞士武官永田铁山、驻俄罗斯武官小畑敏四郎、参谋本部外派部员冈村宁次，后来并称"陆军三羽乌"。

以这三个人所结"巴登巴登密约"为开始，日本逐步走向军国主义。不过，他们最初的目的，却是要帮助陆军重新崛起。

平衡崩溃：原敬与山县有朋之死

进入大正时代，日本陆军所见所闻大体都是噩耗。

1913年2月，长州阀陆军军人首相桂太郎（1848—1913年）因数万民众围攻国会议事堂、反对藩阀独裁而被迫辞职（大正政变）；1914年7月，好不容易盼到海军军人、萨摩阀首相山本权兵卫（1852—1933年）因海军丑闻"西门子事件"而辞职，长州阀陆军军人清浦奎吾（1850—1942年）也获敕命接替首相，却又与海军军人加藤友三郎产生矛盾，最终叹息道"我好似站在大和田（鳗鱼饭馆）门口，只闻其香，不见其物"，也因而遭揶揄为"鳗香内阁"。

1918年7月，因米价持续暴涨，全国纷纷掀起"米骚动"：8月10日，名古屋出现2万人大型集会，要求米店降价售米；8月11日，大阪、神户闹起来；8月13日，东京爆发大规模游行。暴乱遍布日本1道3府37县369个地区，先后数百万人参与，日本官方出动10余万军队镇压。"米骚动"告一段落，使得又一名长州阀陆军首相寺内正毅（1852—1919年）被迫辞职，首相之位交给众议院最大党总裁原敬。

原敬享誉"平民宰相"之称，他不仅是日本历史上第一个非华族首相，也在就职演说中首次以"私"（我）代替"本大臣"、"本官"以自称，原内阁更是日本历史上第一个真正意义上得以持续的政党内阁，标志着日本最终打破藩阀统治、建立政党政治；他软化对外政策，倡导国际协作，加入西方"凡尔赛–华盛顿体系"之中——虽然这是历史学家定论，但原敬政策也存在一定两面性。

具体政策方面，原敬内阁并没有立刻开放普通选举制度，反而根据实际，适当将选举资格限制标准从一年内缴纳直接国税10日元降低到3日元（20世纪的第二个十年日本普通家庭月收入在10～15日元左右），以防民粹主义过度影响国家政策；同时鉴于西方国家军备竞赛之激烈，原敬内阁还特地确立了"国防"政策，给陆海两军新增预算，1921年日本陆海军费总预算达到了空前的15.8亿日元，是1917年军费预算的两倍还多。他本人与长州阀大佬山县有朋关系密切，乃至于原敬去世以后，山县有朋突发急病，辗转难眠，高烧中还念道："原敬是个伟大的人，这么伟大的人死了，日本可承受不了。"

应该说，后一战时代，山县有朋与原敬这两个新旧时代标志性人物能够互

❯米骚动（1918年）。由于一战带来米价高涨，1918年7月23日，日本富山县下新川郡鱼津町46名渔妇集体请求米店低价售米，遭到警察驱散。以这一行动为始，日本全国爆发大规模骚动。图为米骚动中遭到摧毁的神户铃木商店。

❯原敬（はら・たかし，1856—1921年）。日本政治家，记者。出身陆奥国岩手郡，曾担任大阪每日新闻社社长，后转型政治家，加入立宪政友会，历任递信大臣、众议院议长、内务大臣等职位，并于1918年9月就任首相，后于1921年11月遇刺身亡。

❯山县有朋（やまがた・ありとも，1838—1922年）。长州藩出身。青年时期尚武，参加著名的"奇兵队"，并在后期统领该组织，为倒幕运动立下汗马功劳。明治维新后主要负责军队建设，享誉"国军之父"，在军政两界长期拥有极高威望。政治思想偏于保守，长期被批评者指责为日本军国主义的"始作俑者"。

相认同，对于日本从寡头政治走向政党政治意义重大。如果"山县–原"交接时期能再持续三五年，想必日本政治就能形成平稳过渡、修补明治时代制度漏洞，军部势力也不会如同后来那样野蛮生长。

但既然说了"如果"，自然是有一个重大事件发生，使得平衡崩溃：1921年"宫中某重大事件"。

"宫中某重大事件"是一种隐晦说法，暗指皇太子裕仁（后来的昭和天皇）婚姻问题：1920年太子妃候选本已确定是久迩宫良子女王（后来的香淳皇

原敬暗杀事件。1921年11月4日，铁道省山手线大塚站职员中冈良一（1903—1980年）在东京站乘车口（现在九之内南口）暗杀首相原敬。检察院虽然请求死刑，但中冈良一却最终被判无期徒刑，后于1934年获特赦。由于中冈良一后前往哈尔滨南岗第十军管区司令部就职，也有人认为该事件与军部阴谋有关。

后），但由于体检中测出太子妃哥哥患有弱视，山县有朋等元老便请求皇太子重新讨论选妃问题。然而问题在于，女王外祖父是原萨摩藩藩主、公爵岛津久光，世间普遍认为这是山县有朋这位长州阀大佬公报私仇，意图阻止萨摩岛津家血统进入皇室，因而在民间形成强烈反对浪潮。最终在1921年2月10日，皇室发表声明"御婚约并无变更"；这一声明促使山县有朋请辞元老职位，虽然还是得到挽留，但长州阀势力再不如前。

从细节来看，"萨长斗争说"不一定成立：首先，萨摩阀元老松方正义也与山县有朋站在同一阵营，而且后来受命调查此事的宫内大臣牧野伸显（萨摩阀祖师大久保利通次子）也不认为与派系争斗有关。事实上，退婚事件根源，是元老西园寺公望以优生学来游说山县有朋，建议元老层一起提出意见悔婚。而退婚遭到否定，则与当时皇室大家长、裕仁生母贞明皇后有关。

同一时期，元老与宫内省建议裕仁前往欧洲访问旅行，借以增长见闻，培养未来天皇与各国高层关系。但由于大正天皇病情较重，出国又不乏风险，贞明皇后并不同意。为了达成所愿，山县有朋、松方正义以明治天皇所言"后宫不得与政"逼迫贞明皇后同意，招致不满。事实上从分析来看，由于贞明皇后本人是公卿九条家庶女，久迩宫良子女王却出身皇族，多少有些嫉妒成分，言行也多有苛

❯贞明皇后（ていめいこうごう，1884—1951年），原名九条节子（くじょう・さだこ），大正天皇皇后，共生育皇子四人（昭和天皇裕仁、秩父宫雍仁、高松宫宣仁、三笠宫崇仁）。由于大正天皇久病卧床，贞明皇后一度主持皇室事务，对香淳皇后较为严格。

刻。但元老阶层却并没有利用好这一点，反而因为强迫贞明皇后接受皇太子旅欧而让现任皇后更为不满。"宫中某重大事件"中，贞明皇后为了报复元老，最终认可不同意婚约变更。无论元老实权多大，名义上依然是臣子，民间舆论又对藩阀势力广为厌恶，因而导致山县有朋失去了高层政治影响力。

无论原因如何，"宫中某重大事件"与裕仁皇太子访欧这两个重叠事件里，元老山县有朋不仅受到皇族疏远，也为民间右翼所恨。与此同时，政治同盟原敬并未在两起事件中明确支持皇族，也受到舆论批判。1921年11月4日，原敬遇刺；1922年2月1日，山县有朋病死。日本高层政治失去了一次平稳过渡的良机。

山县有朋与长州阀失去了往日光辉，拉低了陆军整体政治影响力，原敬内阁又顷刻倒塌，继任首相高桥是清难以平衡人际关系，被迫将位置先后让给加藤友三郎、山本权兵卫两位海军军人，这就让陆军被迫寻找一条保障自身利益之路。反映到具体思路上，便如"陆军三羽乌"在"巴登巴登密约"中所言：寻求人事重组与军备改良。

恰在此时，一战军备战术的飞速变化也让陆军不安。

一战中进军的德国军队（1914年）。

外部冲击：一战军备与思想变化

"陆军三羽乌"等陆军少壮派之所以崛起，一方面是有感于长州阀衰落导致陆军话语权降低，另一方面也确实受到第一次世界大战军事变革，尤其是陆军技术装备与作战理念变化的强烈冲击。

很长一段时间里，英日两国都将一战称作"欧洲大战"（European War），因为从战争涉及面而言，一战主要战场大体限于拿破仑战争故地，乃至于温斯顿·丘吉尔（1874—1954年）一直认为七年战争（1754—1763年）才是真正的"第一次世界大战"，而认为这场"一战"只是"大战"（The Great War）。但无论丘吉尔如何认为，仅就陆军兵器乃至陆军战略战术而言，一战却为后世带来了重大影响。

从兵器变化到战术战略变化，大体都需要一个过渡期，人们认识到新武器威力、优势与破解之法，才能形成新战术乃至新战略。1861年加特林机枪得以发明，虽然仍需要一个人来旋转枪管，但已经能够在美国南北战争乃至美西战争中起到作用，阻止一直颇为奏效的兵团冲锋战术。1883年马克沁机枪出现，子弹发射与填装连为一体，自动机枪使得日本军队在日俄战争（1904—1905

年）中深受沙俄军队阻击，被迫挖起进攻战壕（正攻法），而为防止对手迂回包抄，日俄两军都不停延长战壕长度，乃至在奉天会战（1905年2—3月）期间形成了上百公里的宽正面战壕。这种战术全面为一战所继承，各个战壕首尾相连、触舻相接，形成完整堑壕，作战双方创造了马恩河（1914年9—12月）、凡尔登（1916年2月—12月）、索姆河（1916年7—11月）等一个又一个"磨盘"与"绞肉机"。

也正是索姆河战役中，英国人推出59辆"陆上战舰"用以跨越壕沟，即MK1型坦克。虽然实际作战中，59辆坦克坏的坏、没跟上的没跟上，只有9辆坦克突破成功，然而其中却有7辆完全未受抵抗，只有1辆遭到摧毁，德军前线士兵慌忙开枪射击却全不奏效。MK1型坦克分为"雄性"与"雌性"两种，分别执行突进任务与掩护步兵任务，也分别为主战坦克与步兵装甲车的始祖。一战末期，英法美军拥有3300辆坦克，德军也拥有1000辆之数。快速装甲部队出现促使后世陆军战术逐步脱离机械的堑壕战、阵地战，朝着机动化、快速化方向发展。

当然更不能忘记飞机。1914年11月25日，英国轰炸机布里斯托T.B.8（Bristol T.B.8）轰炸德国军队在比利时·米德尔凯尔克（Middelkerte）的炮台，宣告飞机正式介入陆战。虽然开战前轰炸机只能携带少量炸弹，但到了战争末期，以法国宝玑14型（Breguet 14）、英国艾尔科DH4（Airco DH.4）、德国信天翁D.Ⅲ（Albatros D.Ⅲ）为代表的战略轰炸机相继现身，不仅飞机续航能力增强，沙俄伊利亚·穆罗梅茨（Sikorsky Ilya Muromets）E型轰炸机更是可以执行定向轰炸任务，这就为日后陆空联合作战打下了基础，也为战略决策者提供了更多快速作战的可能性。应该说，二战"闪电战"（Blitzkrieg）这一崭新战争理论正是建立于一战多种新技术的综合思考之上。

为了加强远洋作战半径，20世纪海军最重要发明之一——航空母舰也横空出世。早在前述1914年10月的青岛战役中，日军利用水上机母舰"若宫"对青岛要塞进行过小规模空袭。欧洲战场上，英国曾大规模改装低吨位商船以为母舰，进而在1917年6月将原轻巡洋舰"暴怒"（HMS Furious）改装以飞行甲板，形成航母雏形。紧接着1917年12月，世界第一艘拥有全通甲板的"百眼巨人"航母下水。航母的出现不仅刺激了日本海军重视飞机制造，让日本在1919年开始设计建造"凤翔"航母，更使得日本陆军受到强烈冲击，不得不加强对飞机的重视度。

坦克与飞机、航母同时发展，不仅提升了战略、战术的复杂性，也促使军

❮ Mk1型"雌性"坦克。长9.9米,宽4.63米,重27吨,乘员8人。装甲厚6～12毫米,主兵装维克斯303(7.7毫米口径)水冷式重机关枪4挺。速度5.95公里/小时,单次行动距离23.6英里。

❯ 伊利亚·穆罗梅茨E型轰炸机。伊里亚·穆罗梅茨轰炸机1917年改良版,有多块玻璃镶成的大型蛋形机头驾驶室。装备4台270(一说220)马力的"雷诺"发动机,时速可达137千米,总重7000千克,升限4000米,续航时间5小时,带7挺机枪和800千克炸弹,乘员7人,航程540千米。

队更多仰仗机械而非人力作战。相比纯粹比拼人力,军队更需要具备技术的人力,这就需要更强的教育与动员能力。而为了保障各种机械的后勤补给,又需要国家建立一套完整的军事制度与军工产业作为支撑。如此一来,战争便不再单纯是指挥官或参谋集团斗智斗勇之场,更是国家机器之间的对决。

针对这一总体变化,一战东线名将、纳粹党初期军事理论家鲁登道夫便以德语"Der Totale Krieg(总体战)"来总结这一新趋势:"总体战不单单是军队

◆ 航空母舰"凤翔"（服役期：1922—1945年）。世界上第一艘以航母作用设计而最终竣工的航母。长168米，宽18米，满载排水量10600吨，最高航速度25节，最大续航距离一万海里，乘员550人。曾参与1942年中途岛海战，最终于1947年解体。

的事，而直接涉及参战国每个人的生活和精神"，想要赢得战争胜利，必须投入民族的全体力量，"因为总体战的目标乃是整个民族。"

那对于这一变化，日本人又作何见？

改革初尝试

早在1914年9月，也就是一战爆发之后仅仅2个月，日本陆军就设立临时军事调查委员会，以陆军少将菅野尚一为委员长，在陆军省、参谋本部及其他重要机关乃至学校增设41名干部（后增至46名），从作战方式、编成装备、后勤补给、人员马政、卫生医疗、战时产业等各方面详细考察欧洲各国军事变化。从1916年开始，临时军事调查委员以每月撰写一次报告，进而形成《参战各国陆军相关资料》年报。

经过数年调查，临时军事调查委员形成两点认识：第一，一战以后的战争必定要仰仗国民动员与工业动员，保障人力物力双方面需求，当时称作"国家总动员"，其意义便是国家总体战体制；第二，随着坦克、毒气等新式武器出现，机关枪、飞机等旧武器进一步改良，兵器进化会异常迅猛，进一步影响国际战略格局。

1917年版《参战各国陆军相关资料》记载："对于维持、扩张、发展产业能力而言，军备紧要而不可缺少"，"对于维持、培养、扩大军备、特别是战争能力而言，产业能力也是直接要件"，"产业能力对军备是极为有影响力的一大要素"。反观当时的日本，虽然一战时期"大战景气"让日本经济取得巨大飞跃，但"眼下帝国工业能力所能养育战时兵力刚过应有之半"，兵器创新与改良更是缺乏一战那样"学术与实践紧密结合"的机会。

从近代建军之初，日本就确立了"兵器独立"原则，1876年在陆军省内建立炮兵会议，1883年建立工兵会议，根据不同专业分工开发各类武器，进而在1903年合并为陆军技术审查部，负责"研究调查炮兵、工兵技术、兵器、材料等相关事项，向陆军大臣申报意见并充当咨询职能"。"研究"二字很有意思：一方面确实是指研究国外军备发展与军事技术，另一方面也是要"审查"国内外武器是否达到陆军要求，因而技术审查部同时具备设计制造与质量审查两方面职能，是一个混搭部门。

一战结束后，为了加强专业化分工，陆军省拆分技术审查部：武器设计业务交予炮兵工厂；武器审查职能为新设陆军技术本部所承继；军政方面审议咨询职能独立为陆军技术会议；陆军火药研究所改组为陆军科学研究所，下设"以物理事宜为主"的第一课与"以化学事宜为主"的第二课，直接隶属于陆军技术本部管理。这样一来，日本军备开发与审查体系就以陆军技术会议为最高统辖机构，以陆军技术本部和科学研究所为研究调查机构，再以炮兵工厂为设计生产部门，这套分工系统也基本延续到二战结束。

以这套组织为班底，陆军省在1920年7月制订《陆军技术本部兵器研究方针》，强调"开发运动战及阵地战所有必要兵器，特别是开发运动战所需兵器"，"根据军事技术进步趋势，在依靠人力畜力作为兵器操纵搬运的原动力时，也要着眼于广泛采用器械性原动力"，明显体现了一战中后期世界潮流对机械力量的重视。但在假想战场中国东北地区，由于日俄战争时期的恶劣交通给日本人留下深刻印象，因而此处还是要求以人马为动力。

确立方针政策的同时，日本陆军也在有条不紊地增加武器研究经费：1918年日本军费名目中增加"特种兵器制造与试验费"一项用以开发新式武器，当年就设立了30万日元左右的预算（陆军总预算约2000万日元），1919年预算更是猛增至80万日元。1921年以后，陆军技术本部以外还新设"无线电信通信费"、"自动车（坦克）研究费"、"毒瓦斯研究费"等名目。

靠着这些预算支撑，日本陆军在战后一段时间内大规模引入国外坦克、

❸ 雷诺FT-17轻型坦克。一战期间法国生产的轻型坦克，炮塔可旋转。战斗全重7吨，最大速度10公里/小时，乘员2人，装备8毫米Model1914机枪1挺，弹药4800发，装甲厚6～22毫米。以其轻便小巧广为美国、苏联、日本、中国奉系军阀等军队所青睐。

❹ NiD 29战斗机。纽波特-德奇公司为法国空军生产的单座复叶战斗机，1918年8月12日首飞成功，日本共生产甲式四型战斗机608架。

飞机加以研究。坦克方面，日本先后引入十几辆雷诺FT-17，甚至还买了英国MK.IV "雌型" 坦克1辆与A型惠比特中型坦克数辆，相当于把协约国比较先进的坦克都拿到手，这也成为日本独立研究坦克的开始。飞机方面，日本在1909年创办 "临时军用气球研究会" ，并在1911年制造 "会式一号机" ，正式开始进入飞行领域，之后大举引进"毛里斯–法尔芒7"（MF7）、"毛里斯–法尔芒11"（MF11）并加以改造，甚至在1919年取得了法国"纽波特–德奇29"NiD29战斗机生产执照，并改名为"甲式四型战斗机"为日本所用。

这些改革与引进虽然零碎松散，难得章法，却体现了一战战略战术思想的影响，为后来的山梨裁军与宇垣裁军打下坚实的基础。更重要的是，这一时期新设各种机构，增加各种预算，就给了不少新人以出头之日。"陆军三羽乌"之首永田铁山，正是从1917年起开始担任陆军临时军事调查委员，1920年5月，他以这段工作经历为基础，杂以欧洲大陆流行的崭新军事思想，制作了一份著名的报告《国家总动员的相关意见》："所谓国家总动员，是指无论是一时还是永久，要将国家权力内所把握的一切资源、机能用于执行战争，并以统制分配来使其达到最有效利用。"

永田铁山将国家总动员分为国民、产业、交通、财政、精神五方面动员，

❯ 永田铁山（ながた・てつざん，1884—1935年），出身长野县，陆军士官学校第16期毕业，陆军大学校第23期毕业，1920年担任驻瑞士武官，陆军少壮派中的佼佼者，推崇国家总动员体制，后来成为统制派领袖，最终被皇道派成员相泽三郎刺杀。享誉：永田之前从无永田，永田之后再无永田。最终军阶为陆军中将（追授）。

并要求在中央设立一个专门机构来执行动员职能，将国家各种资源调查与保护、国家总动员计划编制与各中央省厅业务分配、国防科学研究等各项事宜统辖管理。这份报告对日本后世影响极为深远，不仅是"统制"一词得以蔓延开来，国家总动员的意识更是获得军部普遍认可；至于国家总动员的专门机构，在日后也的的确确得到成立，只不过名称不是永田铁山所设想的"国务院"，而是大名鼎鼎的"企画院"。

"凡华"秩序：无重点、难成功

军性本恶：日本舆论的军制改革论

大正民主浪潮之中，最活跃者当属吉野作造。1916年，吉野作造在大正民主最大阵地——《中央公论》发表《解读宪政本意、论宪政有始有终之路》，针对英语"Democracy"提出了两种解释方法：一种是国家主权法理上归于人民（民主）；另一种是国家主权活动的基本目标在政治上归于人民（民本）。在君主国日本，为了避讳"民主"，防止日本政府弹压，吉野作造采取折中办法，采取"Democracy"为"民本"一说，实质上还是民主主义。

既然是宣传民主，那么日本军部独立于政府这一特征就自然受到关注。《大日本帝国宪法》第11条规定"天皇统率陆海军"，第12条规定"天皇规定陆海军之编制及常备兵额"。明治藩阀为了能更好地控制军权，便将军事项目分为军令与军政两部分：其中军令分别由参谋本部（陆军）与海军军令部（海军，1932年改为军令部）执掌；军政则分别由内阁的陆军省、海军省执掌。

1900年，藩阀更是出台了"军部大臣现役武官制"，要求四大部门一把手必须由现役大将或中将来担任，这就将任命权牢牢掌握在藩阀手中；同时军部掌握"帷幄上奏权"，可以越过内阁，直接向天皇汇报事宜。一旦军部与内阁关系不和，便可指使陆海军大臣辞职，同时不派出继任者，逼迫内阁总辞职，1912年第2次西园寺公望内阁便是因陆军大臣上原勇作辞职而被迫解散。

1913年第1次山本权兵卫内阁期间，"军部大臣现役武官制"降格为"军部大臣武官制"，这就意味着无论现役还是非现役，乃至退役将领均可出任军部大臣，这无疑是给军部一记重击。但民间人士还觉得不够，因为军部独立于内阁这一本质依然没有变化，他们不仅要求废除帷幄上奏权，还要求军部大臣必须由"文官"担任，不能让军人形成独立于内阁、政府之外的第三方势力。

不过在陆军看来，民间人士只能打打嘴仗，而1922年2月华盛顿九国条约的签署，却给他们带来了更大影响。华盛顿条约规定世界各大国主力舰吨位，日本为英美两国吨位的60%，虽然仍高过法国、意大利（均为35%），但并没有达到海军激进派的心理预期（70%）。其实在条约签署之前，海军围绕"对美七成"还是"对美六成"的问题曾经大吵一架，最终以开明派海军军人加藤友三郎"国防并非军人占有物"一句话为终结，压倒激进派，强行签署条约。

海军主动削减吨位，恰好迎合了大正民主浪潮，也提高了海军舆论形象。此长彼消，拥有21个师团编制的陆军更成了批判对象：1922年3月号《中央公

吉野作造（よしの・さくぞう，1878—1933年），原名吉野作藏，弟弟是商工官僚、政治家吉野信次。出身宫城县，1900年进入东京帝国大学法科大学，后就读政治学科，最终在工科大学就任讲师。在杂志广泛发表文章宣传西式民主主义，是大正民主浪潮的一大弄潮儿。

上原勇作（うえはら・ゆうさく，1856—1933年），出身日向国都城，家系为萨摩岛津分家重臣龙冈家，后成为陆军士官学校旧3期毕业，1881年留学法国，1885年回国之后为工兵近代化做了很大贡献，后迎娶萨摩阀陆军军人野津道贯之女，逐步成为萨摩阀大佬。最终军阶为陆军大将。

加藤友三郎（かとう・ともさぶろう，1861—1923年），出身安艺广岛藩。海军兵学校第7期毕业，1888年成为海大甲号学生。1894年甲午战争黄海海战中担任巡洋舰"吉野"炮术长，1905年日俄战争日本海海战中担任联合舰队兼第一舰队参谋长。担任海军大臣期间代表日本签署华盛顿条约，后就任首相。最终军阶为海军大将。

论》里一下子发表了两篇文章，一篇是水野广德《陆军军备缩小之可否与其难关》，一篇是三宅雪岭《陆军的缩小与军事思想的改善》，两篇文章形成了一个特辑"陆军军备缩小论"。

顾名思义，这两篇文章，主旨都在于强调陆军也要跟上海军步伐，积极寻求国际妥协，避免英美等国将日本当作敌人。

其中水野广德认为：一年多以来，各党派虽然都有各自利益，却都同时提出陆军裁军方案，多少也能看出些舆论趋势；沙俄帝国崩溃以后，这个昔日陆军第一假想敌失去大战之力，现时又不对中国采取积极政策，只要留下国内与殖民地地区军备，倒不如将其他军费用于经济改革；比起武器开发、军人待遇、军队整编等事务，还是涵养民力、振兴产业进而寻求国民生活安定更为必要；只要这样，常备兵力便可在日常训练中得以精锐化，到了国家需要之时，更可以借助军事体制临时动员大量兵力。

紧接着，水野广德更是放出一句惊世谠言：确立国策乃是前提，如果没有国策，军事力量本性会寻求自我无限增殖。"若不改善这一制度，无论国民多么大声呼喊陆军裁军，他们军阀依然可以坚守在帷幄上奏权这座城堡中，靠着大臣辅佐这一官制为武器，继续忽视国民希望。"

"军性本恶"，在总体战时代，如果将国策制定交给军事部门，那么军事力量自然会以无限扩张自身实力为主要目标，为了满足欲壑增长，自然要不停扩张，不停地以各种借口发动侵略、攫取资源，直至灭亡为止。水野广德这段话虽然在1922年就已经提出，但之后日本却真的走上这条邪路，一步步用实际行动验证了这段话如何正确。

军部反应：危机意识

伴随着民间批判军部声音的高涨，政党也早就忍耐不下去了，他们借助西伯利亚出兵逐步结束之机，大力批判陆军。第45届帝国议会（1921年12月—1922年3月）之中，一直以来不算太激进的议会最大两党立宪友会、宪政会议员也相继展开批判，几方人士"你方唱罢我登场"，乃至于这一届议会得了一个"军部批判议会"的诨名：1月28日，政友会的尾崎行雄与岛田三郎提出《陆海军军备及特例的相关问题主意书》，提出导入军部大臣文官制、废止军部帷幄上奏权；

2月1日，宪政会的野村嘉六提出相似建议；2月7日，政友会整体提出《陆军裁军案》；3月6日立宪国民党的西村丹治郎与植原悦二郎提出《陆海军大臣任用官制改正的相关建议案》。从议会构成来看（1920年第14届众议院亿元总选举），政友会（278席）、宪政会（110席）、国民党（29席）三大党派一共占据了89.9%的议席，某种意义上说，陆军是在面对整个议会乃至国家的压力。

或许现在中国人很难想象，那个时代日本民众运动有多么高涨。1922年头两个月，日本全国爆发了数十场大型普选集会，2月23日，东京警视厅协同宪兵出动1200人把守国会议事堂一带，阻止集会游行。第二年同一天，10万名普选支持者聚集东京，连日展开游行，仅在东京芝公园举行的国民大会，就有15000人冒雪参加。应该说，这段时间里虽然陆军也受到很多批评，但民众更主要的诉求却是废除限制选举、推动普选。不过如果陆军真的一点行动都没有，那下一步民众运动的矛头恐怕就会直接对准他们。

也很明显，日本时人批判陆军，名义上虽然是要求裁军，实际上却是要求取消陆军特权，乃至于将军政、军令统一交给内阁指挥，增强政党政治力量。

从终极意义上说，一战以后面对军事问题，政党与军部都是剑指"总体战"这一概念。只不过军部要求自己掌控产业经济，而政党却认为，军部这种奇怪生物应该予以规制整合，打破军部"独立王国"，站在更高角度将军事部门专业化，由政党统制军事，进而建立满足总体战需求的军事制度，而不是由军事部门控制政党。

军部人士早就有所意识。但与其他国家机关有所不同，军队天性就要讲究纪律与组织性，强调下级对上级命令绝对服从。具体到当时日本国情，很多军人认为，一旦军部与国家其他机关同等对待，乃至于政党出身的文官可以担任军部大臣，那么军队就不再是国家、也不再是天皇军队，而很容易成为某一政党操纵国家的工具。所谓"民主主义乃是军队组织最有力的溶剂"，正是基于这一思路而生。

军人不断发表文章，论述军部大臣现役武官制有何根据，同时主张天皇统帅权神圣不可侵犯、文官不适合做军部大臣等。恰好与此同时，政党为了提高自身声望，借助批判军部这一契机互相攻讦、互相拆台，政策上也是乱七八糟，不可取信者多。两者便在某种意义上达成妥协：裁军即可，是否撤销军部权力，再议。

为了显示诚意，陆军步兵中尉中尾龙夫早在1921年就出版《军备限制与陆军改造》一书，一方面强调陆军应该裁军，一方面也主张应该维持1.85亿日元的陆军"常规维持费"。至于军队改革方面，他认为每年可以通过缩减服役年份（2年减至1年4个月）节约2464万日元；可以通过废除全国42个旅团司令部节省520万日元；可以通过废除全部骑兵旅团而节约350万日元；最终每年可以有3334万日元来组建发展航空部队。

3月25日，第45届帝国议会临近尾声时，《陆军军备裁撤建议案》获得通过。这份政府案主要采纳了政友会与国民党两方面意见，主要要求是：陆军军人服役期从2年缩短至1年4个月，通过重新整理统一各种机构减少4000万日元经费。

有趣的是，1922年第一次山梨裁军中，真的节省下3540万日元，但很可惜，山梨半造却搞出了一个不伦不类的军事改革。

宇垣思潮：针对山梨裁军

1922年7月4日，陆军大臣山梨半造发布《陆军军备裁撤案》。

按照日本政界传统，一般第一份提案都要供人否决，这份裁军方案也不能幸免，同时受到军部与舆论界双方批判。又经1个月酝酿，《大正十一年陆军军备整理要纲》在8月10日粉墨登场，以"将常备兵力整理至最小限度，同时整备新式兵器材料，补足国军威力"为方针，总计裁撤5.9万军人（将校2200余人、下士官以下5.7万人）与1.3万头军马，兵力约合5个师团。

具体来说，首先是将每个步兵联队与骑兵联队各自减少一个中队（步兵联队从4个中队减至3个，骑兵联队从5个中队减至4个），增设机关枪队；第二是废止野炮兵联队6个、山炮兵联队1个、重炮兵大队1个，新设野战重炮兵旅团司令部2个、野战重炮兵联队2个、骑炮兵大队1个、飞行大队2个；第三是改编山炮兵联队2个、独立山炮兵联队2个、飞行大队6个、电信联队2个。

紧接着1923年3月，山梨半造又发布《大正十二年陆军军备整理要纲》，裁撤铁道材料厂、两个军乐队、两个台湾步兵大队、仙台陆军幼年学校，然后新设父岛要塞司令部与奄美大岛要塞司令部。

两次裁军不可谓不轰轰烈烈，山梨半造也尽心竭力，但批评之声却是不绝于耳。虽然他砍掉了近6万人，但21个师团建制本身并未动摇。

对维持师团数量这一件事，1923年1月第46届帝国议会（1922年12月27日—1923年3月26日）贵族院汇报中，山梨半造这样解释："战事一开始便需要尽早尽快进入战时状态，并将编成部队形成坚固的团结力量，如果平时没有准备便不可能做到。因而一旦减少常备师团数量，结果必定会在战时大规模新编军队，进而对实施动员造成巨大困难。"

但外界媒体却认为，山梨半造这招棋乃是左右逢源，他既要完成国会指标，又希望保留师团建制与文化传统，这显然是为了日后重新扩军做准备，缺乏裁军诚意。

与此同时，陆军内部也传来了反对声音，这就是"陆军三长官"之陆军教育总监部本部长宇垣一成：

虽然裁军案反复讨论，所谓整理案也充斥着当局诡辩之色，但好歹也从（1922年）7月中旬之后也有点眉目；只不过我实在不知道，大战经验到底加在了哪里？……让外部压力指指点点，让步之后又是让步，改变之后又是改变，好像生了一个畸形儿。减少了军人五万数千，军马一万头，但弥补的却只是轻机枪中队六个，实在是岂有此理。

宇垣一成指出了山梨裁军一个重要问题：没有一个确定目标，因而所有目

❷宇垣一成（うがき・かずしげ，1868—1956年），出身冈山县，陆军士官学校第一期毕业，陆军大学校第14期毕业，获得恩赏军刀。1902—1904年留学德国，归国后因反对山本权兵卫内阁而遭贬谪，之后受到长州阀青睐，提拔为陆军次官主持裁军。与1931年未能组阁成功，促成第一次近卫文麿内阁成立。战后一度受到公职流放，流放接触以后于1953年高票当选参议员，却因选举活动而累垮身体，殉职参议员任上。最终军阶为陆军大将。1937年因人际关系不佳未能组阁成功，促成三月事件；深有关联。

标都要受到外力影响。国会要求裁军，那就裁掉6万人、1万匹马；高级军官不好惹，就保留原有部队建制；部队人数下降导致作战力不足，就弥补机关枪之类的常规武器——这的确是一种官僚应急之策，却难说是一种正确态度。

很明显，宇垣一成本身并不反对裁军，他也认为裁军能够为陆军带来新生。然而他认为，山梨裁军过度重视裁撤本身，完全没有考虑到陆军以后应该发展的方向。1923年8月，宇垣一成起草一份《陆军改革私案》，将在1916年以后各种军制改革构想全部加入，形成了军队不仅要能打"短期战"、"军队战"、"战场作战"，更要能打"长期战"、"举国战"、"经济战争"，进而形成有效的国家总动员体制。

虽然宇垣一成（冈山县出身）与田中义一等长州阀军人站在一途，但在思考未来战争之时，他的思路却也与永田铁山等陆军少壮派有着异曲同工之妙。陆军无论派系，都在广泛学习西方一战军事变化带来的新机遇，将其经验一点一滴小心加入日本军事变革中。

至于如何实现陆军改革，宇垣一成认为"无论国家还是军部，万事都要融入进经济性思考"，因而必须以飞机、坦克、装甲车为中心充实陆军装备；既然这些装备需要巨额资金，那么"两、三个师团可以在一定年限之内采取休队形态"，节省出一定资金。

与山梨裁军相比，宇垣一成的思路更加明确：军事改革绝不应在环境压迫下做应激反应，军事装备近代化更不能当作补足品；反而应该以军事装备近代化为中心，以裁撤军队、节省资金为手段，使得军队更加精锐化——两种思路听起来似乎差别不大，但若以单纯减少军队为主，那么军队质量也会逐步降低；若以提高军队质量为主，哪怕直接成建制地砍掉几个师团，待到时机再来，也能够迅速扩建，成就质量齐备的军队。

更何况，在当时舆论环境下，砍掉师团是政治正确，拿到这一优势，陆军就进一步获得了自主权。

宇垣一成，即将登上历史舞台。

中坚崛起：从军备改革到国家总动员

通往陆军大臣

1923年9月1日正午，日本爆发关东大地震，由于前首相加藤友三郎刚刚于8月24日去世，首相职位空缺，日本内阁只得召开紧急会议，确定海军军人山本权兵卫第二次组阁称相。

这段时间，日本高层为灾后救援工作而焦头烂额，或许无人关注，长州阀新贵田中义一已经顶替山梨半造，接过陆军大臣宝座，而其同盟宇垣一成则在10月改任陆军次官。随着关东大地震发生与灾后处理工作推行，山梨裁军后续工作推进极为缓慢，但对于宇垣一成而言，这也是一个重新制定改革计划的好机会。

不过，只要屁股一天没有坐上陆军大臣这个宝座，宇垣一成的提案就只能停留在打嘴仗的水平。然而接下来日本高层政治发生一系列变动，却给日本高层政治带来了洗牌良机，更为宇垣一成进一步升迁打下了基础。

1923年12月27日，皇太子裕仁在东京虎之门遭遇行刺，虽然本人无恙，却导致第2次山本权兵卫内阁总辞职，并将组阁之权交给长州阀旧将清浦奎吾，而宇垣一成也荣任陆军大臣。但纵观清浦奎吾内阁中，竟然没有一个政党成员，

❯ 田中义一（たなか・ぎいち，1864—1929年），长州阀后辈，13岁参加反对新政府的获之乱。陆军士官学校旧8期毕业，陆军大学校第8期毕业，后留学沙俄帝国，皈依东正教。日俄战争时期在满洲军参谋部担任参谋，后历任参谋次长、陆军大臣，本能获得元帅称呼，却转而进入政界。

加藤高明（かとう·たかあき，1860—1925年），出身江户幕府尾张藩，三菱财阀创始人岩崎弥太郎的女婿，东京大学法学部毕业，后进入外务省系统工作，主导提出了对华"二十一条"。大正时代成为宪政会首脑，于1924年联合政友会、革新俱乐部成立了"护宪三派内阁"，组阁并担任首相，次年因肺炎去世。

几乎是清一色的贵族院成员。由于贵族院议员并非选举产生，地位超然于国民之上，这届内阁也得名"超然内阁"。

"超然内阁"激发议会不满，1924年1月31日，政友会、宪政会、革新俱乐部成立所谓"护宪三派"，提出内阁不信任案，清浦奎吾解散议会，重新选举。5月10日，日本第15届众议院议员总选举，护宪三派总获得281席，联合组阁，首相由宪政会总裁加藤高明担任。

1923年8月到1924年5月，日本连续更换了4个首相，不可谓不混乱。为了稳住地位，也为了提升宪政会影响力，首相加藤高明决定在任期内修改选举法，实现男性普选，这就需要来自各方势力，尤其是军队支持；同一时期，为了完成陆军近代化理想，也为了在时局大变之际能够连任陆军大臣，宇垣一成与加藤高明达成默契，双方均对对方需要的支持采取默许态度，这也同时促成了宇垣裁军与普选法案的成功。

"宇垣阀"建立

研究近代军部，长州阀与少壮派一般会看成两个水火不容的派系，因而一提到青年将校，大多都会认为是反长州阀。然而事实上，就在宇垣一成担任陆军大臣期间，也有一定数量的青年将校加入到他的门下，通过宇垣裁军而形成一股技术性官僚势力，也在后来成为支撑日本陆军发展，乃至支持军国主义日本持续作战的支柱人才。事实上后来陆军统制派的永田铁山、东条英机、铃木贞一等核心人物也均与宇垣一成过从甚密。

宇垣一成并非根正苗红的长州阀人马，比起其他人而言，更容易接纳非长州阀人士在手下工作，就在他还担任陆军次官时期，这一点很早就体现在了陆军制度调查委员会上。

所谓陆军制度调查委员会，早在1919年就已经成立，其作用与1914年成立的临时军事调查委员会稍有重叠，但主要工作却是将外国先进军事制度予以采纳，进而为总体战提供制度建设思路。只不过在1922—1923年两次山梨裁军之中，近代化事项几乎没有得到采纳，陆军制度调查委员会也基本处于隐形。由于这一委员会的委员长正是陆军次官，在宇垣一成担任这一职务以后，自然就重视起这个委员会。

1923年12月，陆军大臣田中义一发布命令，要求陆军制度调查委员会"在原先调查基础上，进一步开展根本性研究"，并命令宇垣一成"以改善军事相关各项事宜为目的，考察审议陆军各项制度并加以整备，确立改制方案"。宇垣一成临席委员会，讲了7条重要项目，其中截取4条，聊作一览：

第一，速战速决之战争是我国国情所允许的最有希望之所，各项设施设备都需要在此方针之下加以引导；更为重要的是，在调查假想敌国国情之时，也不能不想到日后很可能会陷入长期战之中，所以各项设施设备也要在满足长期战基础上加以准备。

第二，调查西邻各国现状之时，可以看出有些战争仅以军队作战即可宣告胜负。但同时，太平洋对岸、北方、西南各国形势可以看出，日后我等需要国民皆兵之所谓举国国战。所以各项设施设备也要能适应两种情况。

第三，我等讲求的战争范围，自然主要是为武力决战而采取措施，但另一方面，也要准备消耗国力的经济战争。

......

第五，各项设施设备，无论有形无形，都要以形成所谓国家总动员为评价标准。

宇垣一成之所以扩展这一机构，是为军事改革做准备。要踏踏实实做事，也要脑力体力兼备，宇垣一成自然就需要真正意义上的人才，因而招兵买马也更注重选贤任能，不能只看户口本。事实上，宇垣一成批评山梨裁军的重要一点，便是"未诉于群智公论，只以一两名官僚这种狭隘浅薄的智囊提出计划"，既然批判别人这么激烈，自己当然更不能任人唯亲——更何况，他在军队青年人中也并没有太多亲友。

从表格中可以看到，除去陆军次官津野一辅是长州阀人马以外，整个委员会里居然没了"山口"二字。同时，陆军士官学校10期以后的毕业生逐步走进陆军中枢，佐级以下官员占据主流。这些青年军事官僚并无出身派别之分，受

职务	身份	姓名	陆士	出生地
委员长	陆军次官	津野一辅（中将）	5期	山口县
委员	教育总监部本部长	渡边寿（中将）	6期	岐阜县
委员	陆军省经理局长	三井清一郎（主计总监）	无	石川县
委员	陆军省兵器局长	吉田丰彦（中将）	5期	鹿儿岛县
委员	陆军省人事局长	长谷川直敏（少将）	6期	京都府
委员	陆军省军务局长	畑英太郎（少将）	7期	福岛县
委员	参谋本部总务部长	阿部信行（少将）	9期	石川县
委员	作战资材整备会议干事长	川岛义之（少将）	10期	爱媛县
委员	教育总监部第一课长	坂本政右卫门（大佐）	11期	高知县
委员	陆军省军事课长	杉山元（大佐）	12期	福冈县
委员	参谋本部第一课长	古庄干郎（大佐）	14期	熊本县
干事	陆军省主计课课员	小野寺长治郎（二等主计正）	无	宫城县
干事	教育总监部第一课课员	矢野机（少佐）	18期	千叶县
干事	陆军省军事课课员	筱冢义男（少佐）	17期	东京

小矶国昭（こいそ・くにあき，1880—1950年）：出身山形县（旧新庄藩），陆军士官学校第12期毕业，陆军大学校第22期毕业。曾参与日俄战争，后加入宇垣阀，历任陆军省军务局长、陆军次官、关东军参谋长、朝鲜军司令官，1944年东条英机被迫辞职以后一度就任首相。战后作为甲级战犯被判无期徒刑。最终军阶为陆军大将。

到宇垣一成直接关照，也就形成了一股势力，日本历史上不太著名却轰动一时的"宇垣阀"得以建立。名单中的杉山元日后与二宫治重、小矶国昭、建川美次等官僚系军人并称"宇垣四天王"，也成为日后军国主义对外侵略的重要柱石型人物。杉山元在中日战争初期担任陆军大臣，太平洋战争爆发时期担任参谋总长，战争行将结束时又担任日本国内第1总军司令，最终在日本投降之后举刀自决。

陆军制度调查委员会之中，有几名作战资材整备会议成员。作战资材整备会议成立于1921年，与前述陆军技术会议、陆军科学研究所等机构类似，都是为求陆军军备进一步合理化，得以长期计划而设置的机构，特点是从作战资材角度出发，主张工业动员乃至国家总动员的必要性。

应该说，宇垣阀能够结成，虽然有其本人独创性思想与个人魅力做保证，但与此同时，一战之后日本广泛出现的军备近代化思潮，才是他的立足之基。后来，宇垣阀以及后续的陆军统制派大多都并不倾向于喊打喊杀，即便在短暂派往前线积累经验之后，大部分人也都选择留在日本陆军中央机构里带动整个军事系统运转。名单中的吉田丰彦、畑英太郎、川岛义之、阿部信行、古庄干郎与宇垣阀的南次郎、金谷范三、二宫治重最终全部成为陆军大将——而日本从明治建军到昭和投降近70年时间里，只诞生了134名陆军大将。

随着长州阀异化为宇垣阀，陆军之中的萨摩阀也蠢蠢欲动。

陆军变革："量"、"质"之争

从1924年3月26日开始到6月28日，陆军制度调查委员会召开21次会议，并在7月31日提交了《陆军制度调查委员第一次调查报告》，其中提到"为陆军自身经费能够自给自足，可不惜减少战略单位（师团）数量"，"在编制改善之中投入最大经费，进而整备飞机等其他新兵器，充实国军实力"。这份报告极富创造性，不仅首次提到可以裁撤师团数量，用以"航空部队扩张整备"、"坦克队新设"、"高射炮队新设"、"技术制度及造兵厂编制改正及化学兵器研究设施"（毒气）等重要军事编制。

但报告送到"元帅–军事参议官会议"之时，却遭到元帅陆军大将上原勇作大力反对。

与宇垣一成相似，上原勇作也广泛吸纳非萨摩阀人马加入，俨然形成陆军中的"上原阀"，这一支系后来为真崎甚三郎、荒木贞夫等激进分子继承，也

田中国重（たなか・くにしげ，1870—1941年），出身鹿儿岛县（原萨摩藩），陆军士官学校4期毕业、陆军大学校14期毕业，日俄战争担任满洲军参谋。一战结束后担任巴黎和会、华盛顿会议全权委员随员，最终官阶为陆军大将。

成为大名鼎鼎的皇道派。

我国陆军处于穷困一代，与欧美各国陆军相比自有逊色，但若想一举完成整备工作，恐怕不可能。……帝国无自给自足能力，想如欧洲大战（一战）一样进行长期战争绝对应该禁止。因而陆军应在开战之始集结可能多数精锐展开进攻，在第一战就给敌人以巨大打击，不让对手有回天之力。……如上所述，帝国陆军应尽可能保有更多常备军队，而且应保持精锐、并有觉悟与外国军队一争输赢。然而门外汉却埋头于器械力量主义，意图彻底改变国军，实在是极难理解：这到底是在干什么？

这一辩词乃是上原阀干将田中国重给上原勇作书信所载：日本经济不可能担负起长期作战，因而要在最短时间内结束战争，所以更要尽可能多保留常备师团编制。至于器械力量问题，"技术兵科需要大量经费建设，而且新兵器不断涌现，无论如何补充也不会少"，所以倒不如完全放弃这一块。

至于为何固执如此，田中国重讲到："战斗根本还是在人，无论机械多么精锐，认为人能为机械所代替，进而削减人数都是错误。"

宇垣阀与上原阀之所以互相争吵，一方面当然有派阀争斗在其中（如上原阀希望由自己派系的福田雅太郎大将担任陆军大臣，却被宇垣一成抢走），但在理念上，两派却也原原本本继承了日本近代建军以来的"量"、"质"之争——所谓"量"，是指军队绝对数量；所谓"质"，是指军队科技含量高低。

日俄战争后，上原勇作、田中国重等日俄战争亲历将领有鉴于旅顺战役时期"精兵"难以为继，认为应该恢复法式白刃主义作战，寻求"多兵"模式。1912年，上原勇作（时任陆军大臣）提出增加2个师团（当时总计14个），内阁不同意，他便动用帷幄上奏权，辞去大臣职务，导致第2次西园寺内阁总辞职。这一次，他又拿着重视"量"的思想与宇垣阀相争。

但在宇垣一成看来，裁军已经是世界趋势，日本也难逆大潮而动。更何况国会已经下达命令，逼迫陆军减少"量"，倒不如在力所能及范围内主动出击。既然舆论认为裁撤师团数量是正确的，那倒不如主动裁撤以博得名声，进而在"凡尔赛-华盛顿体系"里尽可能形成"精兵"，进而增强陆军之"质"。

"元帅-军事参议官会议"在1924年8月13日、16日、26日三度召开，上原阀通过福田雅太郎大将提出三套替代措施：一是，陆军被服更新、将校待遇改善等事项中止10年，用于新兵器开发；二是，宇垣阀要求9年完成编制装备改革，上原阀要求延期1年，改为10年；三是，如果前两套方案都不受接纳，"穷余之策"可以削减3个师团以扩充新兵器开发。

但对于三个提案，宇垣一成都不接受，他态度强硬，表示责任全部由他担负，进而压倒上原阀，强行在"元帅–军事参议官会议"中获得通过。而在首相加藤高明支持下，宇垣一成"陆军军备整理与大正十四年度预算"在第50届帝国议会（1924年12月26日—1925年3月30日）中获得通过。

宇垣裁军与绪方考察团

1925年5月，宇垣一成根据发起改革：一是，废止第13师团（高田）、第15师团（丰桥）、第17师团（冈山）、第18师团（久留米），废止16个联队区司令部、5个卫戍医院、2个陆军幼年学校（广岛、熊本）；二是，新设1个坦克大队（久留米）、2个飞行联队（滨松、屏东）、1个高射炮联队（滨松）、1个台湾山炮兵联队（台北）、1个陆军通信学校（神奈川）、1个汽车学校（东京）、2个陆军飞行学校（三重、千叶）。

针对陆军制度调查委员会的调查报告，宇垣一成从其16个改善提案中选取了6个，即"航空部队充实"计划、"坦克队新设"计划、"高射炮队新设"计划、"军事科学研究设备改善"计划、"全军通信教育及研究统一"计划、"机动车队改变为机动车学校"计划。此外宇垣军事改革还增加了"轻机关枪、火药及射击材料的整理改善"计划、"青少年训练部分实施"计划等。

财政方面上而言，这一次裁军难说是真的在缩减军队。因为废止机构在1925年也就只省下1294万日元；相反为了新设各种新机构，宇垣一成却制订了8年1.42亿元的投入预算，仅在1925年一年就花费了1266万日元，最终在当年只省下不到30万日元军费。政党虽然对此有所不满，但奈何第1次加藤高明内阁是三派联立，而三派之间并没有形成一个统一提案，军备预算如何使用，也基本只能照着宇垣一成这个老兵油子的计划实行下去。

虽然一举进行大量改革，但宇垣一成仍然不满意，他在1925年11月写道："（军备）若只是想达到他国水平，不必绞尽脑汁，靠着外来输入即可顺利完成。但我们所谓研究要以超越他国水平为目标。若不在创意上下功夫，那就要不停追随列强后尘，难以脱离。这是在科学对兵器影响方面的感悟。"

陆军造兵厂，1923年3月29日创设，从步枪、弹药、火炮到马具、军刀都可以制造，国内共有4个工厂与2个兵器制造所。造兵厂直接隶属于陆军大臣，造兵厂长官领为陆军中将。1940年与陆军兵器厂合并。图为名古屋陆军造兵厂遗址。

　　虽然陆军已经提出了更新计划，势头也轰轰烈烈，但如果后续乏力，国会国民都会大加批判，所以宇垣一成将目光投向了如何实现军备近代化这一问题上。在他看来，可以先吸纳一部分国外先进技术装备，然后在此基础上开展独立兵器研究，借以强化国内产业基础、进一步推动军事科技进步。

　　早在1925年2月军备预算获得通过之后，宇垣一成就派遣陆军科学研究所长绪方胜一率领考察团出海，"对欧美各国展开一般军事考察，特别是对优良兵器现状展开调查"。经过8个多月，途径英美法等国家，绪方考察团展开了极为详尽的考察工作，并在回国后的12月召开了一次将官谈话会，发表"欧美军事考察谈"，详细披露了日本人眼中西方国家军备如何变动。

　　他认为，陆军现有兵器器材之中，除去少部分之外都要远逊于经历一战的欧美各国，而且欧美国家开发新武器的速度还要更快，日本陆军难以望其项背。究其原因有三：第一，陆军一直以来对研究并不重视；第二，日本整体在科学素养上与欧美难以相提并论，能够将兵器研究导入实践应用的科学家也为数不多；第三，陆军研究武器经常单打独斗，不注重与民间军工企业联合协作。

　　"为了追上已经落后的一步"，绪方胜一建议，应该立刻放弃之前的研究，以欧美各国如今研究的"1925年型"武器装备为开始，否则即便完成也已经过时。如今最紧要的方案是"向最可仰仗的外国军工企业下达订单，要求制作近期最可能出现的新产品；获得产品以后投入人力物力研究更为长远的未来产品"。为了平息国内疑虑，他还表示买入他国兵器"并非引入而是参考"，"将别国武器引入为我国制式，任何国家都在推行类似事宜，绝非国耻。若想追上已经落后的一步，却不能全情投入而坚决执行这一政策，那么也不免让外国继续领先。"

绪方胜一所言与宇垣一成的想法如出一辙，他的考察报告也成为下一步改革的基础。

国产化实现

早在绪方胜一考察国外之时，宇垣一成就已经命令陆军省向外国下达40辆坦克订单，以为新设坦克联队所用。

不过订单却是一波三折。一开始，日本希望能买入美国最新式"克里斯蒂"水陆两用坦克，但由于仍处于试验阶段，无法大量生产，最终仅仅买回了图纸；后来找到英国维克斯公司，希望能买到时速25公里以上的高速坦克，但英国以"本国都还没有装备如此高速坦克"为理由一口回绝；最终法国施耐德公司表示，虽然不愿意为日本开发新型坦克，但一战时期的轻型坦克雷诺FT-17还是可以卖的。

但是对于一战坦克，车辆班早就为其贴上"博物馆废物战车"标签，陆军技术本部长铃木孝雄更是在会议上强烈主张开发国产坦克。不得已，宇垣一成只好在1925年6月命令陆军技术本部根据现有经验仿制新型坦克，但也相应制定条件：新型坦克开发费用要算在1926年预算之中，而且如果在1927年3月31日（大正十六年度财政结束日）之前没有开发成功，就将预算全额归还。

然而在这22个月间，日本陆军技术官僚却极尽所能，在1926年5月拿出样品，并立刻交付陆军造兵厂大阪工厂制造，最终在1927年3月真的完成了"试制一号战车"。1927年6月21日，试制一号战车在未经测试的条件下独自行驶8公里且未损坏，引得一旁军人百姓大为鼓舞。紧接着在富士演习场实验时，这辆坦克轻松越过60度陡坡，堤防与堑壕更是不在话下。试制一号战车虽然最终由

于重量过大，并未投产，却对日后八九式中战车、九一式重战车的制造大有启迪，也是日本坦克工业始祖。

除了坦克以外，更重要的是飞机自主化发展。1924年4月，陆军制定《航空部管掌器材审查方针》，表示"研究审查应依兵器独立原则，尽可能在内地（日本本土）制作，这一点也须留意且统一安排"；1925年开始，日本陆军将航空事业从各兵科混成事业提升为独立兵科，并将陆军航空部升格为陆军航空本部。

为了实现国产化目标，陆军在1925年11月要求川崎、三菱、石川岛三家制作所制造国产化性能较强的新式侦察机，最终在1928年2月制作出八八式侦察机。该侦察机全长12.28m，最高速度为每小时220公里，最大续航时间为6小时，是日本第一批采用金属主翼与金属骨架的复叶机，显示了日本意图独立设计并开发飞机的决心。但由于日本发动机水平相对低下，本架飞机依然采用宝马六型（BMW Ⅵ）水冷发动机，设计师也依然是德国人理夏德·福格特（Richard Vogt），飞机并没有做到完全国产化。

更不能忽视的是化学武器研究。虽然1922年华盛顿会议与1925年日内瓦会议均明确禁止使用化学武器，但真正得到禁止的只有"使用"一项，至于研究、生产、贮藏均不在禁止之列，同时对化学武器也缺乏明确查证制度与赏罚规定，因而世界各主要国家均予以保留并继续研究。

1925年宇垣裁军之中，日本陆军也将科学研究所第二课化学兵器班提升为第三部，很明显，日本是将毒气与坦克、飞机一样都看作日后作战的重要武器。虽然投入金额并不算很大（1925年5万日元，1929年40万日元），比起同时期英美在化学武器上的投入（1923年美国130万日元，英国150万日元）实在是小巫见大巫，但日后日本陆军却将化学武器这一传统延续下来，甚至在中国战场上继续沿用。

展望国家总动员

在宇垣一成看来，虽然军队日后所需只有坦克、卡车、毒气、飞机等装备，但与其相称的机动车工业、化学工业、电力通信工业却同时能为一般民众服务。绪方胜一在巡游欧美各国期间，也曾叹息日本民间技术能力与军工能力远逊于美国各国，这一点在1925年宇垣裁军之中获得了一定程度的解决。

如飞机制造方面，宇垣裁军以后，陆军直属机构（如陆军航空本部）不再开发飞机，一直以来主管飞机设计研究的所泽飞行学校研究部也分离出来，成为独立研究机构，其余设计生产职能改由川崎、三菱、中岛、立川、石川岛等企业竞标。

由于飞机发动机制作原理与机动车原理有所类似，大量企业在日后都同时生产汽车，某种意义上为日本战后汽车工业起飞打下了坚实基础。比如上述中岛飞机株式会社与立川飞机株式会社的电器机动车部门在1954年合并，成为王子汽车工业，后又在1966年吸收、合并了大名鼎鼎的日产集团。

再说句后话，宇垣一成的老大哥田中义一，曾与实业家久原房之助交往密

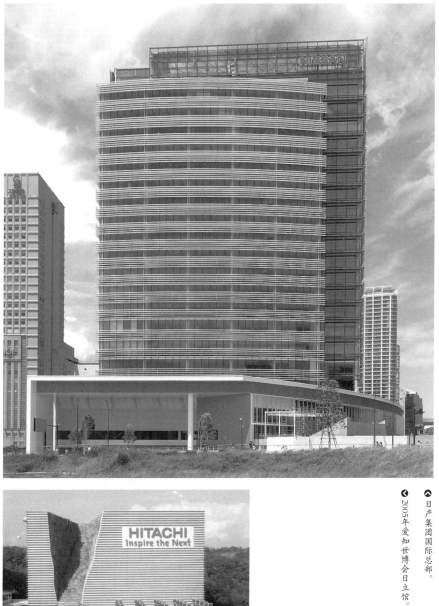

◆ 日产集团国际总部。

◆ 2005年爱知世博会日立馆。

切，甚至在日后推举久原房之助为政友会总裁。久原房之助在1906年成立过一个久原矿业所，后来这家公司逐渐转行开始做机动车，为日本铁路建设了很多电力机车，这便是日立制作所。

但某种意义上说，这也是宇垣一成所能做的极限了。在培养民间军工产业方面，宇垣一成却并没有主动进行开发，更多的还是靠民间企业资金努力。虽然他早就提过："军备对国力或称产业能力的维持、扩张、发展而言不可或缺，产业能力对军备或称战争能力的维持、培养、扩大而言也是要点，两者关系正如车之两轮，分开讨论在很多情况下都不合适"，但一旦涉及具体产业事务，这些事情已经不局限于军事本身，而与国家大政方针有所关联。

其实早在1920年，日本就有意将全国资源以一个机构统辖起来，进而统一实现产业振兴，这便是内阁国势院。但由于各中央省厅大力反对，1922年国势院撤销，其统计职能改组为内阁统计局。可以想见，要在日本战胜中央省厅掣肘，寻求统一规划、统一管辖，并不是一件很容易的事情。

1925年年初的第50届帝国议会中，除去宇垣一成提出裁军方案之外，陆军中将长冈外史（原参谋次长）与陆军少将蚁川五郎共同提出"设置国防会议的

❥ 长冈外史（ながおか·がいし，1858—1933年），出身长州藩，陆军士官学校旧2期毕业，陆军大学校1期毕业。甲午战争后，1897年作为参谋本部部员被派往德国学习，日俄战争时期成为参谋次长，主导萨哈林岛作战。最终官阶为陆军中将。

相关建议案"，最终以"设置防务委员会的相关建议"为议在3月23日获得众议院通过。同时在贵族院，10名贵族院议员在获得129名赞成者的基础上提出"国防基础的相关建议案"，并在3月27日获得贵族院通过。1926年1月20日，三善清之等31名议员在第51届帝国议会（1925年12月26日—1926年3月25日）中提出《国防的相关质问主意书》，1月23日长冈外史、1月26日贵族院议员志水小一郎均催促议会立刻实现这一提案。

从标题就能看出，这些陆军官员的建议是要设立一个国民总动员机构，因为"只有在军部当局之外建立一个或直接或间接相关的机构，集结官民一体，才能称得上是实现了完整国防"，这也是宇垣阀一直倡导的"国民国防论"。

终于在1926年4月22日，日本政府成立了"国家总动员机构设置准备委员会"。委员会以内阁法制局长官山川端夫为委员长，招揽内务、大藏、陆军、海军等各省厅局长级人物担任委员，可以说初步实现了陆军想法。而陆军从一战结束以后就着眼于总体战构想，自然也就在整个委员会之中占据主要位置。

正如陆军省军事调查委员安井藤治当年所言："总动员机构设置准备的领导方是陆军，是永田（铁山）中佐。若非由陆军来做，那么谁也不会做，谁也都做不了。……陆军在大正四、五年（1915—1916年）开始就有调查研究资料，从总体战性质观点出发，强烈认为没有总动员机构就难以建设国防，（陆军省）军事调查部正是为了帮助永田中佐而推进（委员会建设）。"

1926年7月，委员会审议宣告结束；9月，宇垣一成却不等内阁的意思，率先在陆军省内设立整备局专门管理总动员计划业务，其中分设统制课与动员课两课，永田铁山在宇垣一成提拔下，就任第一任动员课长。紧接着1927年5月，内阁也设立起国家总动员机构——资源局，这个资源局并不仅仅是管理物质资源，更要负责管辖人力资源，还要根据人力物力情况制定国家发展计划。

从1918年一战结束，总体战思想就开始在日本普及，终于到1927年，日本也有了自己的国家总动员机构。然而很不幸，在其他国家，这类总动员机构是国家发展的基石，而在日本，却成为军部少壮派与军国主义崛起的路径。在宇垣改革刚刚进入正轨之后，与宇垣一成亲如兄弟的田中义一，也以另一身份重新回归政界——政友会总裁，而他的目的，自然也不再是单纯军备改革那么简单了。

引狼入室：政党风云与强硬外交

鹬蚌相争，田中得利

现代政治体制下，政党再怎么争一定是政党对抗政党，不会借非政党之力来对抗政党。但在当时的日本，藩阀遗迹还没有完全洗干净，政党相争已牵涉进非政党势力——比如军方出身的田中义一。

日本议会第一大党长期由立宪政友会担当，这个由伊藤博文组建的党派出现了西园寺公望、原敬等领袖，是日本政党的政治核心。然而在1924年1月，政友会却出现分裂，超过百名议员脱党自立为政友本党。虽然就在当年12月29日，政友本党的鸠山一郎、中桥德五郎等议员重聚政友会，但依然无法挽救颓势。

当时，总裁高桥是清年过七旬，年轻人又普遍不成气候，青黄不接，急需一位继任者。恰好同时，本来希望很大的横田千之助也因为床次竹二郎脱党而备受指责，内部一时间难以找到接班人，只能将目光投向外部。但很可惜，政友会内忧外患甚是严重，高桥是清虽然邀请多名候选人却都不愿意参与，没办法，只好找到田中义一。

虽然从现在来看，找田中义一是引狼入室，但从政友会角度看，却也是无奈之举。新总裁既要有组织能力，又要能为选举拉票。从这两个方面看，田中义一曾经担任过陆军大臣，本身又是陆军大将，能力自然不在话下；同时他又为退伍军人创立了在乡军人会，如果拉他进入政友会，退役军人就会成为稳定票仓。更何况田中义一也不是空手而来，他为了拜高桥是清的码头，特地带来了300万日元作为政党活动经费，这对于危难中的政友会自然是久旱甘霖。

1925年2月，横田千之助去世，政友会别无选择；4月，田中义一成为政友会总裁。

田中义一一来，政友会无疑翻天覆地，以前所有国际协调、不干涉中国内政、军部大臣文官制提案瞬间消失，代之以强化治安维持法、积极干涉满蒙问题、军部大臣继续维持武官制。1926年1月，田中义一成为敕撰贵族院议员，迅速与贵族院议员、枢密院副议长、保守主义者领袖平沼骐一郎（后来的甲级战犯）搞好关系，并邀请平沼系统的铃木喜三郎加入政友会；日后田中义一组阁称相，更是将铃木喜三郎提升为内务大臣，并将另一平沼系统人士原嘉道招为司法大臣。

可以看出，田中义一之所以愿意慷慨解囊，又是提供票仓、又是提供资金，无非是要为自身势力寻找一个落脚点，将保守派势力渗入一个老牌政党里。宇垣一成改革顺利进行，却依然无法撼动政党在宪法体系中的地位，有鉴于此，田中义一便决定加入政界，用他在军队的影响力给政界铺路，只要能够借助式微的政友会当选首相，那么他激进的战略构想也就有了实现之机。

田中义一下一步，便瞄准了时任首相若槻（guī）礼次郎。

1926年12月24日，西方人的平安夜，第52次日本帝国议会召开。第二天，

鸠山一郎（はとやまいちろう，1883—1959年），日本政治家、律师，出生于东京。父亲鸠山和夫是文部省第一期留学生，曾任众议员。1907年毕业于东京帝国大学英国法律科，后进入政界，加入立宪政友会，一度就任律师。1931—1934年担任文部大臣，战时因强烈批判东条内阁而退隐。战后立刻组织日本自由党，却因公职流放而5年不得从政，总裁让予吉田茂，1951年又组织日本民主党并担任总理，后与日本自由党合并为日本自民党。2009—2010年出任首相的鸠山由纪夫是其孙。

平沼骐一郎（ひらぬま・きいちろう，1867—1952年），日本司法官僚、政治家。1888年从帝国大学法科大学毕业，1908年提议以指纹作为证据作为加入刑法。历任大审院（最高法院）院长、司法大臣，枢密院议长等职务，其在法律界的派系称为"平沼系"。思想较为保守，反对民主主义、共产主义等思想，最终在1939年短暂担任首相，但在1952年因病假释。战后作为甲级战犯被判无期徒刑，1978年作为14名甲级战犯之一合祀入靖国神社。现自民党众议员平沼赳夫是其养子。

若槻礼次郎（わかつき・れいじろう，1866—1949年），日本财务官僚、政治家，原名奥村礼次郎。1892年毕业于帝国大学法学校，后进入大藏省，历任主税局长，大藏次官。1912年和1914年两度出任大藏大臣，后加入宪政会并两度组阁。1931年"九·一八事变"时作为首相，默认朝鲜军出兵，并在战后成为重臣会议一员，1944年参与推翻东条内阁，并在战后受到美国占领军夸赞。

上帝之子耶稣的生日，大正天皇却驾鹤西去。但在野党政友会似乎非要在天皇丧期闹出点事，于是在1927年1月对若槻礼次郎内阁提出弹劾案，针对数年以来经济不振的现状提出批评，要求内阁做出解释。

为了安抚在野党，若槻礼次郎私下安排会晤，与政友会首脑田中义一、政友本党总裁床次竹二郎关门面谈，提出"新帝即位之初，我党所提预算案无论如何也要通过"，紧接着又在与其他两名党首联合签署的文书中提到："只要预算案能够最终通过，那么本届政府自然会有更深一层的考虑。"

所谓"更深一层的考虑"，按照日本官场政治语言理解，类似于"可以辞职"、"愿意以交出政权为条件通过法案"。按照当年所谓"宪政之常道"，如果议会第一大党无法继续履职，那么政权就应交由议会第二大党。换言之，只要若槻内阁宣布辞职，在不启动众议院选举的情况下，肯定是由议会第二党政友会接任，党首田中义一名正言顺当地首相。于是田中义一主动撤回弹劾，同意了首相的预算案。1927年3月4日，内阁一份"转拨款为国债"的法案在众议院获得通过，进入贵族院审核。

不过正在田中义一满心欢喜准备当首相之时，若槻礼次郎却无意辞职，这使得田中义一大为恼火，由于日本议会存在"一事不再议"原则（一件事项在同一届议会内不能讨论两次），因而政友会这次算是吃了个哑巴亏。田中义一气愤之余，将三党达成的协议曝光给媒体，若槻礼次郎也得了个"骗子礼次郎"①的诨名。

一计不成又生一计，田中义一继续瞄着若槻礼次郎内阁。很快在1927年4月，若槻礼次郎提请枢密院发布一份紧急敕令，援助处于困境的台湾银行（台湾殖民地中央银行）。但枢密院副议长平沼骐一郎与田中义一关系甚笃，在他的影响下，枢密院议长仓富勇三郎决定以手续不齐全为由否决这项紧急敕令。

4月17日，由于得不到日本银行的紧急援助贷款，台湾银行停业。4月20日，若槻礼次郎引咎辞职。内阁政权移交给了政友会，田中义一接任首相。

很快，田中义一又向枢密院以几乎完全相同的手续申请类似紧急敕令，

注①

"若槻"二字日语读音为Wakatsuki，"骗子"读音为Usotsuki，两者后两个音节相同，因而能够成为一种揶揄手段。

迅速得到批准，足见之前枢密院所为是对人不对事。田中内阁与枢密院、贵族院、军部均过从甚密，"大正民主运动"发起人之一、民本主义思想家吉野作造毫不客气地讥之为"最差内阁"。

似乎是为了配合这一诨名，田中内阁为了备战1928年第一次男子普选，特地在全国进行大规模人事调整，将批评政友会的府县知事予以免职。此外，内务省在全部府县都设立特别高等警察（特高）与思想检察官（专门审查思想犯罪的检察官），文部省在大学高校开展"思想善导"活动，法务省修改治安维持法细则，将宣传反对国体思想的最高刑罚定为死刑，又大批逮捕日本共产党员。

更重要的是，田中义一拿掉币原喜重郎，放弃稳健中国政策与国际协调，亲自兼任外务大臣，并任命思想激进的森恪担任外务政务次官，事实上成为外务系统的决策者，而臭名昭著的济南事件，也提上议程。

❯ 东方会议前日报道（1927年）。

东方会议与出兵山东

1927年6月27日—7月7日，田中义一召集外务省局长级官员与驻中国外交系统官员召开会议，陆军方面除了邀请关东军司令官武藤信义，陆军"宇垣阀"畑英太郎、南次郎、阿部信行等人马参加，海军与关东厅、大藏省、朝鲜总督府也均派员参加。

这就是臭名昭著的"东方会议"。

其实东方会议这个词语本来不是贬义词。1921年原敬内阁也曾经召开过东方会议，目的是商讨西伯利亚撤军、是否支持张作霖政权等问题。应该说，东方会议主旨就是要集合外务省、陆海军等机构商讨东北亚地区战略问题，只是到了田中义一这里，味道就有些变化，因为这次讨论的核心问题是"满蒙问题"。

1926年7月，蒋介石率领国民革命军在广发动北伐战争。北伐军进军十分迅猛，先后击败直系的孙传芳、吴佩孚等军阀，进而北上进攻奉系张作霖，形势一片大好。中国统一形势大好，意味着对一心维持在华利益的列强，尤其是对中国有控制经济、侵吞领土野心的日本不太好。1927年3月24日，北伐军进入南京，长期备受洋人欺压的当地民众夹杂着乱兵，纷纷袭击外国领事馆，日本领事馆首当其冲。4月3日，汉口民众与日本侨民发生冲突，他们涌入日租界，袭击了日本领事馆。

南京与汉口两起事件发生，英国公使要求日本增派军队前来，但由于若槻内阁的外务大臣币原喜重郎并不想干涉中国内战，拒绝出兵。然而没过两个月，5月27日，当得知国民革命军逼近山东省时，新首相田中义一决定向山东派兵。为了不给国际舆论留下口实，他特地向英、美、法、意等国代表通报出兵决定，列强正乐得有人肯出头教训一下胆大包天的中国南方革命者，也就默认了日本的行动。五天之后，即6月1日，日本步兵第33旅团便火速登陆青岛，东方会议也正是在这种情况下召开。

东方会议一共召开了10天。会议最终提出底线：无论北伐军如何进攻张作霖政权，都不能容忍其越过长城，进入满蒙地区；一旦日本政府认为日本在华权益要受到侵害，那么为了"现地保护"也会不惜出兵；日本在满蒙地区的利益与在中国内地的利益不同，所以对两地也应该分而治之（满蒙特殊地域论），满蒙地区治安应该置于日本保护之下；如果中国出现万一，要与国民党政权联合，共同防止共产党夺取中国政权。

不过就在东方会议刚刚结束，1927年7月15日，汪精卫的武汉国民政府突然发动政变，在左派盟友背后捅了一刀，配以蒋介石先前在上海的"四一二"清党事件，国共关系全面破裂。但很快，蒋介石部队大败于张宗昌，北伐短时间内无法继续。8月13日，蒋介石宣布下野。8月24日，日方看到事态朝有利于自己的方向发展，决定从山东撤回军队，到9月8日全部撤完。

又经过1927年9月宁汉合流、10月宁汉战争、11月广州张黄事变，国民党内部终于稳定下来。1928年4月7日，蒋介石在徐州宣布二次北伐，而随着北伐军逐步逼近济南，日本天津军3个中队编为"临时济南派遣队"，以"保护日本利益免受侵害"来到济南，后续部队则从内地进发，是为第二次山东出兵。

轰轰烈烈的济南事件即将爆发。

济南事件与日本军队进步

1928年4月26日凌晨，日本第6师团混成第11旅团从国内到达济南，他们在斋藤浏少将指挥下，在日本居民驻留地设立守备区域，设置土堆、散兵壕、拒马、铁丝网等军事设施，不允许中国军人进入。但为了不让北伐军误以为自己要支持张宗昌等北洋军阀，第6师团长福田彦助中将率领主力部队在青岛驻留，直到4月29日才从青岛出发前往济南，沿途还要修理损坏的电线与铁路，直到5月2日才到达济南，日本总兵力为3539人。

4月30日，张宗昌弃城北逃，5月1日，北伐军占领济南，蒋介石旋即要求斋藤浏率领日军撤出济南。5月2日，就在蒋介石移住济南的同时，斋藤部队开始拆除防御工事。

但就在5月3日，日军认为北伐军抢劫射杀日本在留居民，中国则提出有一名士兵前往医院治疗却被日军射杀，双方随即展开武装冲突，日军在城内广施暴行，当日深夜，中华民国外交部山东交涉员蔡公时遭日军残酷虐杀，一连串事件形成了举世瞩目的"济南惨案"。

5月4日上午，日本内阁召开紧急会议，关东军增派1个步兵旅团、1个野炮兵中队，朝鲜军增派1个混成旅团、1个飞行中队。紧接着5月8日，内阁会议又决定动员1个师团派往山东。5月9日，第3师团全军整备前往山东（第三次山东济南事件纪念碑。

济南五三惨案纪念碑

中華
民國
十八
年五
月立

出兵）。但在第3师团还没有到达济南之时，前线的第6师团与济南临时派遣军已经占领济南周围地区并炮击济南城。由于蒋介石不愿与日本产生正面冲突，便先行一步离开济南，同时要求北伐军也尽快撤出济南。5月10日夜，北伐军从济南撤离，第二天日本占领全济南城。

虽然济南事件对中国人而言是一件惨案，但在当时，很多第三方记者更多采信日方说法。《纽约时报》驻华特派员哈雷特·阿班表示"除了尸体外，街上见不到一个中国人"，但认为蒋介石将数万缺乏节制的部队带入济南是一切问题的根源。《华北日报》（North China Daily News）也提到："舍去全部感情偏见，我们也认为挑战者是中国一方，他们内部出现大量死者，使得北伐前途陷入危险都是自作自受。无论攻击是因为与蒋介石不和的冯玉祥方面有所阴谋，还是因为北伐军经常拿不到军饷而将累积怨恨发泄于反日之中，结果都是一样的。无论中国如何巧妙宣传，全世界都已经知道中国的宣传手段了。"

诚然，西方人之所以青睐日本，无非是因为在北伐战争过程中，大量西方国家外交官乃至领事馆受到冲击，激起30年前义和团运动的恐惧记忆所致，而日军又以迅雷不及掩耳之势抵达中国，好似一把可信赖的保护伞。但也必须说，三次山东出兵过程中，田中义一虽然对中国态度强硬，却一直注重与西方外交机构乃至媒体搞好关系，这就使得日本人在这起武装冲突中看似更加可信。

很明显，较之西伯利亚出兵与尼港事件时期，日本陆军高层对外交与舆论的重视程度与把控能力已经增长许多，更是逐渐意识到战争不再单纯是军事事宜，更是一场综合实力的考验。大致因此，山东出兵前后，田中义一才会特地召开东方会议，将各大相关机构全部纳入进来，由陆军主导进行商议，这才能有出兵的最终成功。

与此同时也要注意，日本陆军机动力显然已经获得长足进步。第一次出兵时，从内阁决议增兵到关东军调备人马登陆青岛，仅仅用了5天时间；第二、三次出兵时，不但身处前线的天津军迅速赶到前线，后方第6师团增援部队也在6天之后赶到济南，这种迅速调兵能力也是日军机动力提升的一个重要写照。日后日军能够在"九一八事变"之后不到两个月的时间里控制东三省，又能在"八一三事变"之后不到四个月时间里从上海打到南京，这里就已经埋下了伏笔。

可惜，日本陆军这项技术的提升，却并没有带来什么好结果，而是在田中义一的引导下越走越偏。

其实对于三次山东出兵与济南事件，政友会的反对者、立宪民政党总裁滨口雄幸早就看出了问题，他站出来发表演说，要求追究田中内阁的责任，并呼吁立刻从中国撤军，促成中国统一。但田中义一不会这么想。5月18日，田中内阁针对"满洲治安事宜"向蒋介石、张作霖双方发布"劝告书"：张作霖应立刻放弃华北，蒋介石也不能追击到长城以北，等张作霖回到"满蒙"地区，由日军负责解除奉系军队的武装。史称"五一八通牒"。

"五一八通牒"成为一座靠山，让日本军队在满蒙地区横行无阻。就在田中义一任期内，"一夕会"主要成员河木大作派人安置了一颗炸弹，炸毁了沈阳皇姑屯的一条铁路，也炸死了坐专列经这条铁路从北京回来的奉系军阀张作霖。"皇姑屯事件"不仅引来中国对日仇雠之意，更间接促成张学良"东北易帜"与中国形式统一，这恐怕也是田中义一始料未及。

尾声：陆军少壮派崛起

1889年《大日本帝国宪法》第11条规定，天皇总揽陆海军统帅权。这为近代日本定了一个调子：只要军人有想法，他们就一定能架空内阁，从路径上否定文官政府，直接动用所谓"帷幄上奏权"，与天皇对话。

这种说法没错，军队也确实多次动用这种权力。然而这只能解答为什么后来军部能够架空政府，却无法解释另一个问题：为什么1921年华盛顿海军条约之后，日本裁军没有受到军部过多阻挠？1930年伦敦海军条约签订之时，军部却能群起而攻之，以"干预统帅权"名义攻击政府，乃至于颠覆内阁，刺杀首相滨口雄幸？

应该说，军部虽然掌握军队，却只是众多政治势力当中的一个，他们有"帷幄上奏权"不假，但这项权力，却不是谁想用就能用，尤其是在大正民主浪潮中，妨碍民主的权力其实受到政党势力的极大约束。直到陆军中坚派横空出世，宇垣一成获得支持，他的长州阀盟友田中义一有了足够的资本，便插足正处于危机的老牌政党立宪政友会，最终将政友会异化为支持军部扩张的组织，这才有资本提升军部实力，指责他人"干预统帅权"。

国人看近代日本，兴趣多在首尾：首是明治维新与甲午战争，尾是侵华战争

滨口雄幸（はまぐち・おさち，1870—1931年），日本财务官僚，政治家，本名水口雄幸，后随岳丈政性滨口。1895年从帝国大学法科毕业，进入大藏省工作，历任专卖局长官、递信次官、大藏次官等职务。1915年加入立宪同志会并当选众议员，在同志会先后重组为宪政会、民政党之后担任总裁，并在1930年不顾军部反对而签署伦敦海军裁军条约，继而实行金解禁，却因赶上1929年经济大萧条而备受批判，1930年遇刺，后因身体虚弱在1931年去世。

乃至太平洋战争。然而对于中间的大正时代，除去芥川龙之介、太宰治与谢野晶子等文化人以外，国内学者多着墨于青岛战役、"二十一条"、支持奉系军阀等中国相关事务，但对于日本军政大事如何运转，高层政治如何博弈，经常是一笔带过。好像经过明治年间腾飞，日本就直接一个大跨步迈向军国主义。

中国人历来关注日本军国主义，然而关注点却大多集中在军国主义如何肇始与后来日本侵略者如何施暴，但对于原因与结果之中有着何种路径却鲜有了解。

在陆军崛起路径上，1922—1925年的三次陆军军事改革（陆军军缩）经常受到忽视，史家惯以"不彻底"、"不成功"来评价这场军事改革，然而细细考察那段历史就能发现，大正军事改革虽然存在很多显著问题，但其"近代化"目的却无疑达到了，更为日本在二战初期到中期取得优势培养大批技术官傣，打了下科技与工业基础。同时，大正军事改革也给予陆军长州阀与少壮派以良机，最终促成陆军在高层政治中击败海军，重获话语权，是日本走向军国主义的一大必要条件。

大正民主浪潮过于迅猛，为新生的政党政治带来无数漏洞，宇垣一成抓住媒体漏洞，完成陆军装备体制革新。田中义一抓住政党漏洞，完成陆军战略思维更新。虽然宇垣一成因为得罪人太多，最终没能当上首相；虽然田中义一由于"皇姑屯事件"触怒天皇而下野，随即暴毙身亡，但陆军少壮派先以永田铁山、小畑敏四郎，后以东条英机、铃木贞一为首，接过枪杆，继续建设国家总动员制度，继续将国家引向陆军主导的战争机器。

1930年代初期，日本依然有滨口雄幸、犬养毅、高桥是清这类铁骨铮铮的政治家挡在军部少壮派面前，然而这时候，军部却已经可以利用民意，用普通百姓或普通军人的手，将他们一个个暗杀掉，酿成了滨口首相遭难事件（1930年）、五一五事件（1932年），最终借青年将校发动的"二二六事变"（1936年）而将日本导向军国主义。毕竟，陆军不仅有了军事基础，更具备了相当程度的政治影响力与舆论导向力。

兵者不祥之器，不得已而用之。但谁也想不到，一场要求民主的浪潮，一场恳求近代化的改革，却在这个决定历史大势的十字路口上，将国家引向军国歧途，也实在让人不胜唏嘘。

萨长天下 布武四海

日本明治国家军事战略（下）

作者/潘越

以国家实体间战争形态而言，中国的近邻日本可谓是一个极佳的国家军事战略成败之范本。正是凭借着国家军事战略选择上的成功，这一个与中国有数千年交往史却又长久受到轻视的"蕞尔小国"，忽而暴发成了"大日本帝国"。

日俄战争与英日同盟政策

日英结盟结成

史学界公认大英帝国的衰落始自布尔战争（1899—1902年），南非的荷兰殖民者以灵活多变的战术令英军损伤惨重、陷入泥潭，更使得德皇威廉从此藐视英国之实力（"英国连自己的殖民地都打不过！"），随后一系列愚蠢的强硬外交举措导致德国陷入两线受敌之窘境。此话休提，1900年的英国确实必须依靠日本大举出兵以维护在华利益了。日本果然"厚道"，除了先期福岛安正少将指挥的3800人之混成旅团，又派出第5师团及第11师团①之一部18000余人增援，这总共22000人的部队占八国联军总人数的三分之二。联军于8月13日攻入北京，侵略军到处抢掠、杀人，不过日军相对还算比较克制，除了闯入户部抢劫库银以外，基本没有杀人。在列强目光注视下的日军虽然老实，但海军却在南方福建搞出了"厦门事件"。8月24日，厦门当地的日本寺庙东本愿寺突然起火（当然是和尚自己放的火），海军陆战队立即登陆，但马上招致英、美、俄、法抗议，其中英国调门最高，各国军舰纷纷驶入厦门港进行威慑，日军只得撤退。

厦门行动失败虽使在八国联军中出力最多的日本愤愤不平，但也使其认识到自身国力没有达到可以独自行动、藐视列强的程度。1901年组阁担任首相的桂太郎声称"必须相机与欧洲某一国缔结某种协定"。与谁结盟呢？由于法、俄是被大量贷款资金以及德国武力威胁牵在一根绳上的蚂蚱，美国则以"门户开放、机会均等"为旗号只管分一杯羹（1898年美国直接动手击败了西班牙、占据菲律宾，拥有了远东桥头堡的情况下，1899年9月美国政府照会英、德、俄三国提出该项对华原则），潜在对象只能是英、德两国——虽然英国刚刚在厦门事件中令日本不愉快。此时在欧洲，英国也开始与德国频繁接触，希望两国结成同盟以对抗俄国从波斯到中国东北的一系列扩张举动，以两国王室血缘之

注①

日本陆军新组建第8至第12师团时，由旧师团分出士官及骨干作为"种子"进入新师团，规定第2师团协助第8师团、第3师团协助第9师团，以此类推，所以第5师团的协助组建对象就是第11师团。类似的扩充方式将使得日本陆军于未来膨胀至数百个师团之规模。

近、英国海军与德国陆军互补缺憾的角度看，同盟确实是对两国都有利的，不过德皇威廉却趁机提出将日本也拉入此同盟，他的如意算盘就是日、英之间结成同盟，必然导致俄国做出激烈反应，在远东引发两败俱伤的战争，这样一来德国就有机会攫取英国的殖民地了。德皇对远东冲突的预测大致没错，却推走了英国、惹怒了俄国，自作聪明地在欧洲给自己编织了一张罗网。无论德皇后来命运如何，1900年10月日、英、德三国签署明显针对俄国的《扬子江协定》（加藤声称"日本政府毫不踌躇地加入该协定"），规定有非缔约国在中国获得领土利益时，三国要预先协商对抗方法。1901年初英女王维多利亚去世，威廉二世作为女王的外孙前往伦敦表示两国友好，转眼进入3月时，德国竟宣布协定不适用于"满洲"，《扬子江协定》就此作废，英德结盟谈判破裂，剩下英、日两国继续走向同盟。

新形势下日本早已提出了新战略，作者仍然是山县有朋，1900年8月写就《关于北清事变善后的意见书》，首先提出"满韩交换论"，即"以约定不妨碍俄国经营满洲，使俄国承诺我国经营朝鲜"，但在义和团运动未彻底镇压的情况下"满洲之处置尚非可议之时……莫如此时先行经营南方，并伺机与俄交涉，以达经营北方之目的。"可见山县将大陆政策定为"北守南进"，但此意见书墨迹未干，厦门事件便给日本南进的企图当头一棒。这是日本第一次在"南进还是北进"问题上遭遇尴尬，数十年后仍将面对这一两难问题，并在做

一只山羊（可能是舰上宠物）立在英国皇家海军前无畏型老人星号战舰的炮管上。这艘耗煤量少、远航性能优秀的战舰就是为了应对远东俄国、日本海军的膨胀而诞生的，长期巡航于远东海域，维护大英帝国利益。

出选择之后跌入深渊，此乃后话。于是在1901年4月，山县也明显转向与英、德结盟对抗鲸吞中国东北的俄国，为了劝说伊藤而提出《东洋同盟论》，称"我国与俄国关系虽尚未完全破裂，但早晚必有大冲突"。回过头来看俄国，其军队对于解救北京使馆没什么兴趣，却于1900年7月以东北地区义和团攻击俄国铁路、据点为理由，制造海兰泡和江东六十四屯惨案，近20万俄军多路侵入东北境内，势不可挡地将其完全占领，11月强迫清政府签订同意其驻军的《暂定满洲军事条约》，这是日本方面讨论"满韩交换论"的大背景。1901年10月《辛丑条约》签订，除了俄国以外各国军队陆续退去。11月俄国外交大臣拉姆斯多夫正式拒绝英国共同向波斯提供贷款的建议，还要求英国不要过问满洲问题。就这样，大英帝国的外交竟在德、俄面前连续碰壁，只得下定决心放弃"光荣孤立"，与日本结盟。12月初，伊藤访问圣彼得堡，与拉姆斯多夫、维特举行会谈，无果而终，就连他也不得不承认英日有必要结盟了。

1901年8月，日方代表林董与英方代表兰斯顿（外交大臣）就两国结盟事宜开始基础性磋商，10月开始正式谈判。林董宣称日本真正关心的是朝鲜，"宁可为朝鲜而战也不愿意让它落入俄国手中。"兰斯顿承认"日本不应漠视朝鲜的命运……只要有必要去做，我们将给予日本最真心的支持。"双方最终于1902年1月30日在同盟协定上签字，其基本内容有：首先，互相承认中国及朝鲜的独立（对上述两国绝无侵略意图），英国的特别利益主要关系到中国，日本除中国外还在朝鲜有政治及工商业方面的特殊利益，因他国侵略行为而使这种特殊利益受侵害时，可采取必要措施。由此使俄国不但侵略"满洲"还渗透朝鲜之行为成为必须排除的"侵害"。其次，缔约国一方为维护上述利益而同第三国交战时，另一方应保持中立，并防止他国对其盟国宣战。最后，他国若帮助第三国作战，则两盟国应对作战及战后媾和采取一致行动。作为世界海洋之霸主，英国做出这两条承诺，就等于以皇家海军牵制了法、德等有可能干涉日俄冲突的国家（当然主要是牵制法国海军），如此一来日本海军的对手只剩下了俄国远东海军及可能从俄国欧洲港口赶去的援军，形势顿时一片大好。5月，两国又开始举行有关军事协作的秘密磋商，日本起草了《日英联合军队作战方案》，双方规定相互间军事信号法、电讯密码及无线电密码、交换情报等事宜，为采取协同军事行动做准备。

大英帝国放弃"光荣孤立"与远东新近崛起，且过去只能受英国老师教育的学生之日本帝国结成平等军事同盟的消息，顿时震惊世界。当时灾难深重的中国是极度缺乏战略视野的，社会各界只看到承认中国独立、绝无侵略意图这番漂亮话，便以为英、日是来做好人吓跑俄国熊的，对此同盟一片赞扬之声。德皇威廉仿佛已经看到了远东升腾起的硝烟，幸灾乐祸之余声称，如果德国"在与法国毗连的欧洲进行军事动员的话，将会使法国放弃在可能爆发的不幸战争中援助俄国的想法。"无非是给战争爆发再助推一把。美国则重申了一通"门户开放、机会均等"，其驻华公使向国内报告说日英同盟"是重要政治事件，日本急于进行将俄国赶出满洲的战争，并且很容易就能在一个月内将10万人的军队运送到那里。"确实，从笔尖落在协定书上的那一刻起，两个帝国霸权国家在中国大地上厮杀的战鼓声已经隆隆敲响。

角力的关键是谁都不能后退

见英日结成同盟，1902年3月俄国与法国联合发表宣言，称两国不放弃因第三国的扩张行动使两国利益受损时采取防卫性措施的权力。法国虽然也与英国存有全球殖民利益矛盾，但面对本国边境线上可怕的德国陆军以及阿尔萨斯、洛林两区被占数十年之国耻，只要英德关系转向冷却，则英法必然接近①。法国海军愿冒险在皇家海军眼皮底下远跨重洋，前往远东支援俄国的可能性等于零。法国能够给予的支援除了财政方面，还有为俄国建造皇太子号战舰，并转让相关技术，使得俄国能够以其为蓝本、开工建造最新的博罗季诺级战舰——至于能不能派上用场，就看俄国的造化了。

3月26日（俄历），因俄法联合宣言没有吓住任何对手，俄政府只得与清政府签署《交收东三省条约》，规定其军队于一年半内分三批全部撤出。俄国的"退让"有各种因素影响，其最大因素是西伯利亚铁路此时远未建成——预计到1903年夏季才能交付运营，但很多地段仍需继续施工，特别困难的环贝加尔湖铁路最快也要到1905年才能竣工（战争中的1904年10月该段铁路进行第一次

注①

法国不愿实质性地牵涉入远东战争的态度，通过下面这件事就可以看出来：当俄国第二太平洋舰队满身疲惫地开到中国南海，进入法国控制的印度支那金兰湾歇脚时，法国竟然因受到日本警告而很快将其赶去芽富湾。

试运行），库罗帕特金坦言在此之前依靠湖上轮渡"一昼夜只能通行两列后来为三列军车"（摘自苏联中央档案馆《日俄战争》），他对于撤军条约的看法是"并无迫切的需要就同中国签订了相当难于履行的条约。"

俄国确实完全没有认真履约的意思，第一撤兵期内撤出的俄军只往北调驻于中东铁路沿线，至1903年3月26日（即条约签订一周年、俄军第二撤兵期的最后期限）沙俄御前会议断然决定停止撤兵，反而向清政府提出"七条要求"。5月7日俄国最终决定采取所谓"新方针"，认为"让步政策"只会导致战争，只有"表现得更强硬，才会使人感到畏惧，从而防止战争"。于是沙皇要求"立即采取措施制止外国势力进入满洲……明确为了组织我国在远东的战备而必须采取的措施。"库罗帕特金指出："禁止外国人进入满洲……导致的后果就是，这些国家不仅开始支持日本，而且还唆使它进攻俄国，而最重要的是供给它金钱。没有这笔钱，日本是不会和我们开战的。"

确实如此，日本手上已经拥有一支急速膨胀的海军舰队及强悍的陆军。他们不仅熟悉朝鲜、中国东北的地理、民情，还掌握着由铁路与大量船只构成的

1903年的东京日比谷公园，仍然是一片祥和气氛。

后勤交通线。日本面临的不利因素有两个：一个是缺钱，甲午之后仍然连年疯狂扩军，债台高筑，因此"对俄国进行作战，在元老、政府和财界首脑都是没有自信的（《日本近现代史》第一卷）"。面对岁入10倍之高的俄国，只有临时性大举借债并迅速打赢战争这一条路，而俄国蛮横的"新方针"促使英、美银行家向日本打开钱袋①。当然作为交换条件，获胜之后的日本应当摒弃俄国式的独占政策，将朝鲜、中国东北的门户向列强开放。另一个不利因素是时间站在俄国那边，西伯利亚铁路全部竣工之后，俄国能够顺畅调动的200万陆军之威力将是日本陆军完全无法抵挡的。

因此英日结盟之后，日本实质上便抛弃了"满韩交换论"，心急火燎地转向强硬政策。1902年10月日本内阁决定拨付"清韩事业经营费"，首先经营贯通朝鲜半岛的铁路②，使"整个韩国归于我国势力范围"，并将经济殖民的矛头公然指向仍在俄军铁蹄下的"南满"，而这些年在朝鲜经营的事实已证明俄国在经济手腕上是竞争不过日本的。《日本外交史》对此概括为：俄国相信凭恫吓就能使日本后退，而日本则认为依靠日英同盟的建立能"迫使俄国顺应我方之要求"。这似乎是典型的"修昔底德陷阱"，双方极度缺乏战略互信，都挥舞大棒恐吓对方，以为只有如此才能避免本没有取胜把握的战争，结果却眼见争端升级最终引发战争。

自从"征韩论"以来，日本举国上下便声称如要确保日本本土（主权线）的安全，就必须要将日本影响区域推进至"满、韩"（利益线），至少要确保朝鲜在日本的绝对掌控之中。这是为大陆政策辩护的主要借口，且流传至今，堂而皇之地出现在各类著述中（甚至出现在小说、漫画中）。所谓"狭长的朝

注①

日本在1904年的岁入是2亿8648万日元，经过多年经济高速增长以后，已经比甲午战争时翻了一番有余，但与俄国差距仍然是巨大的，俄国当年的岁入折合成日元是20亿8117万。战争于1904年打响后至1906年，由高桥是清主导向英、美银行团6次大规模举债，约借得大致相当于13亿日元的1亿3000万英镑，而战争总费用是17亿日元有余（在《岩波讲座日本历史》中的数字则是：1903年12月为准备开战而支紧急预算起，至1906年12月为防止俄国复仇而开支军费止，共7次追加预算，总计达19.8亿日元）。说日俄战争是靠着英美银行家的钱袋与高桥是清的一张嘴打赢的，绝非妄语。

注②

1903年末已经决定开战的情况下，日本发布敕令要求迅速开通京釜线，该铁路线直到1904年10月才全线通车用于运兵。1904年5月14日在东京组建"野战铁道提理部"，这支野战铁道施工队伍随后前往辽东半岛铺设临时铁路，将俄制宽度铁路更换为国际标准宽度铁轨，这支队伍就成为战后"满铁"的前身。

鲜半岛如同一把利刃直指日本"看似是严重的地缘安全问题，但回想历史上曾经纠集大军于朝鲜半岛、然后跨越对马海峡的事件，却只发生过一次：元朝忽必烈动员蒙、汉、高丽联军入侵日本之文永、弘安之役（1274年、1281年），登陆之后发现抵抗激烈、九州岛地形崎岖，最终"神风"摧毁船队而导致惨败。日本作为岛国确实四面易受海上来敌小规模侵袭，但对于大规模的入侵军队而言，四面大海却是难以跨越的天堑，日本的此项防御优势比英国还要高出许多。也正因如此，1875年俄、日两国才会签署划分北方边境条约，根本理由是双方都还没有对"满、韩"实施大规模入侵殖民活动，可见只以本土安全而言，两国绝不至于兵戎相见。

1888年山县对应陆军师团制改革而提出的《军事意见书》中，也认为本土防御战略以一个师团先于海岸抵抗敌军登陆而后调兵将其击灭便可，假定敌实施一次登陆的兵力最多不过两个师团——这个假定敌当时是东海对面的中国，而1904年的俄国在远东也不具备更强大的跨海登陆作战能力[①]。显而易见，日本把朝鲜半岛作为必须予以全面掌控的区域，第一是出于"利益线"扩张的要求，即经营大陆政策是必须要排除俄国阻碍的，第二则是如果容忍俄国掌控中国东北乃至渗透朝鲜，俄兵于对马海峡洗靴，对日本本土造成威胁是事实，不过更严重的是日本也将极难通过军事手段——即从九州岛出发登陆朝鲜，经由狭长崎岖的半岛将俄军推回去。当年清军在朝鲜那般不经打的表现，日军是不可能指望再碰上一次的。日本将沦落"悲惨"境地，只好丢弃明治维新所获最大之成果，龟缩于本岛而放弃"国是开国进取"。

将日本的"地缘安全主张"倒转过来，在地球另一面的彼得堡展开远东地图的尼古拉二世看到的又是什么呢？朝鲜半岛就不仅是"指向我们的一把利刃啦"，它是一条通道，是一把已经插入"满洲"腹背的利刃！中东铁路之南满支线是南北走向，延伸往鸭绿江的道路却与其近似垂直，如果敌军大规模渡过鸭绿江攻来，则沿南满支线守军只得一字摊开处处设防，敌军却可集中兵力围

可参考英国在第一次世界大战中针对土耳其达达尼尔海峡发起的登陆，即加利波利战役，虽然其海军之强大，对海权之掌控是土耳其完全不可相提并论的，但其陆军（主要是坚韧顽强的澳大利亚和新西兰部队）却如同数百年前的忽必烈军队一样，被死死钉在滩头，打了一年之后，伤亡惨重不得不败退而回。这是一个典型的先进列强国家因为错误的军事战略而败于落后国家之战例。对照俄国在远东实力，只要是理智清醒的人都可以看出，不存在俄国大举入侵日本本土的可能性，更何况日本海军强于俄国远东舰队。

日本·军鉴

224

攻一点而切断整条战线，辽沈平原又开阔平坦，有利于攻方运用机动战术实施包抄围歼，正符合老毛奇的"外线胜于内线"之战略。历史上在此之前，亦可说在此之后，任何立于中国东北之政权，必然会持有同样的战略观点：为巩固东北的安全，必须对朝鲜施加影响，将其作为防御屏藩。当一支大规模的、怀有敌意的军队由朝鲜南部登陆向北方杀来，则必须主动跨过鸭绿江，于狭长、崎岖之半岛上阻碍其进军并切断其后方海上通路，如此则必胜无疑（只能阻碍进击而不能切断其后路则基本会打成平局）。一旦让敌军通过鸭绿江侵入辽东大平原，则必生惨祸[①]。

日本陆海军的总体攻势战略

摆在俄国面前的选择，要么保守地向后退至"北满"，要么激进地向中、朝边境派兵掌控鸭绿江乃至朝鲜北部，并无中间路线。看透此中危局的库罗帕特金一方面主张执行撤兵条约、从"南满撤走"，另一方面主张吞并"北满"加以巩固，待日后西伯利亚铁道全线通车后再向南进军不迟（维特、库罗帕特金并非真正撤兵派，实质是"暂时缓和派"）。从军事战略角度看，这个方案是合理的甚至是"必胜"的，日军要维持一条经朝鲜半岛再穿越大半个"满洲"的漫长交通线，主动向北方崎岖荒凉之地区进军的同时还要防备俄军由赤塔、海参崴方向发起中心攻势（1945年苏联红军在东北便如此进攻关东军），这绝对是行不通的。

但是，俄国如果执行库罗帕特金的军事主张，则其在"南满"政治、经济方面就会彻底输掉（"北满"没有港口，也谈不上有什么殖民经济利益可以捞取，只能以哈尔滨为中心作为未来发动战争的基地）。阿巴扎海军中将于5月会议上提出："我们停止鸭绿江畔的森林事业，日本人就会把它夺到手并控制鸭绿江地区，他们将居于强有力的地位，在图们江靠近我国边境并处于南

注①

　　沙俄宫廷宠臣别卓布拉佐夫无可辩驳地在上奏沙皇奏折中阐述朝鲜的军事意义，摘抄如下：如果日本人能够占领北朝鲜并在鸭绿江和图们江地区固守下去，他们在半岛上的军事地位就会变得十分强而有力。借助这种可靠屏障的掩护，他们随时可以保卫自己的基地和顺利转入对我们的进攻。与此相反，如果这些战略基地为我们占领，那么全部有利地位就将转归我方……朝鲜北部的军事意义有其历史渊源。仅仅因为有了这一地理屏障，朝鲜国家才得以在各个不同历史时期同外国的入侵进行了成功的斗争……

满铁路的侧翼……旅顺和关东州将成为被心怀敌意的势力包围的孤岛（库罗帕特金对此评论说：'这种想法也是对的，所以我才建议干脆放弃旅顺和南满。'）……经济上，我们就会失去利用满洲和朝鲜的资源的可能……我们的铁路将为外国人服务……俄国的威望就会在东方丧失，因为人们都看到……俄国是惧怕日本的。"

宫廷宠臣别卓布拉佐夫通过鸭绿江森林公司攫取私人利益，阿列克谢耶夫死抱着一手开拓的"关东州"不放，乱打包票说旅顺要塞永不可能陷落，更不可能被"东洋黄皮猴"夺取，这些人作为史书中典型的"奸臣传人物"而受后世千夫所指。但在沙俄数百年一贯的扩张侵略"国策"主导下，叫喊"让步总是引起让步"并主张挥舞大棒吓阻对手（毕竟沙俄曾经在三国干涉还辽、抢占旅顺两次事件中吓阻日本成功）的阵营最终获得胜利，自是理所当然。数十年后，当同样侵略成性的日本帝国妄图独自侵占整个中国却深陷泥潭，美国对其实施制裁并以从中国撤军作为取消制裁条件时，日本的选择是什么？不但是加以拒绝而且主动偷袭开战！俄国没有做得那么绝，但在20世纪初东北亚的两强角力赛中，它确实更为丧失理智与咄咄逼人。

5月会议之后，俄国以保护森林公司为名将军队调往鸭绿江畔防御重镇凤凰城及安东县，7月竟侵入朝鲜北部占领龙岩浦、建立军事据点。双方谈判至12月，日本最多让步至只要允许日军驻扎朝鲜，则鸭绿江两岸50公里可划为中立区，并允许日本在中国东北发展工商利益（这项主张依据是日本继英国之后与清政府签订《通商续约》，开放奉天府和大东沟为通商口岸）。而俄国的谈判底限与之南辕北辙（俄国主张两国都不驻兵朝鲜，需要出兵时必须预先照会对方，双方出兵中立分界线是北纬39度，并且要日本承认"满洲"不属于其势力范围），由此谈判破裂。1905年2月5日天皇向海陆军下达"为保卫我国的独立，与俄国断绝交涉"训令，战争打响。

日本陆军的对俄作战战略规划经过多年酝酿，1902年8月正式提出，即《因应新形势之作战计划》（这个"新形势"是指俄国拒绝从"满洲"撤兵），其概要是：在海军夺取黄海与日本海之制海权的情况下，主要作战将在满洲进行，次要作战将导向乌苏里（俄国沿海州），如果制海权只能保持对马海峡的情况下，则陆军将在朝鲜南部登陆并采取攻势作战。1903年末将攻势作战的时期进行划分：第一期，鸭绿江以南作战，以日本与韩国军事力量全面结合实施。第二期，鸭绿江以北的满洲作战，推进目标首先选定辽阳，力求捕捉俄野战军主力实施攻击。

海军方面的对俄作战战略规划虽然未有正式的研究文件提出，但可以参照日英同盟结成之后，海军大臣山本权兵卫发表关于日英海军共同作战之训令，因应陆军的作战计划也提出攻势战略：首先，以佐世保为基地实施作战（目的是确保对马海峡制海权，将旅顺与海参崴俄舰队分割开来，保障陆军向大陆输送）。其次，日英两国舰队迅速集合，捕捉敌军主力舰队，将之击破（日英舰队联合行动的前提是俄国的欧洲舰队前往远东并成功会师）。最后，如果敌舰队在基地港湾中躲藏则将之封锁实施攻击。因此，海军的军事战略是在舰队决战的同时，保障向大陆运兵的制海权，但这两项战略任务同时实施将会产生矛盾，从而引发了陆海军之间的争论。类似的争论一直持续到太平洋战争中，导致陆海军极为激烈的对立。

综合陆海军提出的"前进满洲决战"与"舰队决战"之攻势战略，战争爆发后大本营正式提出的作战战略如下：全局而言，我军作战方针是将主要作战导向满洲，力求捕捉敌主力将其"击坏"并驱向北方，舰队前进将敌军太平洋舰队击破以获得远东海域制海权。陆军方面，第一期作战以第一军通过朝鲜进

日俄战争爆发后，在朝鲜半岛上行军的日军。俄军占据鸭绿江一线使得日本决策开战，但俄军在鸭绿江的防御组织很不充分，更谈不上有进入朝鲜阻挡日军推进的准备。

入鸭绿江右岸（即中国东北）牵制敌军，第二军趁机占领辽东半岛东南部一点并形成根据地，第三军也登陆之后监视旅顺要塞，如有需要则将之攻占。第二军则与第一军互相策应向北进击，期间于第一军与第二军之间或者渤海湾东北部登陆第四军，各军互相策应以辽阳为目标进击。第二期作战，以辽阳以北有利地形作为冬季营地，期间整顿修养兵力，以图翌年回春时节重开运动作战，捕捉敌军加以击灭，务求使其不能复起。海军方面，于陆军第一期和第二期作战期间，将俄国舰队分割于旅顺与海参崴的情况下，首先以主力进击将旅顺舰队击破，而分兵一部掌握对马海峡制海权。如果旅顺与海参崴俄舰队试图合兵，则力争在合兵前将其各个击破，如合兵成功则以主力寻求与之决战。如果敌舰队不出击，则将日本舰队置于对马海峡，因应态势而动。俄国在欧洲更为强大的舰队远航前来的可能性虽然未有明言，但最后这一句"因应态势而动"为海军调整战略提供了余地。

中日甲午战争时，日本海军的战略计划中还有如果海上决战失败，则龟缩本国防备敌军本土登陆的内容，而在日俄战争时海军已经无视此项危险，这是因为有了日英同盟及两国海军协作的保证，即使在最坏的情况下也可以指望英国海军施以援手。行文至此可如此论断：自明治维新以来一直由英国扶持的日本帝国，终于在日英同盟的鼓舞之下，毫不退缩地面对近代以来亚洲民族未尝成功的军事冒险，与欧洲强国进行全面战争并力求获胜，以实现由"国是开国进取"孕育而出的扩张"利益线"之大陆政策目标。

推动日本军事战略演变的参谋们

上文已阐述，日本帝国最高决策层通过磨砺根本国策、大陆政策及英日同盟而提出的对俄战略攻势作战计划，本节则稍加详细地介绍由数位重要人物推动的日本海陆军战略战术进化过程，并在此基础上简要介绍日俄战争的具体进程。

来自德国的梅克尔少校担任日本陆军大学校主教官之后，不但通过讲堂授课、也通过其近20本著作和讲义记录的发行，对日本陆军战略战术思想施加难以估量之重大影响。梅克尔特别注重其本人所擅长的基本战术及应用战术教育，而对于战略及战争方针指导方面则教育不充分，这一点当时的陆军高层已经领悟，因此在梅克尔归国后立即派遣留学生前往德国（直接向老毛奇讨教学习），另一方面也翻译战略类军事著作并向将官普及。从德国归来者的留学生中，川上操六被公认为才华出众、拥有清晰思维能力与精湛的组织手腕，新成立的参谋本部在其推动之下全面引入德国军事之"刚健信条"与技术方法（桂太郎则负担军事行政方面），其最为推崇的正是老毛奇的军事战略学说。

与老毛奇一样，川上特别注重陆军将校阶层知识、洞察力的扩展，管下之陆军文库藏书达25000册之多，并编纂了详细的"支那地理志"、"北清纪行"、西伯利亚地理志、东亚各港志等，近代化军令指挥机构对于理论与实际作业必须紧密结合的要求，由此得以实现。甲午战争时，由时任参谋次长川上主导制定攻势战略计划，并异常顺利地由陆军予以实施获胜，也就丝毫不令人奇怪了。因此，甲午之陆上战役大致可视为梅克尔的战术原则与川上的战略计划相结合所取得的胜利（当然更为重要的是伊藤之政略指导，对军事暴走企图的抑制），后世因日本陆军成为战略视野盲人而一味责怪梅克尔教学对于大战略教育的忽视，显然有失偏颇，川上以理论结合实际的战略规划精神到底被继承了多少，才是关键问题。

川上身边的头号辅佐者是同样从德国留学归来的田村怡与造[1]，因老持稳重而人称"今信玄"（与提出《清国征讨案》的"今谦信"小川又次相呼应），对于陆大教育方法改良、各地军队教育监督、师团机动演习计划制定等工作推进贡献很多，德国（老毛奇）-梅克尔军事思想体系完全渗透进入每一个联队，从而实现在战争中指挥顺畅、如臂使指。抛弃一直以来法国版战斗条例，模仿德军的新"野外要务令"也由田村一手起草，1891年向全军颁布实施，由此陆军各部得以在共通作战规范基础上对外实施战斗。1893年川上与田村（后者作

注[1]

　　田村个人经历也有必要简要介绍一下。当年西南战争中，谷干城少将死守熊本城，属下有桦山资纪、别役成义、盐屋方圀、儿玉源太郎、川上操六等一干日后威名显赫的年轻军官，而田村直到战后的1879年才从士官学校毕业，作为少尉配属到熊本的第13联队，联队长正是川上。田村（当时旧姓早川）很快便参加陆军大尉长冈外史等组织的"月曜会"（成立于1881年3月），持反对萨长藩阀的立场（奥保鞏、立见尚文、儿玉源太郎、寺内正毅、小川又次、东条英教、能久亲王、贞爱亲王都曾是会员，该团体被鸟尾弥太郎、谷干城、三浦梧楼等把持之后与山县、桂、大山等陆军掌权派之间矛盾升级，于1889年2月被大山严令解散）。这种矛盾延续至甲午战争中：山县与小川独断发起海城攻势，田村与他们发生争吵，将意见报告与大本营，导致山县被以疗养名义召回。而田村也被一同召回，停职至次年1月，2月降格为步兵第9联队长重返前线。战后担任驻柏林公使馆武官一段时间，回国后担任参谋本部总务部长，着手推动旅团师团的扩张与制度改革、骑兵与炮兵旅团的新设、野炮与山炮的划分等工作。1902年4月取代寺内担任参谋次长，他本人对于日本与俄国展开战争的看法是较为消极的，但仍然尽心尽力地制定对俄作战战略计划，最终因过度疲劳而去世。

川上操六（1848—1899年）。尽管他出身萨摩藩而被认为是萨派人物，但他自己不存偏见，推进陆军教育，对所有学生一视同仁。

为参谋部员之一）前往朝鲜、中国北方搜集情报、查看作战环境归来后，便已确认一旦开战，胜利必将属于日军。

甲午战争后，1898年川上担任参谋总长，着手制定对俄战略，却因当年组织近畿地区展开特别大演习而操劳过度损伤健康，于1899年5月去世（大山严接任，直至他1904年6月转去担任满洲军总司令）。1902年4月任参谋次长的田村接过对俄战略制定任务，上文已提到在其主持下《因应新形势之作战计划》于当年8月提出。因过度劳累，田村也于1903年10月突然去世，因此继承川上–田村的战略方案并使其更具进攻性的是下一任参谋次长儿玉源太郎（已担任过陆军大臣、台湾总督等职，是自我推荐降格就任参谋次长），并以满洲军总参谋长身份掌控日俄战争陆上战略全局，将攻势主义战略原则贯彻到底。

与陆军受普法战争的影响中途变道去学习普鲁士－德国不同，日本海军在明治初年（甚至可以说在幕府末年）就已确定学习对象是英国，然而其真正明确战略思想与战术体系却是在甲午战争以后。事实上，当时全世界列强海军都处于对蒸汽动力、铁甲舰体、钢制速射炮等迅猛发展的海战新技术兵器如何运用于战争的摸索时期，并不存在完美范本。日本海军为应对甲午战争中陆军主动向朝鲜、中国境内登陆突进的要求，几乎是在被动状况下采取了集结为联合舰队，主动搜寻北洋海军主力决战，以夺取制海权的作战战略。也就是说，日本海军的作战行动及其结果本身，亦成为当时世界海军中"舰队决战主义"日益兴起的推动力之一。

1886年就任参谋本部海军部（当时陆海军令机构还未彻底分家）部员的岛村速雄率先搜集各种外文海军学书籍，编撰作为日本海军战略思想开端之《海军战术一斑》。海军大学校于1888年设立后很长时间，以炮术、水雷、航海、机关等学科进行技术教育，战争战略与作战战术教育却付之阙如。岛村又前往英国留学观摩，归国后成为伊东佑亨的左膀右臂，编制大量条例操典，而其在甲午具体作战计划的制定中，与其说是以某种成熟战略思想为基础，还不如说根本就是借鉴英国皇家海军"见敌必战"之精神而已，所幸对手北洋海军本身存在种种问题而获得胜利（后世各国海军专家分析大东沟海战，大多认为中日两国海军的战略战术皆非完美，只不过是不那么差的一方获胜了）①。吸取甲午战争之各种经验教训，1898年5月决定在海军大学校甲种学生（将校养成）课程中加入军政学、战史教育内容。

这时一员鬼才现身了，他便是大名鼎鼎的秋山真之，留学美国（公费留学落选，其兄秋山好古赞助他前往美国安纳波利斯海军军官学校深造）后自称得马汉真传，实地体验美西战争中的古巴海战，1900年回国之后便将马汉的战略

注①

　　北洋水兵在军舰大炮上晾衣物，被日本海军视为不专业而鼓起挑战勇气之类的段子流传许多年了。被英国教官认为远比中国学生"谦虚好学"的日本海军在甲午战前是怎样的专业水准呢？可引甲午战争中任第一游击队参谋的海军大尉釜屋忠道（最终军阶海军中将）一段回忆："当时集合于佐世保的军舰已达数十艘之多，但可悲的是，说当时完全不知海军信号为何物虽略显夸张，但能够熟练实施舰队机动的将校实在太少，打了信号也难以列成舰队阵型……那么是采用单横阵好呢，还是群队阵好呢，或者小队阵好，众说纷纭，到最后判断用单纵阵可以'跟随在先头舰后面'、就算不用信号指挥也可得阵型之胜机，于是决定要在（甲午）战争中采用单纵阵。"由此可见日本联合舰队在大东沟海战中，将航速较快的军舰脱离主队而作为游击队快速倾泻侧翼炮火虽为聪明之举，但主队与游击队都采用单纵阵的理由却绝非是因为预见到今后世界海战战术之趋势，而纯粹只因为操舰能力差，除此以外别无阵型可选！

理论与他本人独特的发散性战术思维于海军内部宣扬。前文已述1902年在英日同盟结成的背景下，与秋山并称海军智囊的佐藤铁太郎写就《帝国国防论》，引申马汉的海权论主张，强调海军并非一般国防意义上的工具，须从国家独立、民族自决立场出发，为维护日本帝国之特殊"国体"而树立海军战略，以扫除陆主海从的陈腐观念（当然这并没有真正实现，贯穿日本帝国历史的是陆军与海军之间分庭抗礼）。当年7月，海军大学校开设纯粹的战术学讲座，秋山担任教官，由此日本海军兵学得以进行统合整理，演变为海军战略思想体系，其核心即为舰队决战主义与制海权思想。

岛村、秋山以及加藤友三郎等一批远见卓识之辈于日俄战前加入联合舰队参谋阵营，实为日本海军之幸。尽管1903年12月再度编成联合舰队时，出人意料，担当司令官的是不太靠谱的东乡平八郎，但总算并无大碍。

迅猛进击至夺取军事胜利

战争打响时，日本陆军已扩充至13个师团，战时编制为156个步兵大队、54个骑兵中队、106个野战炮兵中队、13个工兵中队。后备部队还有94个步兵大队、7个骑兵中队、4个炮兵中队、13个工兵中队的规模，战争中所有部队都被派遣上阵还远远不够，又紧急编成第13、14、15、16这4个师团，战后固定为常设师团，加上原先的13个师团成为堪称"老资格"的17个师团。一个师团的步兵编制有9400人、骑兵303人、火炮36门、工兵400人，另外有独立骑兵旅团、独立炮兵旅团由军司令部直辖。炮兵大佐有坂成章设计的连发步枪于明治30年（1897年）制式采用，这就是"三八大盖"的前身有坂三十年式步枪（缩短设计则成为三十年式骑兵枪），1898年同样由有坂设计的三一年式75毫米野战速射炮（但实际上1分钟只能打2、3发炮弹）也装备部队。战时为了攻克旅顺要塞而使用从德国购买的大口径加农炮、榴弹炮（成为战后陆军制式火炮的模板），并将本土沿海防御用的280毫米曲射炮拆下，千辛万苦运去旅顺城外。又从法国哈奇开斯公司引入导气式机枪并在战争中予以国产化，紧急提供于前线，尽管其威力远不及俄军手中的马克沁水冷式机枪。

前文已述，甲午战争后日本国家财政在"卧薪尝胆"的刺激下更加倾向于扩军备战，而扩军费用的大部分是给予海军的。至1900年时，日本海军新添一等战列舰富士、八岛，巡洋舰常磐、浅间、千岁、高砂、明石、和泉、须磨，以及大量驱逐舰、鱼雷艇，实力已基本与俄远东舰队匹肩，迫使俄海军向远东增派从美国、法国购买的特列维赞、皇太子号战列舰以及其他一批巡洋舰等，反正最新的军舰都往远东送。但是日本海军扩军步伐亦越加飞快，以树立世界海军主力战舰新标准之君权级战舰技术为基础，特别增强先进装甲防护的敷岛、朝日、初濑、三笠这四艘一等战列舰于1900至1902年间于英国陆续完工，回航至日本成为联合舰队主力（由此"六六舰队"组建成功），再加上采用爆炸威力极大的下濑爆药，能够实时传递信息的新型无线电报机，联合舰队综合实力不但凌驾于俄太平洋舰队之上，且俄国在欧洲拼命赶制的博罗季诺级战舰即使赶过来，也很难胜过联合舰队——当然前提条件是联合舰队在先解决太平洋舰队的过程中损失不大（还是有损失的，八岛、初濑两舰于旅顺港外倒霉地撞水雷爆炸沉没，由紧急购买的日进、春日装甲巡洋舰顶替），且第二太平洋舰队在远航过程中损耗较小，而这些实际都发生了。

至此，日俄战争战略层面内容已阐述完毕，具体战争进程简述如下：1904年2月8日联合舰队首先派遣驱逐舰雷击队夜袭旅顺港，不过俄太平洋舰队并未大伤元气，只得对旅顺港出口实施多次沉船闭塞作战，同时双方实施了有史以来最大规模的水雷作战。2月9日进行仁川湾海战，陆军第一军由此大举登陆并快速向北进击，4月末迅速突破俄军薄弱的鸭绿江防线进入中国东北，5月初第二军成功登陆辽东半岛，经过相当惨烈的南山战役后兵临旅顺外围，攻城任务被交给了乃木希典指挥的第三军。俄太平洋舰队于8月10日窜出旅顺港试图逃

日俄战争前日本海军军费数额及占政府财政总支出的比例
（摘自《明治海军五十年》）：

年份	财政总支出（日元）	海军军费（日元）	比例
1896	203458000	38609000	18.77%
1898	246472000	63387000	25.71%
1900	257930000	40922000	15.86%
1902	281753000	28425000	10.8%

以上可见海军军费比例之高，已到令人惊异的程度。但另一方面，这也证明了日本经济大幅增长之后国力已有余裕，尽管如此大举扩军不可能长时间维持，但维持数年时间并不会造成严重不良影响。

今天仍然保存于横须贺三笠公园的"三笠"号战舰。它之所以能够如此完好地保存至今，与美国尼米兹将军对东乡的敬重，对"三笠"舰的喜爱不无关系，尽管美国海军在尼米兹的指挥下彻底毁灭了日本海军，但海军军魂跨越了时代，也跨越了敌友关系。

命，被联合舰队于黄海上捕捉并击败，俄舰一部逃回旅顺后已濒临灭亡状态。第三军正式攻城战从8月7日开始一直打到年底元旦，至第四次总攻击才迫使守军投降，旅顺要塞内外沦为名副其实的尸山血海。与甲午战争时军级行动由后方大本营指挥不同，由大山岩任总司令、儿玉源太郎任总参谋长的满洲军总司令部直接设立于中国东北，等于是参谋本部搬到前线出差、一手掌控战略战术指挥，过往伊藤博文主持大本营，视政治外交全局之需要来调整前线战略计划的情况也就不再可能发生，日军特别是陆军在战争中毫无顾忌地拼至自身极限后才停止军事行动。8月24日第一、第二、第四军执行战前战略计划，开始围攻辽阳，经过数日激战之后俄军撤退。10月俄军于沙河发起进攻作战，遭日军反击。1905年初俄国由已经完工的西伯利亚大铁路运来大量援军集结于奉天，并于1月又发动黑沟台进攻作战，仍以失败告终。

　　日本陆军集结手上所有力量（包括因旅顺作战而折损一半的第三军和新组建的第五军，已经使用大量不适合作战的老弱残兵充数）于2月20日向人数占优的奉天（沈阳）俄军发动全面进攻，继续使用正面牵制、侧翼包抄之战术，而广阔的辽沈平原正适合使用这种战术。双方都拼至最后一口气，战略大局观尚可，实际指挥能力却大有缺陷的俄军总司令库罗帕特金最终于3月9日无法坚持，下令撤退，俄军溃逃至四平才站稳脚跟，而日军也不过追击至昌图，便筋疲力尽了。5月中旬俄第二太平洋舰队经过大半年极端艰苦的远洋航行之后终于进入远东海域，其所面对的日本联合舰队却经过了充分修整并实施了突击炮术训练。联合舰队于5月27日清晨捕捉到俄舰队方位，虽然秋山苦心编排的"七段

描绘了日俄两国军人各自军装样式，日本明治时期著名浮世绘画家渡边延一的作品，

渐减战法"并无用武之地，但仍然取得了对马大海战的辉煌胜利，至此军事行动已基本终结。

日俄战争是日本帝国军队，无论是陆军还是海军最辉煌的顶峰，是"明治"所代表的一切至今仍然于日本民族胸中激起感怀的最重要因素，也深刻影响其后日本、远东亚洲乃至于整个世界的历史。就日本陆军而言，日俄战争中为打败优势敌军而实施的运动战、包围战成为其长期强调的战略战术范本，以至于认为无论如何强大的对手或即使作战地域并不与辽沈平原类似的情况下，仍然只要采取果敢的攻势战略，对敌实施迅速的运动战、包围战就一定能获取胜利，而奉天战役结束时陆军已经耗尽力量，日本国力也无法再提供更多的兵员、武器和战争资金的事实，却被忽视了。就日本海军而言，虽然旅顺作战并不顺利，但对马大海战一举歼灭俄第二太平洋舰队，如此世界海战史上之殊勋可谓一俊遮百丑，由此大舰巨炮主义、舰队决战主义，乃至于对鱼雷突击、水雷战术的痴迷都成为此后数十年之海军烙印，也就顺理成章了。

明治末年日本军事战略塑造完毕

现代日本军事专家所见之明治辉煌顶峰

日俄战争是远东战略格局的又一次洗牌，列强国家当然不会对于东北大地上千万承受痛苦的中国人有丝毫同情心，作为非直接参战国却到处彰显存在的英国（俄第二太平洋舰队途经英国海域时胡乱攻击英国渔船，差点让英国直接参战），1903年趁机大举入侵中国西藏，至1904年8月占领拉萨。但英国独吞世界屋脊的企图与以前单独行事的沙俄（出兵东北）、日本（出兵厦门）一样遭到世界舆论谴责，被迫退兵。日本则在日俄战争进行中的1904年8月，强迫朝鲜签订《日韩协约》，"大韩帝国"实质沦为其保护国。1905年2月即奉天会战即将开始前，英日两国冠冕堂皇地表态结盟关系已经取得丰硕成果，有必要延续，于是林董与兰斯顿再次展开谈判，8月12日签订第二次日英协定，正式结成军事攻守同盟（即只要任何一国遭受他国攻击，另一国就要立即援助，但目前日俄战争中英国仍然中立），以及英国承认日本在朝鲜的特殊利益、日本承认英国在印度的特殊利益。英国之所以会续签如此协定，其背景是英德之间矛盾已进一步升级，德国海军疯狂造舰严重威胁到了皇家海军的霸主地位，英国需要调集世界范围内的驻防军舰返回欧洲，因此认可日本在远东的优势地位及处置朝鲜的权力，甚至指望于危机状况下请求日本派遣军力护卫在印度的英国殖民利益。

同时，由西奥多罗斯福总统作为中介斡旋，日俄两国谈判在美国开始了。俄国坚绝不支付赔款，而不割地的主张只存在于口头，事实上默认了日本占领库页岛南部，另外双方同意将"满洲"南北划分势力范围（朝鲜已经属于日本了）。不能获得赔款虽然令日本的"爱国者"愤怒而制造大规模打砸烧事件（即"日比谷烧打事件"），但日俄战争中虽然参谋本部已经通过在前线设立满洲军总司令部而掌握前线战略指挥权力，整体之战和政略却并不如后世那般操控于暴走军部之手，由美、英协调的和平方案是必须接受的。9月5日《朴茨茅斯和约》签订，日俄战争结束。日本卓越的军事表现使其整个国家信用大幅提升，战后各先进国家纷纷对日本进行经济投资，同时中国东北也为日本提供廉价原料并成为其投资场所，对于已有余力进行对外资本扩张的日本财阀来说这才是最重要的。虽然没有战争赔款，但日本仍然迎来了又一次工业蓬勃发展的繁荣时期，终于奠定了与"世界列强之一"身份相匹配的国力基础——也养成了日本民族的大国心态，除了太平洋战争战败及其后数年时间，此"引领亚细亚"之大国心态延续至今。

今天的日本人是经历了明治之辉煌与昭和之惨痛，再结合当今世界及东亚战略格局来看待这一段历史，以吸取经验教训的，此处摘抄前防卫大学校指导教官、陆战学会理事黑川雄三先生的论点如下：由日俄战争政略及战略两面观察，其获胜原因主要有两个：第一，日英同盟的力量。由于大英帝国成为军事防守同盟之盟友（第一次日英协定大致可以将日本视为进攻之矛，英国视为防御之盾），使得俄罗斯以外的列强不得干涉日本，且诱发对日本的支援（主要是指战争资金方面），并给予日本的指导者更多自信、机会。同时，俄国的战争指导经常因顾虑英国及列强，而产生强制性心理抑止效果。联想今日日美安保体制，着实令人兴趣浓厚。第二，政略与战略的一致。日英同盟结成与日俄开战等战略大方针的决定，与日清（甲午）战争时同样，是由山县、伊藤等经历维新大动乱的元老们把握主导权，并进行冷静指挥，从而大局正确。而满洲事变（九一八事变）以后昭和时代，陆海军统帅部都经常挺立而出，压倒政治及外交当局，独自暴走导致事态恶劣。

细看日俄战争的作战战略层面，陆海军也有各自主要获胜原因。第一，陆军战略的目的指向性，日军作战战略结合广阔的南满洲（辽沈平原）地域特性及俄军特性进行制定，其规模宏大且实施了坚决而有明确目的的计划指挥。战争初期的战略态势对日本尤其有利，但随着时间推移，态势开始对在本国拥有大兵团的俄国有利，对日本不利，日军遂充分把握时间因素，制定卓越的军事战略与作战用兵计划，强调"以寡制众"、"不与敌喘息之机"，尽早将俄军击退至奉天以北，确立停战基础。陆军战略计划的背景是幕末以来，特别是有一批可用之人才将学习法国、德国的战略、战术及参谋规范，充分分析掌握。也就是说，通过幕末维新以来的无数激斗，拥有剑电雷雨中坚韧幸存下来之历战经验，这些士族出身指挥官们的存在是极为重要的。此人力资源才是明治日本跃进之原动力。第二，海军于战争初期成功夺得制海权，特别是开战后迅速取得仁川海战胜利并封锁旅顺，使得第一军得以迅速登陆朝鲜，使其后进击满洲行动得以加速实施。不过在日俄战争中，日军所期望的两军主力决定性大战，特别是歼灭战并没有成立。日军于辽阳和奉天会战中都造成教科书般的大包围圈，但因兵力及弹药不足而最终不能完成包围歼灭的最佳战果。如果考虑日俄两国国力差距自是理所当然，反过来说如此国力差距情况下能够通过优秀的指挥导致作战成功，这就给了陆军将校们特别是中坚少壮阶层以坚强的信心，从此坚持决战略思想与速战速决思想，此基于成功体验的日俄战争作战方式被树立为战争指导、作战用兵的教育模板，长时期支配日本陆军。

以上黑川先生对日俄战争，乃至于倒幕战争、明治维新以来日本国家战略经验的总结，笔者虽基本予以赞同，自然也要补充自身观点。日英结盟是日俄战争胜利的政治、外交乃至资金方面的重要基石，当时便被反战人士（如幸德秋水等）视为英国操纵日本走上大陆扩张道路之协议，从而使日本的命运只能寄托于极度危险的帝国主义政策。正如幸德秋水所指出，大英帝国之本土在欧洲极难被入侵，而殖民地却遍布海外亚非拉，这与只能在周边实施赌上国运的短期侵略攻势以夺取殖民利益之日本大不相同。而英国之所以主动寻求与日本结盟，前文已述，是出于从东欧到东亚大范围与俄国战略对抗的需求，对应战略利益的焦点变动，此种需求就会进行相应变化，绝不可能迁就日本一国之主张。

仁川海战，无法逃脱日舰攻击的俄国军舰高丽人号实施自爆。

黑川先生以日英同盟而联想至今天的日美安保体制，其意虽不好妄自揣度，大概应该是吸取教训努力保持日美同盟，不要如当年破弃日英同盟那般胡乱行事。而笔者以为，如果日美同盟保持战后数十年间美国部署进攻性威慑军力，而日本在和平宪法规定专守国境的基础上予以配合，即"美军为矛、日自卫队为盾"为根本战略，则尚可保持明智的战略平衡。一旦日本受美国的鼓动抛弃和平宪法，日军自身转化为矛，则再次出现"洋人在后面看戏、日本人冲在前面冒险流血"之局面亦极有可能。如果变质的日美同盟促使日本再次实施冒险性的扩张政策，日本民族的命运难道会比昭和时代更好吗？

战后日本加入世界战略格局与第三期大陆政策

黑川先生其他的某些见解，将结合下文日俄战争结束至明治时代终结这段时期内日本国家战略、军事政策状况来补充笔者观点。日俄战后，日本帝国凭借胜利威望，与大英帝国在远东平起平坐，自然荣升列强国家之一，得以加入世界战略格局中展示自身意志。在日俄战争打响后不久的1904年4月，由于法国决定不给予俄国实质援助，英法两国接近的最后一个障碍自动消灭，双方签订协约。日俄两国各自的盟友已经在握手言欢，厮杀完毕之后英俄也开始接近，日本也开始与俄、法改善关系。俄国的国内局势由于发生1905年革命而极度不稳，日本则需要坐下来消化刚刚入口的殖民利益，经过谈判双方于1906年7月30日签署《日本和俄国政治专约》即第一次日俄协定及密约，明确划分中国东北境内"南满"与"北满"界限①。1907年6月，《日法协定》签署，日本承认法国在广东、广西、云南拥有特殊利益，法国承认日本在福建、"满蒙"拥有特殊利益。1907年8月，英俄两国终于就博斯普鲁斯海峡、蒙古、波斯、阿富汗、中国西藏等一系列问题达成全面和解——或者说全面分赃协议。至此不但在欧洲布下英法俄联手对付德奥的包围网，日本也得到世界列强一致认可，并举着

注①

这条界限是这样划分的：从俄朝边界西北端起，划一直线至珲春，从珲春划一直线到镜泊湖北端，再由此划一直线到秀水甸子，由此沿松花江至嫩江口止，再沿嫩江上溯至嫩江与洮儿河交汇处，再由此点起，沿洮儿河与东经122°的交汇处为止。

大英帝国远东代理的招牌，着手推进规模前所未有的"第三期大陆政策"。

日俄战争开始阶段，与第一军跨越鸭绿江进入东北几乎同时，参谋次长儿玉源太郎便委托陆军翻译上田恭辅考察英国东印度公司，并由后藤新平草拟"战后满洲经营"之腹案。后藤相当直白地表示：战后满洲经营唯一之要诀，在于表面装作实施铁道经营，暗中则实施"百般举措"。因此需要以铁道经营机关的名义，伪装成其与铁道以外政治及军事是毫无关系的。1905年末，日本即强迫清政府签订《会议东三省事宜条约》①，俄军北逃后留下的铁路、矿产森林等利益全部转交于日本。1906年6月天皇发布敕令建立"南满洲铁道株式会社"，儿玉就任设立委员长（他突然去世后由陆军大臣寺内正毅接委员长职继续推动设立工作），由后藤任第一任总裁（1906年11月），他那一番腹案已清楚表明"满铁"之性质，不需多言了。

在此笔者需联系上文黑川先生那一番"士族出身指挥官……明治日本之跃进原动力"论断加以指摘：儿玉源太郎算不算明治日本的优秀人才？如果他都不算，那就没人了！儿玉出身德山藩士族家，初经战火于箱馆之战，西南战争中辅佐谷干城坚守熊本城而一战成名，1887年任陆军大学校长，推动陆军全面革新，后历任台湾总督、陆军大臣、内务大臣，直至任陆军参谋次长、满洲军总参谋长，继承川上、田村之对俄战略计划，使日本军事胜利与其人生轨迹一同达至顶峰。儿玉在死前（1906年7月23日夜突发脑溢血）所做的最后大事，就是使尽手腕推动殖民侵略中国东北的满铁会社建立。明治日本由"优秀士族"领导层"鞠躬尽瘁"推动走上殖民帝国道路，儿玉这一生不正是证明模范？他对日本未来的期望由模仿英国东印度公司来建立满铁会社之举可见一斑，但英国崛起时的世界与日本此时面对的世界是决然不同的。

日本到底是国力仍显不足的后进国家，全世界此时已林立工业化帝国列强

注①

　　这份条约还带有密约，即"清日全权大臣会议东三省事宜节录"，22条。中国方面认为这是会议录，绝不能当作正式条约，参与者仅草签简押，例如奕劻仅签一满洲字，袁世凯签一"阅"字，小村签一不可辨识之草字。其中损害中方利益内容极多，清政府除了承认俄罗斯转让中国东北之利益给日本为正当，且"南满洲铁道"（注意此时还未发布敕令设立）拥有免税之权力，即清政府无权对其征税。随后满铁会社建立时，其会社规定社长、副社长、理事由日本政府任命，甚至第十五条规定"政府认为必要时，得将帝国内关于铁道之法令适用于会社"，从而令其所谓"日中合作股份公司"的谎言彻底破产。就如同后藤新平所言的那样，"日中合作股份公司"是日本政府以铁路经营为幌子，派驻中国进行扩张经营的机构。1931年九一八事变后，日本干脆撕去遮羞布，由关东军总司令兼任满铁的监督官，让满铁成为关东军附属机构，一切为军事利益服务。

川村景明，甲午战争中任近卫步兵第一旅团长，日俄战争中任鸭绿江军总司令。这个军在级别上与满洲军等同，但川村主动服从大山、儿玉的指挥。

西南战争中因坚守熊本城而闻名日本的谷干城晚年肖像照。不仅仅是他本人，其手下的一批年轻军官后来也成长为明治日本军队之栋梁。

（而日本的工业化于世纪之交才算刚起步），朝鲜虽由日本独享，中国却已由列强瓜分利益范围，更何况日俄战争本身已强烈刺激朝鲜、中国的独立民族主义觉醒。日本的帝国冒险事业如果就此收手才是明智的，符合世界潮流的（当然这一点也要到残酷的一次大战，即帝国主义国家大厮杀之后才能看清楚），但日本的选择却是毫无迟疑地进一步推进大陆扩张政策。那么日本未来遇到其他列强反对其扩张，殖民地上被侵略人民愤而抵制其扩张时怎么办？除了抬高军事部门之地位（无论在国内，还是在国外殖民统治及影响地区）以期强行动员最大力量参与侵略扩张、以战养战，别无他法。

由此来看，明治的"优秀人才"正是昭和军国日本"跃进"源头之所在。作为日本对中国东北实施殖民统治机关的满铁，是与"关东都督府"一同诞生的（后者也是由天皇赦令建立），任命现役陆军将官掌管，负责租借地的管理与满铁的"军事保护"，甚至被赋予一部分外国交涉权。都督府下属的"陆军部"兵力由最初驻扎辽东半岛的2个师团，膨胀至日后数十万大军即关东军，由铁路运兵、开拓矿山、移民日本人经营农工商事业，又由军队保护铁路，以刺刀侵夺各种殖民利益，满铁会社与日本驻军密不可分。既然明治时代便于海外形成如此庞大的殖民开拓区域，由军人掌控的机关、会社进行统治，那么黑川先生在不指摘明治大陆政策的情况下却指摘昭和时代陆海军统帅部无视政略、独自暴走，其中逻辑又何在呢？凡事都将军事手段作为第一选择而非最后选择，这是百分百的明治遗风，随着帝国扩张事业越来越艰难，军人只能越来越偏执于死地求活。在海外被赋予军事武力推行殖民主义军、政、经统治之权力，获得庞大的不当利益，回到国内却要受耍嘴皮子的政客约束，砍去军费，哪一国的军阀可忍得？由古罗马共和国至今，天下没这个道理！用不着等到昭和时代，此时便有明治"优秀"军人中被公认最优秀的接班人跳将出来，写就日本帝国第一份《国防方针》，令"军政两立"成为铁一般的事实。这人是谁呢？

田中义一是"根正苗红"的长州藩士家出身，打完甲午战争之后前往俄国留学的同时也搜集情报（海军方面做这事的是广濑武夫，两人常在一起喝酒），当伊藤博文1901年9月访问俄国试图兜售和解方案以避免战争时，田中直接登门试图说服伊藤和解绝不可行，对俄只有奋力一战。回国后，田中成为满洲军参谋部成员，亲见儿玉凌厉决断之作风①。战后儿玉委托田中以战时在中国东北所见所想为名义，先写成一份关于日俄战争经验教训的意见书《随感杂录》，由儿玉批注"内容极为切中要害"，向元帅山县有朋及陆相寺内正毅提交副本。遂由大感共鸣的山县委托田中写成《国防方针草案》（称《田中私案》），并以阐述国防方针制定必要性的《山县封事》于1906年10月直接上奏天皇，附件中捎带提交《田中私案》稍作修正后的《山县私案》。12月，天皇咨询元帅府，后者回答山县上奏内容适当，天皇遂向陆海军军令部门下令制定国防方针案。1907年2月，陆军参谋总长与海军军令部长将只有军部参与制定的国防方针案复奏天皇。4月，日本帝国第一份《国防方针》由天皇认可并付诸实行。

日本帝国的国防方针

儿玉临死之前不但推动满铁会社的建立，也委托田中写成《随感杂录》，其背景是作为萨长藩阀的桂太郎内阁承担日俄战争未获赔款，为了承担国内发生打砸烧事件的责任而解散了，1906年初接任首相的是公卿集团代表西园寺公

注①

根据《机密日露战史》，1904年11月30日下午总参谋长儿玉在金州接到203高地已被攻克的电报，随后整个参谋部通过临时铁轨坐火车于第二天早上进入大连，田中走到大连兵站司令部打电报给第三军司令部确认情况，得到第三军参谋副长大庭二郎回答说"203高地又被俄军夺回了"。田中回头去告知儿玉，儿玉拍着桌子破口大骂道："真丢脸，第三军一群蠢材！"然后说："田中，你要吃快吃，这世上哪有早上就要吃洋餐的笨蛋，快吃了饭出发！"儿玉、田中一行急忙奔往长岭子附近的第三军司令部。儿玉亲自指挥第三军的行动就此展开。

望。虽然此后日本政坛进入桂-西园寺轮番交替之时代，但藩阀大佬对于不曾摸枪杆子的人上台组阁到底是不放心的，趁着军队威望顶峰之时给政府永远带上一副"全金属"枷锁。田中的《随感杂录》首先阐述制定国防方针之提议的动机所在，首先指出一直以来政府与军部之间政略与战略非常难以取得一致，"内阁不知参谋本部将采取之战略大方针……虽说秘密确保是极为有必要的，但导致内阁与参谋本部互相猜疑的程度，简直令天下之人谁都不敢置信。"警告在赌上国运的战争中，政略战略之不统一将带来极大害处。其次指出陆海军的合作虽然比政略战略的一致性还重要，却因为从未有过统一方针的先例，导致日俄战争中其实根本没有陆海统一的战略计划。战争中因预定计划的屡屡改变而损失巨大（对于陆军来说最惨痛的是原本没有攻克旅顺的计划，却因为海军的原因而中途变更计划，使攻城第三军流尽鲜血）。甚至作为唯一统合机关的御前会议，也有很多内部不一致的情况。

因此出于以上动机，为了维持陆海军的统一，要么成立一元化的统合机关，要么制定牢固的规矩准绳，首先需要制定陆海军作战的"统一纲领"（即《国防方针》）。由此可见，在田中的设想中，陆海统一的《国防方针》是作为陆海一元化统合军令机关出现的前奏而制定的，但此统合军令机关因为日本陆海军的深刻矛盾，直至数十年后帝国末日到来都没有实现。顺便说一下，山县在将《田中私案》改为《山县私案》时，将陆军与海军整合，对军部与内阁取得谅解的内容加以模糊、省略，却主张"如不赶快制定陆海军协同之作战计划，确定两者分担之任务，则策定兵备之扩张犹如舍本求末"以及"日英同盟中两国协同行动之商议，更急迫要求陆海军确定两者分担之任务"。也就是说，作为"元老中的元老"，对于陆海军争斗有深刻认识的山县，干脆先甩开陆海统合的问题，亦无视与政府协调之必要，只将方针重点放在扩充军备以及支持日英同盟这两点上。

《国防方针》分为三大部分，即日本帝国国防方针、国防所需要兵力、帝国军队之用兵纲领。第一部分首先定义国防方针是由国家目标与国家战略导出。"帝国之国策于明治初期即遵从开国进取之国是而实行之，不曾脱此轨道，今后须越加遵从此国是，谋求扩张国权，增进国利民福"，基于国家统治权、殖民权益扩张与促进经济繁荣的国家目标，日本所应采取的国家战略是确保"通过明治三十七（八）年战役（日俄战争）以抛却数万生灵及百万财富而

245

视界\萨长天下 布武四海

获得满洲及韩国之利权，并且将来向亚细亚南方、太平洋彼岸加以扩张以扶持民力发展，必为帝国施政之大方针。"如果说"满洲及韩国之利权"乃帝国之"北进战略"，则"向亚细亚南方、太平洋彼岸加以扩张"乃帝国之"南进战略"，这份国防方针非常明确地表明日本国家战略在于"南北并进"。日后陆海军所谓"南北之争"，实质并非要放弃任一方向的扩张，而仅仅是先向北还是先向南之争而已，"南北并进"作为国家战略自此绝无动摇。

由国家战略导出国防方针："帝国军队之国防必须基于以上国是，伴随其对应政策而进行规划，换言之，对于侵害我国权之国，至少于东亚范围内，必对其采取攻势。"这样，"守势防御"从日军字典中彻底消失，为维护日本海外殖民利权，需要于国境以外主动击破、歼灭敌军的攻势战略由此牢固奠定。进而声称："我帝国四面环海，以国是及政策而言不可偏向于海陆任何一方，今日既然隔海于满洲及韩国获得利权，故一旦有事，如不实施海外攻势则我国国防不能保得万全。"此百多年前理直气壮的"周边事态论"，今人思之，直汗毛倒竖！为帝国之"南进北进"，日本海军需要有夺取制海权之力量，陆军需要有在大陆上发动大规模攻势之力量，不可偏向于一方而忽视另一方，此乃陆军对海军持"海权论"思想而主张举国偏重海上力量之反驳。田中对于"向亚细亚南方、太平洋彼岸加以扩张"的南进路线加了"将来"这个定语，"清国南部之富饶地带"当然比"满蒙"能够获得更多的殖民侵略利益，控制长江以南地带所获得的经济收益，支配台湾海峡所带来的军事利益，对于日本获取"远东之霸权"是不可或缺的。而山县更增添如下表述：东以韩国为根据地（即朝鲜作为跳板），西至中国南方以求获得实际利益增长，乃达成"日本之雄途"之捷径，"又何必争论北进南进"，将南北并进之国策主张讲得明明白白。

海军方面，因受马汉之海权论深重影响，内部意见完全偏向于向南方进行经济拓展、获得殖民地，而一部分海军人士仍然秉持"岛帝国论"（即海主陆从之专守国防论），强烈反对北进策略。但由于海军能够进行对俄战争的基础就是日英同盟，而同盟的前提是日本要代为维护英国在亚洲大陆上的利益，因此海军整体必须赞同大陆政策。战后，俄国海军虽然已经溃灭，但俄国陆军仍然力量强大，要维持大陆上的既得利权则必须依靠日本陆军力量为主，因此陆军将"国是"总结为大陆政策（即使不从现状出发，回顾数十年明治之历史如此总结也是没错的）来制定国防方针，海军自然没有任何反制手段。总之，元老山县是明治日本无法动摇的政治泰山，他既然大笔一挥决定"南北并进、海外攻势"，天照大神下凡恐怕也拉不回，更何况明治日本从上到下赞同山县主张者实为主流。

至于海外攻势的具体对象，国防方针假定敌国如下：首要敌国是俄国，由于其一贯南下政策以及再建军备之事实，应视为最有威胁之敌国。其次是美国，严厉判断其为"他日或将与之发生激烈冲突之国"。对于中国，虽并无与日本单独作战之力，其国内排外运动及革命运动之高涨，引发列国（尤其是俄国）的干涉是需要特别警戒和提防的，日本应及早制定对中外交方针（后体现于"二十一条"），防止成立"俄清同盟"。如果出现"俄德清同盟"这样的多国联军，则以日本一国之力到底是无法对抗的，此时必须依靠日英等同盟加以对抗。总之，日本的假想敌国以俄国为第一，美、德、法等国次之，中国作为单独一国没有成为假想敌国的资格。海军虽然于总体方针上只能接受以俄国为第一假想敌国，然而在后续"兵备之基准"表述中，相对于陆军"以能够采取攻势将俄国于远东之兵力击破为标准"，海军却是"以能够采取攻势将美国于东洋之兵力击破为标准"。可见陆海军各自假想的主要敌人仍然是完全分裂的。

陆海军假想敌国之完全分裂

美国敲开日本国门，鼓动日本从台湾着手开始海外侵略，对日本甲午战争的胜利大力赞扬，到了日俄战争时，美国更是与英国一样大举向日本借钱，最后由美国中介日俄谈判和解。为何忽然间美国已变成海军口中"他日或将与之发生激烈冲突之国"呢？英美支持日本与俄国作战是有前提条件的，前文已述日本应取消俄国式独占政策，放任英美资本进入中国东北获取利益，然而日本强迫清政府战后签署《会议东三省事宜条约》及密约就是排他性的不平等条约，独占胃口可与俄国比肩。英国面对严峻的欧洲局势只好在远东忍耐[①]，美国却没有忍耐的

注①

英国对日本的忍耐迁就已经到了不顾大英帝国脸面的程度。1907年，英国从清政府获得修筑京奉铁路一条支线的权力，日本立刻表示反对此路由除了日本以外任何别国修筑，英国竟然真的放弃已取得的修路权。之后清政府决定修建齐齐哈尔至瑷珲的铁路，由英国商人承办，日本再次以该线与南满铁路平行而反对，英国政府竟认为"日本的态度是完全合理的"，逼迫本国公司放弃承办！1910年，清国水师于澳门附近海面查扣偷运军火的日本商船二辰丸，把持中国海关的总税务司赫德竟为日本背书、种种诡辩，迫使清政府放船放人，激起两广人民愤怒，掀起抵制日货运动。

必要，因此日美关系急剧转冷，代表性事件即为哈里曼计划之受挫。

美国铁路大亨哈里曼为了实现建立环球铁道线的终极梦想（计划横贯欧亚大陆的铁道以大连为起点），战争未结束便赴日交涉收购"南满"铁路经营权（为表诚意还购买日本战时公债500万美金），并基本与桂太郎达成合作意向，然而从美国谈判归来的小村外相听闻此事，立即强烈反对，终使此事作废，其后日本建立的满铁会社完全是日本独资控股、政府掌控之机构，美国政府随后抛出的"诺克斯计划"也被日俄联合抵制而破产。感觉被耍的美国人很快在国内掀起一股排斥日侨的浪潮。同时美国加快本土军舰制造速度并不断派遣至菲律宾海军基地驻扎，已成为远东海域仅次于日本的第二大海军力量。当年佐藤著《帝国国防论》便明言"不论国交之亲疏……应选择关系诸国中拥有

❯ 斋藤实（1858—1936年）。从明治军人进阶为政治家，这种例子不仅限于陆军，在海军中也有很多。斋藤实曾任秋津洲、严岛号的舰长，在海军大臣任上闹出了沸沸扬扬的"西门子事件"。在1932年举国动荡的时刻，斋藤实被指望对暴走军部构成牵制而担任首相。他因主张遵守华盛顿海军条约，被激进派认为是保守势力，最终在二二六兵变中被残忍地杀害。

最优势兵力之国为我国应有力对抗之对象",因此海军为了获得与列强为伍所必须的海上装备预算,极力主张以美国海军为假想敌军,结果就导致国防方针中陆海军各自假想主要敌国对象的南辕北辙,进而使得陆海军之间的对抗愈演愈烈。

至1910年,为彻底抵制美国资本渗透中国东北的可能性,日俄两国签订第二次协定,"几乎事实上等于使两国在结束了血腥战争不到五年后便结成了同盟。"转眼至1911年,即明治时代结束前一年(也是辛亥革命年),英国面对紧张到极点的欧洲局势,与美国签订"仲裁条约",即两国间一切冲突都不使用武力,而是通过仲裁解决,以此确保欧洲发生战争时美国仍然对英友好。但这项仲裁条约与1905年第二次日英协定所规定的军事攻守同盟义务相冲突。经过谈判,1911年4月签署第三次日英协定,与前两次不同,两国盟友关系开始倒退了:规定同盟协定在缔约一方与任何第三国签订有全面仲裁条约时不发生效力,从而将美国排除于英日协同作战目标对象以外。鉴于俄国已经将目光完全转向欧洲,甚至与日本达成接近同盟的关系,而不断增强远东势力存在的是美国,因此第三次日英协定签订后,时人当即指出日英同盟事实上已经不再是军事合作的关系了。这为一次大战后日英同盟的完全瓦解打开了大门。

行文至此,已经明确基本"国是"、总体国防方针,以及陆海军各自的假想敌国设定,接着便正式定义明治日本的军事战略。国防方针对于"军事战略"的定义是:军事(作战)策略之主义、方针、理念,换言之,即国军主力与大部队运用(用兵)所采取的主义、基本方针。1907年首份国防方针将日本军事战略基本方针确定为"于海外采取攻势"。在用兵纲领一节中,更进一步强调"帝国军队以攻势为根本要领",由此陆海两军均以海外攻势战略为方针,而"南北并进"作为国家战略方针也得到陆海军明确同意。由于陆海军各自的主要假想敌国完全不同,用兵纲领也就必须分为陆军与海军各自部分,先看陆军方面。陆军的作战战略是"以预先判断所需之兵力,迅速集结于一地,制以先机为目的作战",即强调"先制主义",这显然是来自于日俄战争的成功经验,在敌军完成部署前首先抓住我方部署及兵力处于优势之机会,强行与敌决战,在敌后续部队到来前将其各个击破,追求以先制、攻势、各个击破为要点的短期决战战略。作为"胜利作战方程式",此短期决战战略成为日本陆军的作战教育模板,不用说影响至二次大战,甚至战后陆上自卫队所持作战战略也基本继承于此。田中《随感杂录》以将远东俄军与本土分隔开来、各个击破为未来"满洲作战"战略要点，而分隔俄军的中心点以哈尔滨为目标，将其设定为"攻势之终末点"，其后应结束战略行动，转以政略谈判结束战争。陆军采取对俄先制攻击的前提条件是制海权的确保，特别是对马海峡的绝对掌握，这就需要涉及海军的用兵纲领。

海军的作战战略是"力争制敌之先机，以将敌之海上实力歼灭为目的作战"，即与陆军同样强调"先制主义"。与陆军追求将敌军包围分割、各个歼灭不同，海军追求对敌舰队实施歼灭战，即海军战略的中心是"舰队决战"。对于陆军提出的确保运兵海路，特别是绝对掌握对马海峡的要求，海军表明"下关海峡与釜山、马山浦间应切实予以保护"的姿态。对于其他海上航路及重要港湾、岛屿之保护，则是"以不与此要旨（即舰队决战这一根本目的）相违背的范围内予以实施"，即对于日本的海上交通生命线采取忽视保护的态度。日本海军深受马汉思想之熏陶，同时又有甲午、日俄战争开战时将敌舰队率先击溃或压制，从而掌握东亚海域制海权的成功经验，全力赞同夺取制海权之要诀就在于集中尽可能庞大的主力舰队（后来干脆将联合舰队体制常态化）实施舰队决战，而非四处分流兵力护卫海上交通线，这是不符合先制主义、舰队决战主义精神的。

对于假想最大敌的美国海军，海军用兵纲领中没有明确对应作战战略（当时美国海军崛起的时间很短，日本对其并不熟悉），只道"以先制击灭敌海上势力为主要着眼点，事后作战灵活策定"。直至1911年在海军大学校内组织对美作战图上演习，最早的对美作战战略草案才算出炉：假设美军舰队由夏威夷出发向西，必至关岛补充煤炭（当时舰船都使用煤炭燃料），其后警戒北方日本海军搜索舰只，取道北面迂回（即通过巴士海峡）向马尼拉港前进。日本海军的任务是：首先护卫企图在菲律宾登陆的陆军运输船，期间搜索美军主力舰队前进方位。日军舰队主力部署于菲律宾东面海岸，快速巡洋舰大多部署于前方搜索待敌。追踪美舰队，最终于冲绳海面将其捕捉并与之决战，即同样以先制、攻势主义为要点的舰队决战战略。1944年，在这一设想作战海域确实发生了人类历史上规模空前的"菲律宾大海战"，只不过其整个形态、过程与结果都与日本海军的设想没半毛钱的关系啦。

明治国防方针犹如一部预言书

以上，日本陆海军的先制、攻势、各个击破、决战主义战略已经叙述完毕。国防方针还有一项重要内容，即日英军事同盟战略。正如谈论当今日本的防卫政策，就不可能不谈美日安保体制一样，谈论明治日本的军事战略也不能将其作为日本一国独立自主之所为，必须联系日本自从幕末时代以来的历程，向英、法、德、美等诸列强进行学习，同时受各列强（当然其中出力最多的是英国）鼓动而走上帝国殖民侵略之路，最终成为帝国主义远东体系的顶梁柱，国防方针必须表明日本在此远东体系中日本所应承担的军事义务与所能获得的利权，如此明治日本的军事战略才是有意义的。国防方针首先强调应保持日英同盟，以抑制其他敌对同盟的结成，特别是防范俄国与其他列强的结盟，这不如说是期待日英同盟在外交上带来利益。日英共同用兵纲领则以"对于共同的敌人相互策应以利于友军全体"为目的，但并不实施直接的联合作战或者直接以陆军士兵、海军舰船实施作战支援（即回避了双方联合军队由谁来进行总体指挥的问题，这对于必须遵守天皇统帅权独立原则的日军来说是特别重要的），而是日军于远东地域方面、英军于欧洲印度方面互相进行策应，对付俄国等共同的敌人。

日俄战争结束后，日本一度期望英国海军能够共同对付跨越太平洋攻来的美国舰队，而英国一度期望日本在俄军南下印度时出动陆军至印度协助阻挡，但这些期望很快破灭了，导致上文所述1911年第三次日英协定签署，两国同盟关系中军事协作的部分几乎已算是被废除了。尽管1914年一次大战爆发以后，日本还是以英国盟友身份出兵德占青岛、南洋岛屿以及派遣护卫驱逐舰前往地中海，但这些军事行动只是日本自己想捞取好处，以及外交上向英国示好而已，对英国之战略谈不上有多大帮助。田中在1907年国防方针中也明言道：将来随着日本之国利国权（即殖民利益）向中国延伸（南进主张），必然招致与英国对立，如没有"与英国对立之决意"则南进将不能成立。历史上军事同盟关系随时受参与国战略利益转移影响是必然的，以防卫为主要着眼点则同盟关系还可以维持较为长远，如果是以侵略进攻、掠取利益为目的的同盟，很快散伙自然并不奇怪。

国防方针最后一部分阐明国防所需兵力问题，大多牵扯到大正、昭和时代，因此只做简要介绍。陆军基于前述方针，规定"陆军兵备以假想敌国中我陆军作战最需重视之俄国于远东使用兵力，可采取攻势对应之兵力为标准"，要求拥有25个常设师团、25个战时师团，即总共50个师团，这一大举扩军的方案得到山县全力赞同。但显而易见，50个师团是当时日本国力绝对承受不了的（由于对炮兵火力、机动性、工兵能力的要求不断上升，新建师团的成本也在上升），陆军经过与桂、西园寺内阁的激烈斗争，最终在明治时代结束之前，只增设了第17、18两个师团而已。海军基于前述方针，规定"海军兵备以假想敌国中我海军作战最需重视之美国于东洋使用兵力，可采取攻势对应之兵力为标准"，要求拥有最新式的"20000吨战列舰8艘、18000吨巡洋舰8艘"作为主力舰队，即著名的八八舰队，保持舰龄不满8年。

一般认为八八舰队的算定基准来自于秋山真之撰写的《海军基本战术》，即于同一海域内，指挥官能够同时指挥向同一攻击目标进行攻击的最大范围是2支编队，总计16艘主力军舰。1907年筑波级、1910年萨摩级、1912年河内级战舰（河内级号称是"日本第一级无畏舰"，但事实上达不到标准）相继由日本船厂自建成功、下水服役，代表着日本造舰水平已追赶上世界准一流水平。然而1910年美国"大白舰队"驶入横滨港访问时（一下就来了16艘全身涂白的战列舰），日本发现自身海军力量连美国的一半都抵不上，只得盛大欢迎美国人登岸，以缓和两国关系（最终于1917年签署美日《兰辛–石井协定》）。于是由秋山与佐藤倡导，"对美七成"战备思想的提出，即综合研究历史战历的结论是"进攻舰队要比迎击舰队多出五成（即1.5倍）的必要兵力，因此迎击一方有必要确保假想敌国舰队七成以上的兵力"，由此"对美七成"成为海军孜孜以求的战备目标，支配海军军事政策的方方面面。日本海军只得再度花大笔外汇（最后一次外购主力军舰）向英国订购了真正无畏舰标准的金刚级战列巡洋舰首舰，但其进入日本海军服役的1913年已经踏入大正年代，因此本文不做讲述。

需要指出的是，1907年2月陆军参谋总长与海军军令部长将只有军部参与制定的国防方针案复奏天皇之后，才由时任首相西园寺公望阅览并上达意见于天皇。陆海统率长官商定方针中关于政略及军政（即军备数字）的事项才公开给西园寺，而军事战略事项根据明治宪法第十一条统帅权独立原则，对首相屏蔽。西园寺只得对于国防方针总体"承认其适当"，只是关于军备扩张"希望根据国力考虑缓急"。这是"内阁、军部二元化"之里程碑事件，是明治日本留给后世的大规模杀伤性定时炸弹。1911年中国发生辛亥革命后，关东都督府、"支那浪人"（以川岛浪速为首）都在中国境内无比活跃地进行活动，掀起所谓的"第一次满蒙独立运动"，又受世界舆论之指责，日本国内则一片喧嚣，众口一词赞扬军部果敢、辱骂外务省软弱。1912年西园寺内阁的内田外相面对混乱局势，委托外务省政务局长阿部守太郎起草的《对华政策》意见书，可说是另一份振聋发聩的预言书。

《对华政策》明言日本割取"满蒙"领土不能获得中国之承认，与世界列强已达成各项协定相矛盾，一意孤行必将促进中国的抗日运动，引起各国对日本的疑心，并给日本财政带来巨大困难，对国运发展全局造成不易克服之障碍。关于"统一外交"问题（即军部独断专行到处挑起外交摩擦事件），阿部痛斥道："陆海军省自不待言，参谋本部、军令部等亦须遵循政府之方针，不仅绝不能与之背道而驰……以往参谋本部、军令部等机关公开或秘密派往中国各地之军官亦应牢记上述要旨，实属当务之急。"并要求整顿中国东北范围内，日本领事馆、关东都督府、满铁会社和朝鲜总督府各自为政造成的混乱。阿部的结局是，1913年9月遭到黑龙会两名杀手刺杀而亡。这起事件对于东亚历史之影响，虽不能和伊藤博文被安重根刺杀相提并论，但当时日本人对阿部所发出的警告视若无睹，反而于黑龙会在其亡后立刻召集的、鼓吹侵略中国的"国民大会"上欢呼跃雀，今日视之岂非可叹？而当今日本国内削弱和平宪法、强化美日同盟、将触角伸向外海挑动事端等种种动向，更需引起我辈警惕。

视界＼萨长天下布武四海

《日本·军鉴》丛书

《日本·军鉴001：萨长政权》萨长时代的日本不是一个"好日本"，也不是一个"坏日本"，它是一个极端纷繁复杂、又充满无数历史趣味的日本。

《日本·军鉴002：革新》那一段段其时铁血纵横、朝堂惊变之历史，塑造了今日国家、社会的价值体系，深刻影响到我们每一个人看似普通的每一天。

《日本·军鉴003：真田丸》历史往往如此有趣，以战国时代中的一个家族为管窥渠道，也能如万花筒般扩散出千变万化的姿态。

《日本·军鉴004：从瓜岛到冲绳的溃灭之路》这是一条日军的溃灭之路，一段日军从太平洋战争前期的磨刀霍霍到最终穷途末路、倒行逆施的心路历程。

《日本·军鉴005：百年日俄博弈》从"北寇八年"到冷战对峙，日本与北方邻居俄罗斯针锋相对的战争或对抗持续了两个多世纪，两国的恩怨情仇可谓是"大有渊源"。

《日本·军鉴006：亲访关东看风云》行走于近代日本的心脏地带，品鉴不同时代风貌下的历史遗迹，感受东瀛独特的文化氛围，回首那年风云故事。

《日本·军鉴007：关原之战》作为日本历史上最大的野战，继丰臣政权崩溃后决定天下的一战——关原之战注定被载入史册。但历史地位如此重要的一战，为何仅历时6个小时？东西军实力悬殊，但为何最终德川家康以少胜多？丰臣遗孤尚在，却为何始终袖手旁观？

大明水師三百年

著 白晨光

水战立国，七下西洋，
驱逐倭寇，
大败荷、葡，
援朝抗日，收复台湾
未尝败绩、威震海外的
大明水师风云录

指之
战争事典特辑
033

大明水師三百年

白晨光 著

大明水師三百年

著 白晨光

水战立国，七下西洋，驱逐倭寇、
大败荷、葡，援朝抗日，收复台湾
未尝败绩、威震海外的大明水师风云录

台海出版社

指文® 海洋文库

英国知名历史学家、战略学家朱利安·S.科贝特爵士的作品

以全新的视角研究了日俄海战参战舰队及海上作战涉及的联合作战问题

补齐了本书再版时未能纳入的作战示意图